교수학습공학

이론적 기초와 동향

Technology of Instruction-Learning

이명근 저

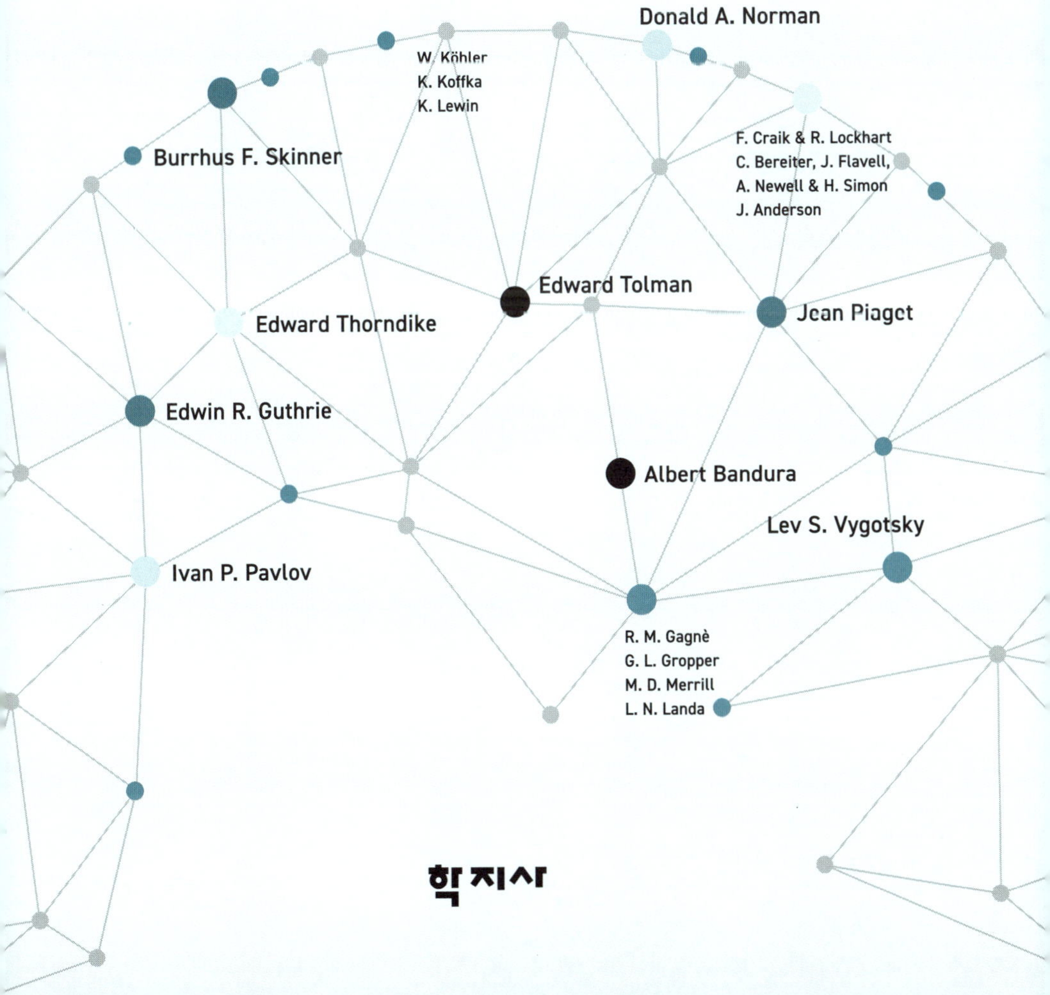

학지사

머리말

교육은 기본적으로 무언가를 누군가(앞으로는 무엇인가)가 가르치고 배우는 것이라고 할 수 있다. 여기서 중요한 것은 교육을 하려면 일반적으로 무엇을 가르칠 것인가를 결정하고 나서 어떻게 가르칠 것인가를 정하게 된다는 점이다. 그러나 어떻게 배우는가, 즉 인간 학습의 본질을 모르고 무엇을 가르칠지를 규명하는 것이 의미 있을까? 달리 말해, 인간 학습의 본질을 파악하고 무엇을 가르칠지를 그리고 어떻게 가르칠지를 결정하는 것이 더 타당하지 않을까?

이 문제를 제대로 해결하기 위해 지난 30여 년간 '교육공학'이라는 학문을 통해 치열하게 고민해 보았다. 교육공학이라는 학문은 교수학습의 제반 문제들을 하나의 체제로 보고 그 해결책을 종합적으로 계획·실행·평가함으로써 해결하는 탐구 분야로 출발하였다. 그렇기 때문에 영어권에서는 'instructional technology(교수공학)'라고 명명된 바 있다. 이후 교수학습뿐만 아니라 교육 전반의 문제로까지 그 지경이 확장되며 'educational technology(교육공학)'로 명명되었다고 볼 수 있다. 교수학습 문제에 대한 체제적 접근에서 출발한 만큼 교육공학의 학문적 정체성을 가장 잘 드러내는 대표적 탐구영역은 교수설계 분야이다. 이는 전통 교육학적 접근과 교육공학적 접근을 구분 짓는 대표적 영역이며, 최근 4차 산업혁명의 혁신적 기술을 전폭적으로 도입하며 진화하는 가운데 독립된 탐구 분야로 발전하고 있는 형국이다. 이런 맥락에서 이 영역은 '교수학습공학(technology of instruction-learning)' 분야로 새롭게 규정할 필요가 있다. 이 교수학습공학은 그동안 교육부가 강조해 온 이른바 '교육방법 및 교육공학'의 대안이다. '교육방법 및 교육공학'은 우리나라의 교원양성 관련 기준에 따라 예비 교원들이 이수해야 할 교직 이론 영역의 한 교과목으로, 교육부 교원자격검정 실무편람을 보면 최근 디지털·AI 교육 환경을 강조하기는 하지만 여전히 매체와 전통 교육방법론에 매몰되어 교수설계라는 차원은 전혀 착안하지 못하는 것 같다. 교육공학으로 출발하였던 미국 유수 대학의 대학원 프로그램명이 이미 Learning, Design, and Technology 또는 Instructional Design and Technology 등으로 변경한 것을 감안할 필요도 있다. 이런 점에서 교수학습공학은 요즘 학습분석, 학습과학이라는 연구 분야가 추구하는 지향점이라고도 할 수 있다.

체제접근에 의한 인간 교수학습 탐구활동으로서 교수학습공학은 구체적으로 인간 학습이론들에 대한 '이론별 교수학습공학'을 시작으로 이들의 교수학습공학 방안들을 융합한 '학습이론 유형별 교수학습공학'으로 두 단계로 도모할 수 있다. 교수학습공학 탐구활동 첫 단계로서의 '이론별 교수학습공학'은 인간 학습 탐구의 역사에 대한 '돌아 봄'으로써 시작한다. 이 책의 Ⅰ부가 그것이다. 그동안 교육학 및 관련 분야에서는 주로 지난 100여 년간 제시된 학습이론들의 기본 개념, 주요 원리 등에 대한 의미파악을 토대로 교육을 위한 일반적인 적용방안을 모색하였다. 그리고 이러한 탐구활동은 이른바 교수이론 또는 교수모형으로 전개된 바 있다. 이론별 교수학습공학은 이러한 원론적이고 단면적인 교수이론이나 교수모형과 같은 접근과는 달리 기존 학습이론들에 대한 치밀한 '헤쳐 봄'으로 시작한다. 이 책의 Ⅱ부가 이를 도모한다. 이는 학습이론들의 기본 개념이나 주요 원리들에 대한 단순 의미파악이 아니라 우선 이론의 본질을 명확히 재규명하고, 이를 토대로 교수학습원리들을 규명한 다음, 실제 교수학습 현장에 대한 체제적 적용방안을 처방하는 것이다. 즉, 해당 학습이론의 교수학습원리들에 근거하여 교수학습공학 방안을 도출하게 된다.

교수학습공학 탐구활동의 두 번째 단계로서의 학습이론들의 '유형별 교수학습공학'은 이론별 교수학습공학 방안들을 행동주의, 인지주의, 구성주의와 같은 유형별로 융합하는 체제접근을 한다. 즉, 유형별 학습이론들의 교수학습원리들을 조망한 후 연계하여 유형별 교수학습이론을 도출하고, 이로부터 교수학습 현장에 최적화된 적용체제를 수립하여, 유형별 교수학습공학 방안을 처방함으로써 진정한 의미에서의 체제접근을 하게 된다. 이는 유형별 학습이론들에 대한 조망인지, 곧 위에서부터 전반적으로 '내려 봄'으로써 유형별 학습이론들의 교수학습공학 방안들의 유기적 관계를 파악하고, 포괄적 관점을 유지하는 가운데 다양한 교수학습 문제에 대한 일종의 융합 교수학습공학 방안을 수립하여 처방하는 것이다. 특히 이 '내려 봄'은 정체성을 제대로 파악하게 할 뿐만 아니라 앞으로의 동향까지 내다볼 수 있게 하기 때문이다. 이것이 바로 이 책의 Ⅲ부에서 다룬 내용이다.

이 책은 교육학 및 교육공학의 기초이며 본질인 하부구조를 재구축한 것이다. 혁신적인 기술들이 난무하고 있는 요즘, 어찌 보면 적용과 응용이 더욱 요청된다고 할 수 있지만, 이럴 때일수록 기본으로 돌아가야 한다는 평범하고 순수한 고집을 저버리지 않으려고 하였다. 지금 외국 최고 수준의 축구단에서 맹활약하고 있는 우리나라의 축구선수를 떠올리면 더욱 그렇다. 그는 유소년 시절부터 부친의 지도 아래 화려한 기술이 아닌 기본기에만 충실하였다고 한다. 그렇기에 지금 체격과 체력이 월등한 외국 선수들 가운데서도 주장까지 맡으며 세계 최고 수준의 실력을 보여 주고 있다.

물론 집필을 시작할 때 후학들의 학술적 시선을 산만하게 하는 또 하나의 전공 서적을 추가하는 것은 아닌가 하는 망설임이 있었다. 그러나 기본과 본질적인 것에 대해 내가 겪었던 학술적 방황을 더 이상 후배들은 답습하지 않게 하겠다는 동기가 결국 탈고까지 이르게 하였다. 특히 원전과 일일이 대조하여, 오해와 오역으로 무책임하게 학술적 호도를 하는 일부 학술문헌에 대한 경종을 울리겠다는 학술적 의협심도 한몫하였다.

전반적인 내용이 학술이론 천착이다 보니 장황하게 또는 현학적으로 흐를 수도 있었다. 그래서 장편을 불호하는 시의를 감안하여 전체 틀을 일종의 연작 단편소설 방식으로 취하였다. 모쪼록 동학과 후학들이 가끔이나마 '아하'를 외치는 실용적 도움이 되었으면 한다. 물론 간절한 것은 최근 4차 산업혁명의 혁신들에만 매달릴 수도 있는 후학들이 기본기에 충실하기를 바라는 마음이다.

탈고의 순간, 지난 30여 년간 지성으로 수행한다고 한 교육연구 생활에 진심으로 동참하여 감천을 확인하게 해 준 연세대학교 학부, 대학원의 많은 '동학'의 면면이 간절한 고마움과 함께 떠오른다. 수년 전 집필을 해 놓고 보니 세상은 또 다른 산업혁명으로 완전히 변해 농부가 땅을 갈아엎다시피 전반적으로 틀을 수정하여 재집필하느라 세월이 걸렸다고 변명하며, 오랜 기간 묵묵히 출간을 기다려 준 학지사에 적이 감사한다. 마음껏 펼치게 늘 힘을 주는 가족에 대한 고마움도 이루 말할 수 없다.

2025년 元旦
峴谷山房에서 峴谷

차례

4장

5장

6장

7장

12장

13장

Ⅲ부 내려 봄

14장

15장

I부

돌아 봄

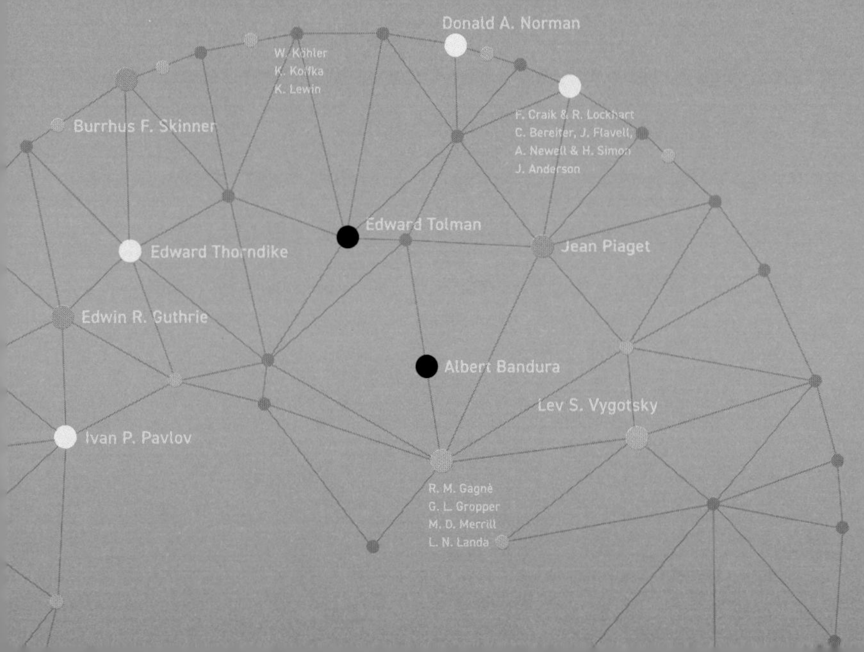

Donald A. Norman
W. Köhler
K. Koffka
K. Lewin
Burrhus F. Skinner
F. Craik & R. Lockhart
C. Bereiter, J. Flavell,
A. Newell & H. Simon
J. Anderson
Edward Tolman
Jean Piaget
Edward Thorndike
Edwin R. Guthrie
Albert Bandura
Lev S. Vygotsky
Ivan P. Pavlov
R. M. Gagné
G. L. Gropper
M. D. Merrill
L. N. Landa

•

오늘날 인간 학습에 대한 본격적 탐구는 철학 분야로부터 독립하기 시작한 19세기의 과학적 접근, 이어 19세기 말 이후 진정한 과학으로서의 심리학 분야로 독립하면서 독일의 구조주의 및 미국의 기능주의 관점으로 출발하여, 20세기 전반 미국을 중심으로 한 이른바 행동주의 학습이론들이 수립되면서부터이다. 행동주의 학습이론은 다시 철학적 접근의 잔재 또는 진화론의 영향 등 기본 관점에 따라 연합론적 행동주의와 기능론적 행동주의 관점으로 전개된 바 있다. 그리고 미국의 행동주의 학습이론과 더불어 인간 학습에 대한 이성론의 전통이 유럽의 형태주의 이론, Jean Piaget의 이론 등으로 면면히 이어지는 가운데 20세기 중반부터는 정보처리 학습이론을 필두로 인지주의 학습이론이 전 세계적으로 부상하게 되고, 학제적인 인지과학으로 발전하여 오늘에 이르고 있다. 20세기 후반부터는 현대 인간 학습 탐구에 있어서 양대 산맥이라 여겨졌던 인지주의 학습이론 및 행동주의 학습이론에 대한 일종의 반동으로서 구성주의 관점이 인간 학습 탐구에 있어서 폭넓은 영향을 미쳐 왔다. 최근에는 첨단 기술의 교육적 활용이 전폭적으로 확산되면서 구성주의를 기본 틀로 인지주의 및 행동주의 관점까지 포괄하고, 뇌과학 및 진화심리학 차원의 학습이론 같은 기저이론까지 반영하는 새로운 융복합 분야인 교수학습공학으로 진화하는 형국이다.

인간 학습의 본질을 파악하고 다양한 교수학습 상황에서 이를 제대로 활용하는 것은 이상의 '돌아 봄'에서 파악된 현대 인간 학습 탐구의 흐름을 따라 각각의 조류에 속하는 이론가들의 주장을 면밀히 헤쳐 봄으로써 가능해진다.

1장 인간 학습 탐구 개관

학습은 학문 분야마다 학자마다 보는 관점에 따라 다양하게 정의되는데, 일반적으로 자연적인 변화인 성숙과는 달리 교육이나 직간접적인 경험을 통해 행동, 사고, 정서, 태도가 지속적으로 변화하고 적응하는 것을 의미한다. 여기서 말하는 학습이란 기본적으로 동물의 그것과는 속성이 다른 학습을 하는 우리 인간, 즉 homo eruditio, homo knowledgian, homo studiosus 등에서의 관점이다. 이 장에서는 바로 이 인간 학습의 의미는 무엇이며, 이에 대한 탐구가 그동안 어떻게 이루어져 왔는지를 돌아본다.

철학으로서의 인간 학습 탐구

인간의 학습은 언제나 누구에게나 자연스럽게 일어나는 현상이지만 사실 따지고 보면 놀라울 정도로 신기한 현상이다. 지금으로부터 100여 년 전, 현대 학습이론 수립 초기 대표적 이론가도 인간이 자신을 바꾸는 힘으로서 학습은 인간의 속성 중 가장 인상적인 것이라고 역설한 바 있다(Thorndike, 1931). 예를 들어, 다음과 같은 상황을 생각해 보자.

> 어느 외국인 엄마와 그녀의 세 살배기 아이에게 의자 그림과 의자라는 한글 낱말이 쓰인 종이를 보여 주며 '의자'라는 우리말을 누가 먼저 발화하는지 시합을 하고 있다. 한글을 공부하고 있는 엄마는 의자라는 개념은 없고, 단지 글자 발음만 알아 '의자'라고 발화한다. 그러나 우리말에 익숙하지 않은 그녀는 그 말이 무엇인지는 잘 모른다. 반면에 그의 세 살배기 아이는 그림을 보고 그 옆에 아빠가 앉아 있는 의자도 가리키며 '의자'라고 발화한다. 아이는 글자는 모르지만 의자라는 개념이 이미 학습되어 있는 것이다.

여기서 세 살배기 아이는 의자라는 말을 어떻게 알고 말하는 것일까? 즉, 의자라는 개념이 언제 어떻게 형성되어 어디에 존재하다가 이 상황에서 적시에 발성되는 것인가? 그리고 아이 엄마는 의자라는 개념이 분명히 의식 속에 없었는데, 그 글자를 보는 순간 어떻게 발성하고 그 순간 그녀의 의식 속에는 무엇이 존재하는가?

이러한 신비한 학습(學習)에 대해서 우리 동양 일부에서는 인간에게 당연한 그래서 흔히 전통적인 지혜에 기반한 교훈적 접근이 주를 이루었다. 예를 들어, 원래 '學'이란 큰 선생의 지도를 받거나 이미 있는 지침에 따라 공부하는 일이고, '習'은 공부한 바를 연마해 내 것으로 만드는 일이다. 결국 학습이란 기술, 지식, 사유, 가치 등에 관해 배우고 그 의미와 원리를 스스로 깨달을 때까지 반복해서 익혀 자기 것으로 삼는 체득(體得)이라고 보는 경우(심경호, 2013)를 들 수 있다. 서양에서도 같은 차원에서 접근한 경우를 흔히 볼 수 있는데, 대표적인 예로 Plátōn

의 『국가』[1], John Locke의 『교육론』, Jean-Jacques Rousseau의 『에밀』 등을 들 수 있다. 그런데 서양에서는 근대 철학 이후 그 가운데서도 인식론을 중심으로 인간의 학습 현상에 대해 보다 체계적인 접근이 이루어지기 시작하였다. 다시 말해, 근대에 이르러 인간이 사물을 어떻게 인식할 수 있는지에 대한 철학적 관심을 해결하는 가운데 이성론(rationalism)[2]과 경험론(empiricism)의 차원에서 다루게 되었다.

인간 학습에 대한 이성론은 이성(reason)이 모든 학습의 시작이고 본질임을 강조한다. 달리 말하면, 인간의 감각 경험이라는 것은 신뢰할 수 없으며 오히려 방해가 된다고 본다. 예를 들어, 아이가 언어를 학습하는 과정을 보면 일련의 보편적 언어(linguistic universal)를 가지고 태어난다는 것을 알 수 있는데, 이를 토대로 결국 복잡하고 추상적인 문법규칙을 자연적으로 구사하게 된다. 그러므로 정확히 말하면 언어는 학습(learning)되는 것이 아니라 성숙(maturation)하는 것이라고 보아야 한다(Chomsky, 1972). 자녀들을 가르치는 어른들의 언어 교육내용이 오히려 엉터리가 많음에도 불구하고 아이들이 제대로 습득하는 것도 바로 이에 대한 방증인 것이다.

인간 학습에 대한 이성론 입장은 오랜 철학적 전통에 근거하는데, 바로 Plátōn의 선천론(nativism)과 이성주의 관점이 그것이다. Plátōn에 의하면 지식, 곧 이데아(idea) 또는 형상(form)은 태어날 때부터 주어지며, 이성 작용(reasoning)에 의해서 가용하게 된다는 것이다. 그러므

1 엄밀히 말해서 제목과는 달리 이 책은 내용의 본질이 정치를 다룬 책이 아니라 지금까지도 가장 훌륭한 교육론이라고 할 수 있다. 이는 이 책의 제목이 정확히 번역하기 힘들어 국가라고 한 것(박종현 역주, 1997)을 감안할 때도 알 수 있다.

2 합리론이 더 익숙한 용어이지만, 인간 학습 과정에서의 이성 작용을 논의하는 차원에서 이 책에서는 이성론이라고 한다.

로 감각을 통해 경험한 것(질료, matter)을 탐구하여 지식을 얻으려 한다면 오히려 잘못된 지식으로 인도한다고 하였다. 또한 인간의 학습이 가능한 것은 결국 영혼(soul)이 있기 때문인데, 이는 원래 완전한 지식 영역에 속하던 것이 출생할 때 신체로 들어온 것이며 따라서 모든 지식이란 영혼이 원래 가지고 있던 것을 회상하는 것이라고 하였다. 이러한 관점은 중세 기독교, 그리고 Rene Descartes, Gottfried W. Leibniz, Thomas Reid, Immanuel Kant 등 근대 철학자들에 의해 면면히 이어져 왔다. 그리고 교육과 관련하여서는 능력심리학(faculty psychology),[3] 형식도야론(formal discipline)[4]의 개념으로 강조되기도 하였다.

인간 학습에 대한 경험론은 감각 경험이 모든 학습의 시작이고 본질임을 강조한다. 다시 말해, 우리의 생각(관념, 지식)이란 대체로 감각 인상(sensory impressions)을 그대로 복사하는 것이고, 복잡한 생각도 단순한 생각들의 조합에 의한 것이다. 예를 들어, 연필이라는 생각은 심, 대, 지우개 등 감각한 특질들에 대한 인상이다. 즉, 여러 감각 특질이 우리 마음속에서 연합(association)되어 연필이라는 생각이 형성되는 것이다. 이때 마음속에서 연합되는 것은 시간상 또는 공간상 인접하여 경험되기 때문이며, 연필이라는 생각은 마음속에서 다시 원래의 특질들로 환원되기도(reducible) 한다. 또한 연필이라는 생각은 관련 생각들과 연합되어 다른 생각(예, 문구)을 형성하기도 한다.

---

3 인간의 마음은 일련의 능력들로 이루어졌다는 관점으로, Plátōn, Aristōteles 그리고 근대의 Thomas Reid(1710~1796) 등이 대표적이다. 특히 Reid는 인간의 마음은 생득적인 43개의 능력으로 이루어진다고 보았다(Brooks, 1976).

4 능력은 근육훈련 하듯이 그것과 관계되는 특정 기능을 연습함으로써 강화할 수 있다는 주장으로, 예를 들면 수학을 공부하면 추론능력이 향상된다는 것이다. 또한 이 주장은 근육훈련과 유사하다는 측면에서 정신근육 관점(mental muscle approach)으로 언급되기도 한다.

물론 인간 학습에 대한 경험론 입장은 오랜 철학적 전통에 근거하는데, 바로 Aristóteles의 연합론(associationism)[5]이 대표적이다. 그는 지식에 대한 경험주의 관점을 수립하는 가운데 이른바 '연합의 원리(laws of association)' 네 가지를 다음과 같이 제시한 바 있다(Hergenhahn, 2009).

- **인접(contiguity)의 원리**: 우리는 어떤 것을 생각할 때 그것과 함께 경험한 것을 생각하게 된다.
- **유사(similarity)의 원리**: 우리는 어떤 것을 생각할 때 그것과 함께 유사한 것을 생각하게 된다.
- **대조(contrast)의 원리**: 우리는 어떤 것을 생각할 때 그것의 반대인 것을 생각하게 된다.
- **빈도(frequency)의 원리**: 일반적으로 경험들은 더 자주 같이 일어날수록 그 연합이 더 강해진다.

다시 말해, Aristóteles는 감각 경험을 하기 전까지는 빈 서판(tabula rasa)이었던 마음에 인접, 유사, 대조, 빈도와 같은 구체적 감각 경험들을 통해 관념이나 지식이 형성된다는 것을 주장한 것이다. 인간 학습에 대한 경험론은 기독교의 영향으로 중세 암흑기를 맞아 탐구가 중단되었다가 이후 Thomas Hobbes, John Locke, David Hume, John S. Mill 등 근대 철학자들에 의해 재탐구되며 정교화되었다.

---

5 물론 감각 경험 속에 포함되어 있는 지식을 발견하기 위해서 마음이 적극적으로 관여해야 한다는 측면에서 Aristóteles도 이성론자이다. 중요한 것은 지식(학습)을 설명하는 과정에서 무엇을 강조하느냐에 따라 주요 입장이 드러난다. 즉, 엄밀히 보면 순수 이성론자, 순수 경험론자란 없다.

그리고 인간의 학습 현상에 대한 접근이 이성론 대 경험론의 철학적 관점을 기반으로 물리적 일원론(physical monism),[6] 부수현상설(附隨現象說: epiphenomenalism),[7] 심신병행론(psychophysical parallelism),[8] 상호작용이론(interactionism)[9] 등 다양한 관점으로 나뉘어 대립하는 가운데 전혀 다른 차원의 체계적 접근이 이루어졌는데 바로 과학[10]에 의해서였다.

과학으로서의 인간 학습 탐구

인류 역사상 정신 세계에 대한 최초의 과학적 탐구는 Charles R. Darwin(1809~1882)에 의해 시도되었다. 그는 『종의 기원』(1859)에서는 기대와는 달리 인간에 대해 거의 언급을 하지 않고, 12년 뒤 출판된 『인간의 유래와 성선택』(1871)을 통해 인간도 진화의 산물임을 역설하며 그때까지의 인간 본성에 대한 우리의 사고를 철저히 변환시킨 선구자이다. 다시 말하면, '인간은 어떻게 사고하는가?' '인간은 무엇을 알 수 있는가?' 등의 철학적 질문은 이제 '인간은 환경에 어떻게 적응하는

6 의식과 같은 정신적 사상을 배격하는 유물론의 입장이다.

7 정신적 사상은 육체적 사상의 부산물이지 행동을 유발하지 않는다는 입장이다.

8 정신적 사상과 육체적 사상은 서로 상호작용 없는 별개의 실체라는 입장이다.

9 마음은 육체에, 육체는 마음에 영향을 줄 수 있다는 입장으로, Rene Descartes(1596~1650)가 대표적이다.

10 여기서 과학(science)이란 물론 자연현상을 대상으로 실험을 통해 체계적인 지식을 추구하는 자연과학을 말한다. 그러나 결국 인간 행동에 대해 과학적인 방법으로 체계적, 이론적 지식을 추구하는 사회과학까지 포함하는 광의의 의미로 연장될 수도 있는 개념이다. 원래 science라는 말도 '지식'을 의미하는 라틴어 scientia에서 유래하며, 이것 또한 '안다'는 뜻의 접두사 'scio-'에서 유래한 것이다.

가?' '인간은 주어진 상황에서 무엇을 할 수 있는가?' 등의 행동과학적 차원으로 전환되었다. 아울러 인간 행동이 자연의 어떤 측면과 같이 탐구될 수 있다면 자연과학에서 성공적이었던 실험 방법을 인간에 대한 탐구에도 적용하게 되었다.

인간의 정신 영역에 대한 두 번째 과학적 탐구는 19세기의 가장 위대한 과학자 중 한 명으로 일컬어지는 독일 학자 Hermann von Helmholtz(1821~1894)에 의해 이루어졌다. 그는 기본적으로 유물론(materialism) 맥락에서 주로 시청각적 지각에 대한 탐구를 하여 이른바 실험심리학의 초석을 다진 사람이다(Hergenhahn, 2009). Hermann Ebbinghaus(1850~1909)는 진일보 차원에서 학습, 기억과 같은 인간의 고등 정신 과정을 실험심리학적으로 규명하고자 하였다. 특히 연합론의 맥락에서 빈도의 법칙을 검증하기 위해 '무의미 철자(nonsense syllables)'라는 독특한 실험도구를 발명하고, 이로부터 학습 곡선(learning curve), 파지 곡선(retention curve) 등의 개념을 도출한 것으로 유명하다. 이런 면에서 Ebbinghaus는 심리학을 철학의 영역으로부터 독립시켜 새로운 학문 분야로 발돋움하게 한 학자로 평가된다.

인간 학습 과정에 대해 진정한 의미에서의 과학적 접근을 한 것은 위에서와 같은 개인적 연구 차원이 아니라 철학으로부터 분리된 그리고 제도로서의 학문으로서 심리학이 수립되기 시작한 140여 년 전 독일의 초기 심리학파라고 보아야 한다. 대표적으로, Wilhelm M. Wundt(1832~1920)는 1879년 독일 Leipzig 대학교에 세계 최초로 실험심리학 연구소(The Institute for Experimental Psychology)[11]를 열고,

11 물론 이보다 4년 전인 1875년에 미국의 W. James(1842~1910)가 Harvard 대학교에 교수학습 실험실을 세우기는 하였지만, 미국에서의 최초 심리학 실험실은 이보다 4년 뒤인 1883년 G. S. Hall(1844~1924)에 의해서였다(Dewsbury, 2000).

인간 사고의 요소와 이 요소들이 복잡한 정신 경험으로 종합되는 원리를 규명하고자 하였다. 이는 기존 유물론과 경험론에 반대하며 독일 이성론의 전통과 맥을 같이하는 것이었다. 특히 내성법(introspection)과 같은 실험적 방법을 통해 사고의 요소들이 주의집중(attention)되고 배열되는 과정에서 중요한 역할을 하는 인간의 의지, 선택, 목적 등에 주목하였다. Wundt는 이러한 자신의 심리학을 주의주의(主意主義, voluntarism)[12]라고 명명하였으며(Hergenhahn, 2009), 이는 최초의 심리학 학파로 분류된다.

Wundt의 주의주의는 그의 제자 Edward B. Titchener(1867~1927)에 의해 미국으로 전파되어 계승되는 가운데 구조주의(structuralism)로 불리게 되었다. 이는 주의주의와 같이 사고의 요소를 규명하는 것이 관심사지만 이 요소들이 어떻게 조합되어 복잡한 사고를 형성하는가에 대해서는 관점이 다른 데 연유한 것이다. 즉, 주의주의는 이성론의 맥락에서 의지(will), 통각(apperception), 창의적 종합(creative synthesis) 등 능동적 마음을 강조한 반면에, 구조주의는 경험론의 전통을 따라 연합의 원리 또는 수동적 마음을 전제로 하는 것이었다.[13] 사실 이런 점에서 주의주의와 구조주의는 본질적으로 상이한 차이가 있다(Schunk, 2020)고 할 수 있다.

Titchener가 Cornell 대학교를 중심으로 발전시킨 미국의 구조주의는 이후 철학적, 방법론적 문제점과 Charles R. Darwin(1809~1882)

---

12 사실 Wundt는 실험심리학 연구소를 세우기 훨씬 전인 1862년부터 생각 측정기(thought meter) 같은 실험을 하면서 주의집중과 의지에 주목하기 시작하였다(Hergenhahn, 2009).

13 이렇게 볼 때 Wundt의 주의주의는 지금까지도 잔존하지만 Titchener의 구조주의는 도태되었다고 할 수 있다.

의 진화론, Sigmund Freud(1856~1939)의 정신분석학 등의 영향으로 인해 또 다른 학파의 도전에 직면하게 되었는데, 당시 이 새로운 학파를 기능주의(functionalism)라 부르게 되었다. Chicago 대학교의 John Dewey(1859~1952)와 James Angell(1869~1949)이 주도한 기능주의는 주로 William James(1842~1910)[14]의 심리학 원리(The Principles of Psychology, 1890)에 근거한 것이었다. 그는 인간이란 본질적으로 이성적이면서 동시에 비이성적이며, 정신 과정의 생물학적 기초를 이해하기 위해서라도 하등동물을 연구할 것을 주장하였다. 기능주의의 기본 입장은 유기체의 정신과정과 행동은 환경에의 적응을 위한 것이다. 즉, 마음이 '무엇인가(what is)'가 아니라 '무엇을 위한 것인가(what for)'라는 기능적 측면에 더 탐구의 초점을 두어야 한다는 것이다. 또한 기능주의는 주의주의나 구조주의가 기본적으로 전제하였던 전체적인 것(예, 의식, 사고)을 부분들(예, 사고의 요소)로 분리해 내려는, 이른바 환원론(reductionism)적인 접근에 철저히 반대하였고, 그들의 연구방법론인 내성법은 본질적으로 감각 경험 자체가 아닌 감각 경험에 대한 기억, 즉 회상(retrospection)이므로 신뢰할 수 없는 것이라고 비판하였다. 그러나 기능주의도 연구주제가 광범위하여 초점이 분명하지 않았고, 결국 그 모호함으로 인하여 결국 인간의 정신과정을 규명해 줄 수 있는 새로운 패러다임이 출현하게 되었다.

14 그는 경험론자이지만 연합론자는 아니다. 곧, 단순 사고도 환경으로부터의 입력에 대한 수동적 복사가 아니라 추상적 생각과 사고의 산물이며, 경험의 변화와 함께 지속적으로 변화한다는 입장이었다.

현대 인간 학습 탐구의 흐름

19세기 말 미국으로 전파된 독일의 내성법 심리학은 연구방법론의 신뢰성이 결여되었을 뿐만 아니라 인간 학습 탐구에 있어서 Aristóteles 이후로 제기된 연합의 원리에 대해 어떤 진전도 이루지 못하였으므로 도태될 수밖에 없었다. 이에 대해 일종의 대안으로 대두된 기능주의도 인간 학습현상에 대한 설명을 하기에는 연구주제가 모호하였으므로 결국 관찰가능한 행동의 탐구라는 분명한 목표의식이 있는 과학적 심리학을 초래하게 됐다.[15] 이것이 바로 행동주의(behaviorism) 학습이론이 미국에서 태동하게 된 배경이다.

행동주의 학습이론은 John B. Watson(1878~1958)의 1913년 강연 "Psychology as the Behaviorist Views It"[16]으로부터 공식 출범한 것으로 보는 것이 중론이다. 여기서 Watson은 행동의 예측과 통제가 바로 심리학의 이론적 목적이라는 것을 강조하였을 뿐 인간 행동에 대해서는 별로 언급한 것이 없었다. 그러나 1915년 미국 심리학회장 취임 연설에서부터 Ivan P. Pavlov(1849~1936)와 같은 러시아 학자의 조건반사 개념이 동물뿐 아니라 인간 행동을 설명하는 데 사용될 수 있음을 시사한 바 있다. 즉, Watson이 구체적으로 언급하지는 않았지만 미국의 행동주의 학습이론의 형성에는 Pavlov 외에도 Ivan M. Sechenov(1829~1905), Vladmir M. Bechterev(1857~1927)와 같은 그 당시 러시아 학자들의 조건반사 이론의 영향이 컸던 것으로 판단된다.

---

15 물론 기능주의는 구조주의처럼 도태한 것이 아니라 행동주의에 의해 계승되었다고 보아야 한다.

16 이 강연의 내용을 정리하여 같은 해에 학술지 『Psychological Review』에 출간한 바 있다.

물론 Watson이 이들의 개념을 전적으로 수용한 것은 아니지만 그 영향을 받아 인간 학습을 설명하는 데 있어 자극과 반응이라는 개념을 도출해 낸 것은 사실이다. 그러므로 인간의 학습 과정에 대한 행동주의 관점을 이해하기 위해서라도 러시아 학자 Ivan P. Pavlov의 고전 조건화 학습이론을 먼저 살펴볼 필요가 있다.

인간 학습에 대한 행동주의 관점은 엄밀히 보면 그 안에서도 하위분류가 가능한데, 대표적으로 연합론적 행동주의와 기능론적 행동주의로 나눌 수 있다(Olson & Ramirez, 2020). 연합론적 행동주의(associationistic behaviorism)는 기본적으로 Aristóteles 이후의 경험론적 입장을 충실히 견지하는 관점이다. 따라서 여기에는 인간의 학습 과정에 대해 연합의 원리, 즉 연합론이라는 철학적 색채가 다분히 배어 있는 관점이다. 여기에 속하는 학자는 러시아의 Ivan P. Pavlov(1849~1936), 미국의 Edwin R. Guthrie(1886~1959), William K. Estes(1919~2011) 등을 들 수 있다. 기능론적 행동주의(functionalistic behaviorism)는 진화론을 토대로 환경에의 적응 행동으로서 인간의 학습 과정을 설명하는 관점을 견지한다. 여기에 해당되는 학자로는 미국의 Edward Thorndike(1874~1949), Clark L. Hull(1884~1952), Burrhus F. Skinner(1904~1990) 등을 들 수 있다.

인간 학습에 대한 행동주의 이론이 미국을 중심으로 학문적 득세를 하던 특히 1930년대에서 1950년대는 인간의 인지현상(cognition)은 무시되거나 기껏해야 뇌 활동의 부산물[17]이라는 관점이 지배적이었고, 이에 대한 탐구는 위축될 수밖에 없었다. 그러나 유럽을 중심으로 이

17 예컨대, 정신적 사상은 육체적 사상의 부산물이라는 부수현상설(epiphenomenalism)이 대표적이다.

에 대한 연구는 이성론의 전통을 따라 면면히 이루어지고 있었는데, 독일의 형태주의(Gestalt) 학파, 스위스의 Jean Piaget(1896~1980), 영국의 Frederic C. Bartlett(1886~1969) 등을 대표적으로 들 수 있다. 특히 형태주의 학파의 공식적 출범은 행동주의의 출발 시점보다 일 년 빠른 1912년 독일 학자 Max Wertheimer가 운동현상(apparent movement)에 관해 발표한 논문 「Experimentelle Studien über das Sehen von Bewegung」이라는 것을 기억할 필요가 있다. 그만큼 행동주의 학자들에게 있어서 형태주의는 계속 신경 쓸 수밖에 없는 존재였으며, 심지어 미국의 행동주의 학자 중 일부는 자극과 반응 사이의 중재변인이라는 것의 존재를 수용하기도 하였다.[18] 그리고 20세기 중반 이후 컴퓨터와 소통이론(communication theory; 예, Broadbent, 1958)의 발달, Noam Chomsky(1928~)의 언어 연구 결과 등의 영향으로 행동주의 이론의 문제점들이 드러나면서 인지주의 관점(cognitive psychology)이 부상하게끔 추진력을 제공하게 된다. 이는 행동주의라는 일련의 거센 학풍 속에서 그동안 연구 무대에서 사라졌던 인간 학습에 대한 이성론적 입장의 부활을 의미하는 것이었다. 특히 1956년 9월 10일에서 12일까지 미국 Massachusetts 공과대학교 주최로 열린 정보이론에 관한 심포지엄은 인간 학습에 대한 오늘날 인지주의 이론의 기폭제가 되었다.[19]

이후 인간 학습에 대한 인지주의 이론은 이른바 정보처리 이론

---

18 특히 Clark L. Hull(1884~1952)과 Edward Tolman(1886~1959)이 대표적인데, Hull에게 있어서 이 중재변인은 주로 생리적인 것이고, Tolman에게는 주로 인지적인 것이었다.

19 이 심포지엄에서 Allen Newell과 Herbert Simon은 컴퓨터 논리 연산, Noam Chomsky는 언어 규칙성에 대해, 그리고 George A. Miller는 전설적인 논문 「The magical number seven, plus or minus two: Some limits on our capacity for processing information」을 발표하였다(Hergenhahn, 2009).

(information-processing theory)으로 본격화되는데, 이는 기본적으로 컴퓨터의 작동원리에 따라 인간 마음의 능동적 작용을 강조하는 것이다.[20] 물론 그 이전에 George A. Miller와 Donald Broadbent 같은 학자가 컴퓨터 비유를 통해 인간의 인지에 대해 언급하긴 하였지만(Miller, 1956; Broadbent, 1957, 1958), 일반 문제해결 도구로서의 인간의 마음과 컴퓨터의 동질성을 역설한 Allen Newell, John C. Shaw와 Herbert A. Simon의 1958년 논문 「Elements of a theory of human problem solving」이 결정적 역할을 하였다. 이 정보처리 이론에 의해 자극(stimulus)이란 용어는 입력(input)으로, 반응(response)과 행동(behavior)은 출력(output)으로, 자극과 반응 사이의 과정은 부호화(coding), 저장, 인출, 그리고 기억 등으로 대체되었다. 따라서 당시 이 정보처리 학습이론의 관점을 집대성한 학자로 Donald A. Norman(1935~)의 주장을 살펴볼 필요가 있다.

1969년에는 인지주의 학습이론의 대표적인 학술지 『Cognitive Psychology』가 창간되고 이후 관련 학술지들의 출판이 이어지는 가운데 인지주의 학습이론의 탐구주제는 기억으로부터 조망인지, 문제해결 등의 복잡학습(complex learning)으로 다각화되고 확대되기 시작하였다. 그리고 이러한 흐름 속에서 심리학, 철학, 언어학, 신경과학, 인공지능 등을 망라하는 학제적 학문으로서의 인지과학(cognitive science)으로 발전하여 오늘에 이르고 있다. 인지주의 학습이론과 관련하여 간과할 수 없는 이론은 Albert Bandura(1925~2021)의 관찰학습 이론(observational learning theory)이다. 이 이론은 당시 인지주의 관점을

20 이는 결국 이성론의 전통을 따르는 것이며, Immanuel Kant(1724~1804)의 철학, 형태주의, Jean Piaget(1896~1980)의 이론과 같은 맥락이다.

선도한 Edward Tolman(1896~1959)의 신호학습 이론의 영향을 받아 상호작용하는 인간 학습이라는 학습 탐구의 새로운 지평을 연 이론이라는 점에서 살펴볼 필요가 있다.

이후 1990년대부터는 인간 학습 탐구에 대한 담론이 구성주의(constructivism)로 새로운 전환이 이루어졌는데, 이는 행동주의 학습이론 및 인지주의 학습이론에 대한 반동이며 동시에 인간 학습 탐구에 대한 철학적 접근의 부활이었다. 즉, 서양철학의 전통적 지식이론에 대한 강한 불만으로 말미암아 비롯된 인간 학습의 본질에 대한 신(新)인식론적(postepistemological) 설명, 곧 신(新)인식론이라고 할 수 있다(이명근 옮김, 2005). 구성주의 학습이론의 핵심은 한마디로 인간 학습자는 자신의 경험으로부터 스스로 지식을 구성한다는 것이다. 다시 말하면, 행동주의나 인지주의 학습이론처럼 인간의 학습은 제공되는 지식이 그대로 전수되는(transmitted) 것이라는 객관주의 관점(objectivist)을 철저히 배격함으로써 그 철학적 기반부터 근본적으로 상이한 입장을 취한다. 물론 구성주의 학습이론은 형식이론으로서 기대만큼 충분히 진화하지는 않았지만 오늘날 인간 학습 및 발달 연구에 심대한 영향을 끼치고 있는 것은 사실이다. 구성주의 이론은 지식구성 능력의 원천 및 구성 방식에 대한 관점의 차이로 급진적, 사회적 구성주의(이명근 옮김, 2005), 외인적, 내인적, 변증법적 구성주의(Schunk, 2020) 등 그 분류가 다양한데, 이 책이 지향하는 교수학습공학 관점에서는 개인적 구성주의와 사회문화적 구성주의 두 가지로 나눠볼 수 있다. 따라서 개인적 구성주의 학습이론과 관련해서는 Jean Piaget(1896~1980)의 이론을 그리고 사회문화적 구성주의 학습이론과 관련해서는 Lev S. Vygotsky(1896~1934)의 이론을 살펴볼 필요가 있다.

지금까지 논의한 현대 인간 학습 탐구의 흐름을 표로 정리하면 〈표

1-1〉과 같다. 여기서 보는 바와 같이, 오늘날 인간 학습에 대한 본격적 탐구는 철학 분야로부터 독립하기 시작하는 19세기의 과학적 접근, 이어 19세기 말 이후 진정한 과학으로서의 심리학으로 독립하며 독일의 구조주의 및 미국의 기능주의 관점으로 시작하여, 20세기 전반 미국을 중심으로 한 소위 행동주의 학습이론이 수립되면서부터이다. 행동주의 학습이론은 다시 철학적 접근의 잔재 또는 진화론의 영향 등 기본 관점에 따라 연합론적 행동주의와 기능론적 행동주의 관점으로 나뉜다. 그리고 미국의 행동주의 학습이론과 더불어 인간 학습에 대한 이성

〈표 1-1〉 현대 인간 학습 탐구 흐름

<table>
<tr><th colspan="2">분 류</th><th>현대 학습이론</th><th>비 고</th></tr>
<tr><td rowspan="6">행동주의</td><td rowspan="3">연합론적</td><td>고전 조건화 이론(Ivan P. Pavlov, 1849~1936)</td><td rowspan="3">인간 학습
본질 파악
(철학적 잔재)</td></tr>
<tr><td>인접 조건화 이론(Edwin R. Guthrie, 1886~1959)</td></tr>
<tr><td>조건화 확률 이론(William K. Estes, 1919~2011)</td></tr>
<tr><td rowspan="3">기능론적</td><td>결합 조건화 이론(Edward Thorndike, 1874~1949)</td><td rowspan="3">인간 학습
본질 규명
(과학적 탐구)</td></tr>
<tr><td>조건화 체계 이론(Clark L. Hull, 1884~1952)</td></tr>
<tr><td>작동 조건화 이론(Burrhus F. Skinner, 1904~1990)</td></tr>
<tr><td colspan="2" rowspan="5">인지주의</td><td>신호학습 이론(Edward Tolman, 1886~1959)</td><td rowspan="5">인간 학습
본질 재규명</td></tr>
<tr><td>형태주의 이론(W. Köhler, 1887~1967; K. Koffka, 1886~1941; K. Lewin, 1890~1947)</td></tr>
<tr><td>정보처리 이론(Donald A. Norman, 1935~)</td></tr>
<tr><td>인지주의 이론(F. Craik & R. Lockhart; C. Bereiter, J. Flavell, A. Newell & H. Simon; J. Anderson 등)</td></tr>
<tr><td>관찰학습 이론(Albert Bandura, 1925~2021)</td></tr>
<tr><td colspan="2" rowspan="2">구성주의</td><td>개인적 구성주의 이론(Jean Piaget, 1896~1980)</td><td rowspan="2">인간 학습
본질 규명 확장</td></tr>
<tr><td>사회문화적 구성주의 이론(Lev S. Vygotsky, 1896~1934)</td></tr>
</table>

론의 전통이 유럽의 형태주의 이론, Piaget의 이론 등으로 면면히 이어지는 가운데 20세기 중반부터는 정보처리 학습이론을 필두로 소위 인지주의 학습이론이 전 세계적으로 부상하게 되고, 학제적인 인지과학으로 발전하여 오늘에 이르고 있다. 20세기 후반부터는 현대 인간 학습 탐구에 있어서 양대 산맥이라 여겨졌던 인지주의 학습이론 및 행동주의 학습이론에 대한 일종의 반동으로서 구성주의 관점이 인간 학습 탐구에 있어서 폭넓은 영향을 미쳐 왔다. 그리고 최근에는 혁신적 4차 산업혁명 기술들이 교육계에 전폭적으로 도입되는 가운데 구성주의를 기본 틀로 인지주의 및 행동주의 관점까지 포함하고, 뇌과학 및 진화심리학 차원의 학습이론 같은 기저이론까지 포괄하는 새로운 융복합 분야인 교수학습공학(technology of instruction-learning)으로 진화하는 형국이다.

그러므로 인간 학습의 본질을 파악하고 다양한 교수학습 상황에서 이를 제대로 활용하는 것은 이상의 '돌아 봄'에서 파악된 현대 인간 학습 탐구의 흐름을 따라 각각의 조류에 속하는 이론가들의 주장을 면밀히 '헤쳐 봄'[21]으로써 가능해질 수 있다. 물론 여기에 언급되지 않은 수많은 학자가 전 세계적으로 더 편재하지만, 여기서는 기본적으로 행동주의, 인지주의, 구성주의라는 세 가지 대분류 틀의 특징을 가장 잘 드러낸 전형적인 학습이론가들을 중심으로 헤쳐 본다.[22]

---

21 앞의 1, 2절의 '돌아 봄'이 이와 같은 '헤쳐 봄'을 가능하게 하고, 결국 이 책의 III부에서 교수학습공학의 본질을 제대로 조망하는 '내려 봄'이 이루어지게 된다.

22 기본적으로 인간 학습의 본질을 조건반사로 전제하고 그 과정만을 초미시적으로 다룬 조건화 확률 이론(W. K. Estes)과 조건화 체계 이론(C. L. Hull)은 탐구 대상에서 제외한다.

2장 교수학습 탐구와 방법

현대 과학으로서 인간의 교수학습에 대한 본격적인 탐구는 20세기에 들어 미국을 중심으로 발전한 학습이론으로부터 비롯되었다고 할 수 있다. 그러나 학습이론들의 비약적 발전에 비해 교수이론에 대한 탐구는 상대적으로 빈약하다. 실제 교수학습 상황을 고려할 때 원래 학습은 교수와 분리되어 성립될 수 있는 개념이 아니므로 교수학습에 대한 체제적 담구의 필요성이 제기된다. 체제접근에 의한 인간 교수학습 탐구 활동으로서의 교수학습공학은 학습이론들에 대한 '이론별 교수학습공학'으로부터 시작하여 이들의 교수학습공학 방안들을 융합한 학습이론들의 '유형별 교수학습공학'으로 전개된다.

학습이론 그리고 교수이론, ……

교수학습(instruction-learning)에 대한 현대적 의미의 학술적 탐구의 시작은 19세기 초 유럽 독일의 J. Herbart(1776~1841)가 교육과학

(science of education) 차원에서 주장한 4단계 교수이론[1]이라고 할 수 있다. 이는 그 이전 세기부터 스위스의 J. H. Pestalozzi(1746~1827)와 독일의 F. Fröbel(1782~1852) 등이 강조해 온 실물교수(object teaching) 이론의 감각훈련 차원을 넘어서서 심리학적 요소를 강조하는 교수과정을 체계화하고자 하는 시도였다. 또한 20세기 초 이탈리아의 M. Montessori(1870~1952)가 과학적 교수체제의 일환으로 제안한 등급별 교수자료도 같은 맥락이라고 할 수 있다.

그러나 현대 과학으로서 교수학습에 대한 본격적인 탐구는 19세기 말 독일로부터 시작하여 20세기에 들어서 주로 미국을 중심으로 발전한 이른바 학습이론(learning theories)으로부터 비롯되었음을 알 수 있다. 이는 문자 그대로 인간의 학습이 일어나는 과정을 설명하고 입증하는 설명이론으로서, 인간의 학습 과정에는 일정한 원리가 있다는 가정하에 명제들로 규명한 것이다. 마치 운동의 경우 그 수행은 일련의 절차들로 이루어지는 것을 규명하는 것으로, 이른바 학습심리학(learning psychology)이라는 분야가 수립된 것을 의미한다. 앞 장에서 살펴본 바와 같이 20세기 전반은 인간 학습 과정에 대한 이론 중에서도 소위 행동주의 학습이론들이 탐구·수립되었고, 20세기 중반부터는 정보처리 학습이론을 필두로 인지주의 학습이론들이 그리고 20세기 중후반에는 유럽 및 러시아 학자의 이론을 토대로 한 구성주의 학습이론이 회자되고 탐구된 시기였다.

이 가운데 특히 20세기 전반은 구체적으로 E. Thorndike(1874~1949)의 결합 조건화 이론, E. R. Guthrie(1886~1959)의 인접 조건화 이

1 '명료(clearness)-연합(association)-체계(system)-방법(method)'의 절차로 이루어지는 교수전략에 관한 주장으로 20세기 초엽까지 유럽과 미국의 교육현장을 풍미하였던 초기 이론이다.

론, B. F. Skinner(1904~1990)의 작동 조건화 이론 등 주로 행동주의 학습이론들이 비약적으로 발전한 시기였다. 이러한 학습이론들을 토대로 한 교수학습에 대한 체계적 탐구의 시작은 J. Dewey(1859~1952)의 진보주의 교육철학과 E. Thorndike의 결합 조건화 이론을 통합한 W. Kilpatrick(1871~1965)의 프로젝트 방법(project method)이라는 체계적 교수학습 방안이라고 할 수 있다. 이는 Thorndike의 학습이론의 근거인 효과의 법칙에 따라 학습자의 유목적적 활동(purposeful activity)을 중심으로, 여기에 Dewey의 교육철학을 감안하여 사회적 환경에 투영한 것이었다(이명근, 2024). 다시 말해, 학습자의 흥미에 맞는 일련의 프로젝트들로 교육과정을 재조직하고, 단순히 교재로부터가 아닌 문제해결 활동에 의한 학습(learning by doing)을 강조한 것이다(Kilpatrick, 1926). 그리고 1950년대에는 당시의 주요 행동주의 학습이론들을 집대성한 Skinner(1904~1990)가 자신의 작동 조건화 이론을 토대로 '프로그램화 교수학습(programmed instruction)' 이론[2]을 고안하고, 이를 실제 교육현장에 '교육기계(teaching machine)'로 구현함으로써 일종의 교수학습에 대한 체제접근(systems approach)을 선도한 바 있다.

20세기 전반의 학습이론들이 비약적으로 발전한 것에 비해 교수이론(instructional theories)에 대한 탐구는 20세기 후반부에 이르기까지도 상대적으로 부족하였다고 할 수 있다. 물론 학습이론 자체가 연구틀을 제공하는 일반적 기능과 함께 교수설계라는 구체적 기능을 포함한다고 보는 관점(Gredler, 2009)도 있기는 하다. 그럼에도 인간의 학습(learning)이 교수학습 상황에서 원래 교수(instruction)와 따로 분리되어

2 그의 작동 조건화(operant conditioning) 학습이론에 근거하여 수립된 전형적인 '교수학습이론'이라고 할 수 있다.

성립될 수 있는 것이 아니라는 점, 그리고 엄밀히 보면 동시에 일어나는 현상이라고 볼 때 빈약한 교수이론의 상황은 특이하게 받아들여질 수밖에 없다. 그 이유는 두 가지로 볼 수 있는데, 첫째로 두 이론을 주도한 주체들이 다른 데 기인한다고 본다. 즉, 그때까지 학습이론은 주로 심리학자라는 과학자들에 의해 주도되었고, 교수이론은 주로 학교를 중심으로 한 교육현장에 종사하는 교육자들의 영역이었다. 여기서 교육자들의 영역이라는 것은 교수에 관한 관심의 본질이 과학(science)으로서가 아닌 예술적 수완(art)과 도제제도와 같은 참여에서 형성되는 기능(craft)을 포함하는 기예(技藝)로 간주된다는 것을 의미한다(Highet, 1950). 그렇기 때문에 교육현장에서는 교육자들의 경험칙을 바탕으로 강의식 교수법, 개념학습 교수법, 모둠학습 교수법 등 주로 집단교수(group instruction) 상황에서의 교수행동, 곧 교수자의 학습행동 유발에 관한 개념적 처방들로 이루어진 일종의 비형식적 교수이론들(예, Arends, 1988; Eggen & Kauchack, 1996)이 다양하게 전개된 것으로 보인다. 따라서 국내외를 막론하고 이 개념적 처방들은 기본 형식이나 유형 분류에 있어서도 공통적인 기준이 없을 정도로 그 내용들이 지극히 다양하고 산만할 수밖에 없다.

교수이론에 대한 탐구가 빈약하였던 두 번째 이유는 학습과 교수 두 영역은 상이한 이론과 원리들이 그 근간을 형성한다는 전형적 관점(Sternberg, 1986)의 영향력이 컸기 때문이라고 할 수 있다. 그러나 학습과 교수의 관계는 이 둘을 별개로 바라보던 이전 시대와는 전혀 달라졌다고 할 수 있다. 즉, 오늘날 학습과 교수의 관계는 학습자와 교수자, 동료, 교수학습자료 등으로 이루어지는 맥락과의 상호작용을 기반으로 하는 것이며(Schunk, 2020), 그렇기 때문에 교수학습(instruction-learning)이라는 개념이 더 자연스러워진 형국이다.

물론 학습이론의 발전이 자연히 이를 교수과정에 적용하려는 다양한 논의에 영향을 준 것은 틀림없다. 다시 말해, 다양한 학습이론이 자체로 충분하지는 않지만 20세기 후반 교수이론에 대한 탐구로 전개된 바 있다. 그러나 이것도 원칙적인 의미에서 형식이론(formal theories)으로서가 아닌 개념모형(conceptual models)으로 전개되었다고 할 수 있다(Richey, 1986). 이른바 학습자의 학습환경을 기술한 '교수모형(teaching models)'이 대표적인 것으로, 이는 주로 구체적 상황에 기반한 것이다. 예를 들어, 법리적 모형(jurisprudential model)이라는 중학교 사회과 교수모형(Joyce & Weil, 1972)이 바로 이러한 교수모형의 대표적인 예이다.

형식이론으로서의 교수이론은 관점에 따라 여러 가지로 분류될 수 있다. 예를 들어, 앞 장에서 논의한 바와 같은 학습이론 배경에 따라 행동주의 교수이론, 인지주의 교수이론, 구성주의 교수이론 등으로 분류할 수 있다. 그러나 극히 소수를 제외하고는 어느 하나의 이론적 배경에만 속한다고 할 수 없을 정도로 혼합적인 경우가 대부분이다. 분명한 것은 교수이론은 기본적으로 학습이론에 근거하여 학습자의 학습을 위한 교수지침의 틀을 제시하는 예측이론이다.

교수이론에 대해서는 이론의 초점, 기능, 범위 등의 차원에서 논의할 수 있다(Richey, 1986). 여기서 '초점'이란 모든 상황에 일반론적인 것인지 혹은 특정 상황을 지향하는 것인지를 구분한다. '기능' 차원에서는 처방적, 설명적, 예측적, 규범적 등 네 가지로 분류된다. 그리고 교수이론의 '범위'는 교육내용 조직, 교수전략, 학습자 특성, 관리 중 주로 어느 것까지를 포함하느냐이다. 대부분의 교수이론은 일반론적인 경향을 띠며, 학습자의 연령이라든가 교과 내용 등을 초월하여 모든 교수학습 상황에 적용하고자 한다. 대표적으로, J. Bruner(1966)의 교수이론은 특정 명칭을 붙일 수 없을 정도로 일반론적인 교수이론이다. 그러나 특정 교수학습 상황에 적합한 교수이론이 탐구되기도 하였다. 예를 들어, 1970년대 말에 학습자의 일반 특성으로서 적성별로 상이한 교수방법과의 상호관련성을 규명하고자 하였던 이른바 적성-교수방법 상관연구 운동(Aptitude-Treatment Interactions: ATI)이 대표적인 경우이다. 이는 당시 연구방법론의 두 흐름이었던 실험연구와 상관연구의 방법론적 체계화를 통해 다양한 적성과 상이한 교수방법 간의 상호관련성을 분석하여 소위 맞춤형 교수(adaptive teaching)를 목표로 하는 것이었다. 다시 말해, 학습자의 개인차 변인을 고려하지 않고 효과적인 교수방법만을 탐구하는 기존의 편향적 방법론을 배격하는 일종의 연구운동이었다고 할 수 있다.

교수이론은 또한 취급하는 현상이 지식이나 기능의 효과적인 성취방법을 다루는 응용활동에 관한 것이므로 대체로 처방적이거나 규범적인 성격을 지니며, 이러한 특성은 교수이론의 주요 기능이 된다. 범위의 관점에서 볼 때 대부분의 교수이론은 교육내용의 구조 및 조직을 강조한다(예, Ausubel et al., 1968; Bruner, 1966). 그다음으로는 교수학습의 계열화에 관한 교수전략(예, Gagnè, 1965; Skinner, 1968)이나 학습자 특성에 관한 논의(예, 적성-교수방법 상관연구 운동)를 강조한다. 반면에 교수학습의 관리에 대해 강조하는 교수이론은 상대적으로 적다.

그러나 지금까지 어떤 교수이론이나 교수모형을 막론하고 원론적이면서 단편적인 접근에 그쳐, 교수학습 과정에 포함되는 요소들을 유기적인 관점에서 고려하지 못하였다고 평가된다. 이러한 문제상황은 1980년대부터 교수학습에 대한 체제접근(systems approach)을 요청하게 되었고, 이에 따라 교수설계이론(教授設計理論, instructional design theories)으로 그리고 특히 최근에는 교수학습공학(教授學習工學,

technology of instruction-learning)이라는 전문 학술분야로 진화하고 있다.

교수학습 탐구와 교수학습공학

원래 생물학 분야에서 시작된 체제(system)라는 개념은 기계론적인 과학주의의 대안으로 여러 학문 분야에 응용되며 일반체제이론(general systems theory)으로 정립된 바 있다(von Bertalanffy, 1968). 그리고 인공두뇌학(cybernetics)의 출현과 함께 인간을 정보처리 체제로 보는 체제이론(systems theory)이 대두된 것이다. 이러한 체제이론들이 다양한 상황의 문제들을 해결하는 데 적용되면서 정립된 개념이 바로 체제접근(systems approach)인데, 어떤 대상 체제로부터 새로운 구조를 창출하고 문제를 해결하는 것을 의미한다. 구체적으로, 체제접근은 관련된 문제를 체제의 개념에 기초해서 먼저 그 문제의 본질을 명확히 규명하고, 이를 해결하는 데 필요한 대안들을 고안해 내고, 이에 따른 해결전략을 수립·시행하고, 그 결과를 평가하여 적정화가 이루어지지 않았다면 이전 단계들을 수정·보완함으로써 궁극적으로 문제를 해결하는 일련의 절차들이 포함된다. 다시 말해, 체제접근이란 관련된 문제를 하나의 체제로 보고 종합적으로 계획, 실행, 평가함으로써 해결하는 과정 즉, 문제해결 과정이라고 할 수 있다.

인간을 대상으로 한 그리고 인간에 의한 교수학습 과정에 대한 체제접근은 과거의 교수이론, 교수모형이라는 원론적이고 단면적인 접근과는 본질적으로 다른 차원이며, 이를 '교수학습공학(教授學習工學, technology of instruction-learning)'이라고 규정할 수 있다. 여기서 특히 '공학(technology)'이라고 한 것은 흔히 생각하는 것처럼 오늘날 발전한 과학기술의 결과로 산출된 어떤 장치나 기계를 의미하는 것이 아니다. 이를 사용하는 서구 사람들의 기저의식을 살펴보면, 이 용어(technology)의 어원은 그리스어 'techne'에서 비롯된 것으로, 원래 '특정 활동' 또는 '일종의 지식'을 의미하였다. 실례로, Plátōn은 '체계적 또는 과학적 지식'이라는 뜻의 episteme를 techne와 동의어로 간주하였고, Aristóteles에게는 인간의 지적인 행위를 위한 지식의 체계적 활용을 의미하였다(李明根, 1993). 다시 말해, 공학이라는 말의 원래 의미는 어원적으로 볼 때 어떤 장치나 기계와 같은 물리적인 개념보다는 오히려 활동이나 지식과 같은 체제접근을 통한 문제해결 과정 또는 절차와 같은 것이다. 따라서 교수학습에 공학이라는 용어를 붙여 명명한 교수학습공학(敎授學習工學)은 인간의 교수학습 과정의 문제해결을 위한 체제접근에 의한 탐구활동을 의미한다.

교수학습공학이라는 개념은 원래 선구적 통찰을 한 학습이론가들에 의해 비롯됐다고 할 수 있다. 실례로, 1950년대 중반 당시 다양하게 수립되고 있던 행동주의 학습이론들을 집대성한 B. F. Skinner(1904~1990)가 일찍이 자신이 정립한 작동 조건화 이론(operant conditioning theory)에 기반하여 구안한 이른바 '프로그램화 교수학습(programmed instruction)'을 주창하였다. 특히 Skinner는 이를 학교교육 현장에서 교육기계(teaching machine)로 구현하는 '교수공학(technology of teaching)'을 실천하고, 나아가 '문화공학(cultural engineering)'의 가능성까지 역설한 바 있다(Skinner, 1968, 1971). 다시 말하면, 그의 프로그램화 교수학습이론과 교육기계는 교수학습 과정 요소들의 유기적 관계를 고려한 체제접근, 즉 교수학습공학의 관점을 선각하고 이를 선도한 선구적인 시도였다.

이어 교수학습공학으로서의 탐구활동은 1957년 인류 역사상 최초로 구 소련이 '스푸트니크(Sputnik)' 인공위성을 발사하자 그동안 과학기술 전반에 걸쳐 앞서 있던 미국 사회가 커다란 충격을 받고 대대적 교육개혁을 추진하는 가운데 교수설계(instructional design)라는 개념으로 개화하기 시작하였다. 즉, 교수학습 과정에 대한 이러한 새로운 차원의 체제접근은 구체적으로 교수설계이론(instructional design theory)이라는 전문 학술주제로 탐구되기 시작하였다.

체제접근에 의한 인간 교수학습 탐구활동으로서의 본격적인 교수학습공학은 구체적으로 [그림 2-1]에서와 같이 먼저 각각의 학습이론에 대한 '이론별 교수학습공학'을 시작으로 이들의 교수학습공학 방안들을 융합한 학습이론들의 '유형별 교수학습공학'으로 두 단계에 걸쳐 전개된다.

우선 교수학습공학 탐구활동 1단계로서의 '학습이론별 교수학습공학'은 인간 학습 탐구의 역사에 대한 '돌아 봄'으로써 시작한다. 그동안 교육학 및 관련 분야에서는 주로 지난 100여 년간 제시된 학습이론들의 기본 개념, 주요 원리 등에 대한 의미파악을 토대로 교육을 위한 일반적인 적용방안을 모색해 왔다. 그리고 이러한 탐구활동은 앞 절에서 논의한 바와 같이 이른바 교수이론 또는 교수모형으로 전개되었다는 것을 알 수 있었다. 이론별 교수학습공학은 이러한 원론적이고 단면적인 교수이론이나 교수모형과 같은 차원이 아니라 기존 학습이론들에 대한 치밀한 '헤쳐 봄'으로 전개된다. 그리고 학습이론들의 기본 개념이나 주요 원리들에 대한 단순 의미파악이 아니라 우선 이론의 본질을 명확히 재규명하고, 이를 토대로 교수학습원리들을 규명한 다음, 실제 교수학습 현장에 대한 체제적 적용방안을 처방하는 것이다. 즉, 해당 학습이론의 교수학습원리들에 대해 명확히 파악함으로써 교수학습

〈학습이론〉 '돌아 봄 (I부)'	…	〈학습이론별 교수학습공학〉 '헤쳐 봄(II부)'	⇨	〈학습이론 유형별 교수학습 공학〉 '내려 봄(III부)'
• 기본 개념 • 주요 원리 • 일반적 적용	…	• 이론별 본질 규명 • 이론별 교수학습원리 규명 • 체제적 적용	⇨	• 유형별 본질 규명 • 유형별 교수학습이론 도출 • 교수학습 설계
교수이론 교수모형 ……		• 고전 조건화 학습이론의 교수학습공학 • 결합 조건화 학습이론의 교수학습공학 • 인접 조건화 학습이론의 교수학습공학 • 작동 조건화 학습이론의 교수학습공학 • 형태주의 학습이론의 교수학습공학 • 신호학습 이론의 교수학습공학 • 정보처리 학습이론의 교수학습공학 • 인지주의 학습이론의 교수학습공학 • 관찰학습 이론의 교수학습공학 • 개인적 구성주의 학습이론의 교수학습공학 • 사회문화적 구성주의 학습이론의 교수학습공학 ……		• 행동주의 교수설계이론 • 인지주의 교수학습 설계이론 • 구성주의 교수학습환경 이론 • 융합 교수학습환경 이론 ……
〈교육학, 교육심리학〉	…	〈교수학습공학〉		

[그림 2-1] 교수학습공학의 탐구 단계

* 주) 그림의 둘째 행과 관련하여, 원리(principle)와 이론(theory)에 대한 정의는 학문 분야마다 주장하는 학자마다 상이하다. 여기서는 원리를 이론의 틀을 규정하는 일종의 공리라고 보는 과학 교육 관점(정용욱, 2014 참조)을 원용하여 교수학습원리가 교수학습이론보다 더 하위 또는 선제적 차원의 특성을 지닌 것으로 규정하고 사용함.

공학 방안을 도출하게 된다.

교수학습공학 탐구활동의 2단계로서의 '학습이론 유형별 교수학습공학'은 학습이론별 교수학습공학 방안들을 행동주의, 인지주의, 구성주의와 같은 유형별로 융합하는 체제접근을 한다. 즉, 유형별 학습이론들의 교수학습원리들을 조망하고 연세하여 유형별 교수학습이론을 도출한 다음, 이로부터 교수학습 현장에 적용하는 적용체제를 수립하여 유형별 교수학습공학 방안을 처방함으로써 진정한 의미에서의 체제접근을 하게 된다. 이는 유형별 학습이론들에 대한 조망인지(meta cognition), 곧 위에서부터 전반적으로 '내려 봄'으로써 유형별 학습이론들의 교수학습공학 방안들의 유기적 관계를 파악하고, 포괄적 관점을 유지하는 가운데 다양한 교수학습 문제에 대한 일종의 융합 교수학습공학 방안을 수립하여 처방하는 것이다.

Ⅱ부

혜쳐 봄

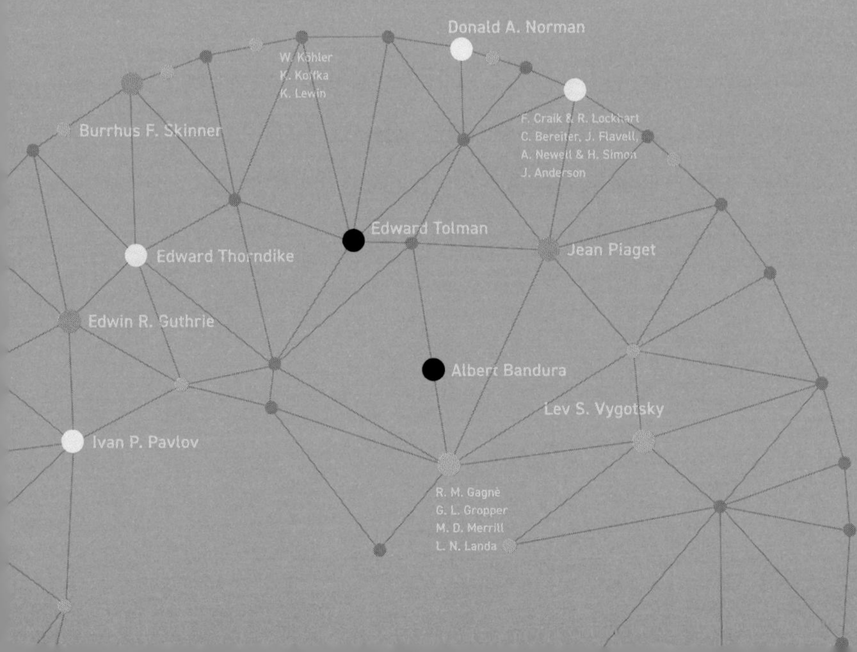

Donald A. Norman
W. Köhler
K. Koffka
K. Lewin
Burrhus F. Skinner
F. Craik & R. Lockhart
C. Bereiter, J. Flavell,
A. Newell & H. Simon
J. Anderson
Edward Tolman
Jean Piaget
Edward Thorndike
Edwin R. Guthrie
Albert Bandura
Lev S. Vygotsky
Ivan P. Pavlov
R. M. Gagné
G. L. Gropper
M. D. Merrill
L. N. Landa

그동안 교육학 및 관련 분야에서 교수학습에 대한 탐구는 지난 100여 년간 제시된 학습이론들의 기본 개념, 주요 원리 등에 대한 의미파악을 토대로 교육을 위한 일반적인 적용방안을 모색해 왔다. 이러한 탐구 노력은 이른바 교수이론 또는 교수모형으로 전개된 바 있다. 이는 전통적 교수상황인 집단교수의 특징적 현상들을 주로 경험칙에 따라 유형화한 개념적 모형이다.

이제 이러한 일반론적이고 단면적인 교수이론이나 교수모형 차원을 넘어서 기존 학습이론들에 대한 치밀한 '헤쳐 봄'을 통해 이른바 학습이론별 교수학습공학을 도모할 필요가 있다. 즉, 기존 학습이론들의 기본 개념이나 주요 원리들에 대한 단순 의미파악이 아니라 우선 이론의 본질을 명확히 재규명하고, 이를 토대로 교수학습원리들을 규명한 다음, 실제 교수학습 현장에 대한 체제적 적용 방안을 처방하는 것이다. 다시 말해, 해당 학습이론의 교수학습원리들에 근거하여 교수학습공학 방안을 도출하게 된다. 이 과정에서 학습이론 간의 상호보완적 관계를 탐색하고, 특정 이론이 적용될 수 있는 조건과 한계를 규명하는 것 또한 주요한 탐구과제가 된다.

물론 여기에 논의되지 않은 많은 학자가 우리나라를 비롯하여 전 세계적으로 더 편재하지만, 여기서는 기본적으로 행동주의, 인지주의, 구성주의라는 세 가지 대분류 틀의 특징을 가장 잘 드러낸 전형적인 학습이론가들을 중심으로 헤쳐 본다.

3장 고전 조건화 학습이론의 교수학습공학

Ivan P. Pavlov(1849~1936)는 러시아 출신의 과학자로, 심리학을 철학의 영역으로부터 독립시켜 인간 학습 탐구의 과학적 토대를 마련한 대표적인 학자이다. 특히 그는 1904년에 생리의학 분야에서의 학술적 공로를 인정받아 노벨상을 수상한 바 있다. 원래 그의 연구 분야는 소화생리학으로, 이 과학적 연구가 오늘날 인간 학습에 관한 체계적 탐구의 탄탄한 토대가 되었다고 할 수 있다. 오늘날 우리가 학문의 발전에 대해 논의하는 과정에서 누누이 강조하는 학제적 접근의 개념이 제대로 구현된 대표적 사례이다. 그의 연구 주제들 가운데 특히 조건화 학습이론(conditioning theory)은 그가 50세가 되면서 시작한 탐구 주제인데, 이것이 바로 오늘날 인간 학습에 대해 탐구하고자 하는 후학들이 누구나 입문단계에서 처음으로 공부하게 되는 고전 이론이다.

'고전 조건화' 학습이론

Pavlov의 이론은 조건화 이론의 전형, 곧 글자 그대로 고전 조건화

이론으로, 한마디로 '선도 자극에 유도되는 연합[1]의 형성'을 강조한 것이며, 이 연합의 형성이 곧 우리 인간 학습의 본질이라는 것이다. 즉, 다음 [그림 3-1]에서 보는 바와 같이, 어느 정도 허기에 찬 개가 고기(자극)를 보게 될 때 저절로(무조건적으로) 침을 흘리게 되는 자연적 생리현상을 이 고기(무조건 자극, UnConditioned Stimulus: UCS)와 아무런 관계가 없는(중성의) 메트로놈 소리(중립 자극, Neutral Stimulus: NS)와 인접시키는 시행을 반복(통제, 조건화)함으로써 궁극적으로 이 자극(조

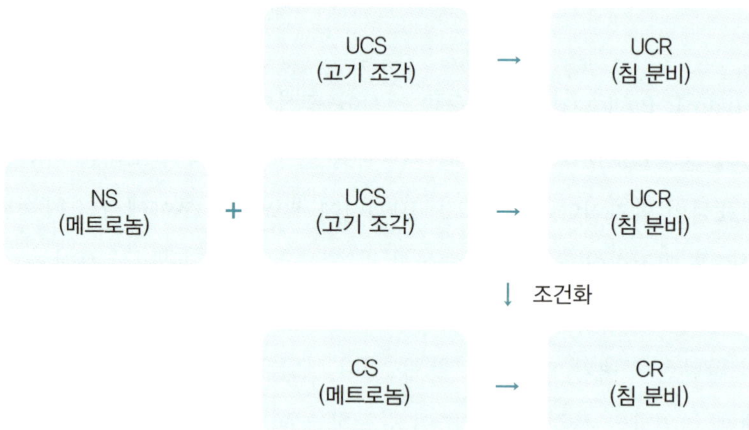

[그림 3-1] 고전 조건화 학습이론의 개념도

---

1 여기서는 결합(connection)이 아니라 연합(association)이라는 개념으로 표현해야 적절하다고 본다. 이는 특히 이 책의 4장에서 다루는 Thondike의 학습이론을 결합이론(connectionism)이라고 하는 것과 관련해서 볼 때 더욱 그렇다. 결합이론에서는 Pavlov 이론의 '단지 인출되는(elicited)' 반응이 아니라 유기체가 '방출하는(emitting)' 반응에 따른 수단 조건화 차원에서 보다 과학적인 개념인 '결합'을 강조한다. 다시 말해, 고전 조건화 학습이론은 생각들이 서로 어떻게 연결되는지에 관한 연합론(associationism) 철학의 잔재가 남아 있던 시기에 수립된 이론이므로, '연합'이라는 개념으로 표현한 것이다. 이와 관련하여 Pavlov도 고전 조건화 현상의 이유를 설명하는 데 있어서 뇌에서 일어나는 연합현상을 언급한 바 있다. 이런 점에서 Pavlov는 연합론적 행동주의자로 분류되기도 한다.

건 자극, Conditioned Stimulus: CS)에 대해서도 같은 현상(조건화된 반응, Conditioned Response: CR)을 유발(연합, 학습)하게 할 수 있다는 것이다.

물론 고전 조건화 과정에서 중립자극(NS: 메트로놈)은 무조건 자극(UCS: 고기 조각)보다 약 0.5초 앞서 제시되거나 최소한 무조건 자극과 동시에 제시되어야 조건화가 일어나게 된다. 그리고 자극의 순서상 '중립 자극(NS: 메트로놈) → 무조건 자극(UCS: 고기 조각)'처럼 정상적 조건화(forward conditioning)가 되어야지 '무조건 자극(UCS: 고기 조각) → 중립 자극(NS: 메트로놈)'의 순서로 이른바 역행적 조건화(backward conditioning)를 시도하면 메트로놈에 대한 조건화는 거의 불가능하게 된다. 그 이유는 역행적 조건화에서는 중립 자극(NS)이 뒤에 오기 때문에 무조건 자극(UCS)이 뒤따른다는 것을 '미리 알려 주는(informative)' 기능이 없기 때문이다.

이러한 고전 조건화 현상에 대해 Pavlov는 원래 생리학사이기 때문에 생리학적인 근거를 들어 해석한다. 즉, 자극이 제시되면 대뇌 피질부에는 이와 관련하여 활동을 일으키는 부위가 형성되며, 특정 자극(예, 무조건 자극)의 출현에 수반하는 자극들(예, 중립 자극)과 부위들 간에도 잠정적인 연합이 형성된다는 것이다. 다시 말해, 무조건 자극을 수반한 어떤 자극이 유기체에 제시되면 이와 연합되어 있는 무조건 자극에 대응되는 뇌 부위도 활동을 일으키게 된다. 그리고 이러한 과정에서 특정 자극에 대해 반응하려는 경향성(흥분, excitation)과 반응하지 않으려는 경향성(제지, inhibition)이 뚜렷이 일어나게 되어[2] 미세한 차이의 유사 자극에 대해서도 식별(discrimination)을 할 수 있게 된다는 것이다.

2 이를 '흥분과 제지가 집중(concentration)된다' 또는 '피질부 모자이크(cortical mosaic)'라고도 한다.

고전 조건화: 교수학습원리

고전 조건화 학습이론으로부터 도출되는 교수학습원리는 일반화, 식별, 소거, 고차 조건화 등 네 가지로 볼 수 있는데, 이에 대해 구체적으로 살펴봄으로써 고전 조건화 학습이론을 보다 정확히 이해할 수 있다.

일반화

일단 조건화가 된 다음 조건 자극과 유사한 자극을 조건 자극으로 쓰면서 조건 반응의 양을 측정하면 유사한 자극일수록 조건 반응의 양이 많아짐을 알 수 있다. 바로 이때 조건 반응이 일반화(generalization)되었다라고 할 수 있는데, 조건 자극과 유사한 자극들에 대해 같은 반응을 보이게 되는 경향성을 말한다. 이는 조건 자극에 따라 뇌 부위에 표상이 생기므로 특정 조건 자극과 유사한 여러 자극에까지 흥분이 확산(irradiation of excitation)되기 때문으로 해석된다. 이 일반화 현상은 우리가 과거에 직면해 본 일이 없는 전혀 새로운 장면에서도 학습 반응을 보이게 되는 경우를 설명하는 이론적 근거가 된다.

식별

일반화의 반대 현상으로서 특정 자극들에만 반응(집중)하는 경향성을 말하며, 이 식별(discrimination)은 장기훈련 및 차별강화의 두 가지 방법을 통해 일어나도록 할 수 있다.

- **장기훈련**: 조건 자극과 무조건 자극의 연합의 회수를 최소화하면 상

당한 일반화가 일어나게 된다. 그런데 조건 자극과 무조건 자극의 연합을 장기화하면(훈련을 많이 하면) 소거과정에서 유사자극에 대해서도 조건 반응(일반화)이 점차 줄어들게 된다.

- **차별강화**[3]: 조건화 과정에서 소거과정에서처럼 중립자극과 유사한 자극을 같이 제시하되 특정 자극에만 무조건 자극이 뒤따르게 하면, 아무리 유사한 자극이 제시되더라도 결국 조건 반응이 형성되기 어렵게 된다. 다시 말해, 장기화하지 않는 최소한의 수립과정에서는 일반화가 일어나야 하는데, 차별강화하면 일반화도 결코 일어나지 않게 된다.

소거

조건화 과정에서 무조건 자극이 없다면 당연히 조건화는 일어나지 않게 되는데, 조건화가 이루어졌다는 것은 무엇보다도 무조건 자극이 강화인(reinforcer)으로서 기능하였기 때문이다. 따라서 일단 조건화가 일어난 다음에도 무조건 자극(UCS)을 제공하지 않고 조건 자극만을 계속적으로 제시하게 되면 조건 반응(CR)은 점차로 사라지게 된다. 이것이 바로 조건화된 반응의 소거(extinction) 과정이다. 이러한 단순 소거보다 더 강력한 방안으로서 조건 자극을 아예 다른 무조건 자극(예, 혐오물)과 짝 지을 수도 있는데, 이러한 경우는 탈조건화(counter

3 엄밀히 강화는 이 책 6장에서 다룰 작동 조건화 학습이론(B. Skinner)의 핵심 개념이기 때문에 여기서 differential reinforcement는 '차별강화'보다는 논리적으로 '차별 연합'으로 의역되어야 한다. 그러나 관행상 그리고 원본의 의도를 살리기 위해 차별강화로 한다.

conditioning)라고 한다[4].

완전 소거가 된 다음 일정 시간이 지난 후에 조건 자극을 제시하면 조건화된 반응이 일시적으로 다시 나타나는 경우가 있는데, 이를 자연적 회복(spontaneous recovery)이라고 할 수 있다. 예를 들면, 금연하고 나서 얼마 후에 다시 흡연을 하게 되는 경우이다.

고차 조건화

조건화 과정에서 조건 자극은 그 자체가 강화적 속성을 띠게 되므로, 이를 강화인(UCS, 무조건 자극)으로 사용하여 다른 자극을 조건 자극으로 만들 수 있다. 이런 식으로 제2, 제3의 조건 자극과 연합하여 조건 반응을 인출할 수 있게 하는 것을 고차 조건화(higher-order conditioning)라고 한다. 예를 들어, 개에게 지폐 한 장을 보여 준 다음 바로 이어 메트로놈 소리를 들려 주면, 앞서 실험에서 조건 자극이었던 메트로놈 소리가 여기서는 무조건 자극의 역할을 하고 지폐는 조건 자극이 되어 돈만 보면 침 흘리는 개를 만들 수 있게 되는 것이다. 이렇게 해서 이루어진 조건화를 이차 조건화(secondary-order conditioning)라고 하며, 이때 쓰인 (이전의) 조건 자극은 이차 강화속성을 지니므로 이차 강화인(secondary reinforcer)이라고 한다. 고차 조건화는 앞서 설명한 일반화의 경우처럼 유사한 자극이 아닌 상이한 자극들 간에 일어나는 현상이라는 점에서 본질적으로 다르다고 할 수 있다.

이론적으로는 이차 이후 여러 단계를 넘어가는 고차 조건화까지 가능

4 이에 비해 조건화된 반응(예, 공포)을 점진적으로 감소하게 하는 경우는 역(반)조건화(unconditioning)라고 한다(Gredler, 2009).

하나 실제적으로는 삼차 조건화 이상은 불가능한데, 고차적으로 갈수록 조건 반응(CR)의 양이 적어질 뿐만 아니라 몇 번의 시행 동안만 지속된다는 것을 알 수 있다. 만일 이러한 원리가 보다 정교화되어 같은 동물적 존재로서 인간에게도 적용된다면 가공할 만한 주장이 된다. 요즘 과학계에서 회자되는 유전자 조작이나 기획된 복제같이 복잡한 방법을 쓰지 않고도 마음먹은 대로 인간을 개조할 수 있기 때문이다.

고전 조건화: 교수학습공학 방안

고전 조건화 학습이론의 교수학습원리들을 감안할 때 교수학습공학 방안은 학습자에게 '무조건적인 반응을 일으키게 하는 자극(UCS, 무조건 자극)에 학습의 대상인 새로운 자극(NS, 중립 자극)을 연합'시키면 된다. 즉, 학습해야 할 새로운 자극 바로 앞에 무조건 자극을 반복적으로 결부시키면 이 새로운 자극이 조건 자극(CS)이 되면서 무조건 자극으로 인출됐던 바람직한 반응(CR, 조건 반응)이 연합되는 학습이 일어나게 된다. 이는 행동수정과 같은 특수 상황뿐만 아니라 다양한 일반 교수학습 상황에서도 유용하게 적용할 수 있는데 대표적인 예로 언어교육을 들 수 있다.

물론 고전 조건화에 의한 학습은 기본적으로 환경의 자극에 대해 직접적으로 반응하는 일차 신호체계(first signal system)에 대한 연합을 말한 것이다. 그러나 언어(말)라는 상징을 이용하는 경우와 같이 이차 신호체계(secondary signal system)의 경우도 당연히 해당된다. 다시 말해, 인간은 실재(reality)에 대한 상징인 언어를 이용하게 되며, 언어학습은 실재가 아닌 상징을 연합하는 이차적 신호체계가 개입하게 되는 이른바 어의적 조건화(semantic conditioning)가 그 본질이다. [그림 3-2]에서와 같이 우리는 어떤 실제 사물(UCS)에 대한 의미를 무조건 반응(UCR)하게 되는데, 이제 그 사물이 보이는 곳에서 그 이름(언어, 말)을 반복해 말해 줌으로써 언어 학습자로 하여금 그 의미 반응을 하도록 연합시킬 수 있다. 이때 그 사물 이름(언어, 말)은 결국 이차 신호체계(secondary signal system)가 된다.

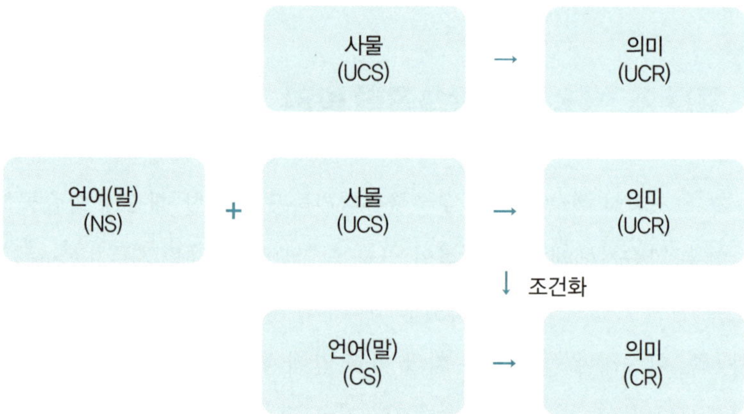

[그림 3-2] **이차 신호체계에 의한 어의적 조건화: 언어교육**

이와 같이 아동에게 언어를 교육할 때 이차 신호체계에 의한 고전 조건화를 적용하면 그 많은 어휘를 일일이 다 실제 사물과 관련지어 가르칠 필요 없이 효율적으로 교육할 수 있다. 즉, 실제 단어가 나타내는 사물이 없더라도 그에 해당하는 사물과 똑같은 상징을 어의적 조건화하여 의미나 개념을 연합, 즉 학습하게 할 수 있다. 이는 특히 추상적 개념의 낱말을 학습시킬 때는 더욱 유용한 방식이다.[5]

5 물론 N. Chomsky와 같은 학자는 이러한 관점에 대해 인간은 언어획득장치를 가지고 태어나기 때문에 이러한 조건화로 설명하는 것은 부적절하다고 강력히 비판한다.

고전 조건화 학습이론은 재미있는 이야기를 이용해 학습분위기를 전환함으로써 학습효과를 높이는 데에도 유용하게 활용할 수 있다. 실례로, 국어교과의 고전읽기처럼 학습동기 유발이 까다로운 내용의 경우 다음과 같이 흥미로운 배경 이야기(UCS)를 먼저 자세히 들려줌으로써 학습분위기를 촉진(UCR)시킨 다음 해당 고전(NS)을 읽게 할 때 학습분위기가 촉진(CR)되고 결국 학습효과를 높일 수 있다.

이야기(UCS) → 학습분위기 촉진(UCR)
내용제시(NS) + 이야기(UCS) → 학습분위기 촉진(UCR)
⇩
내용제시(CS) → 학습분위기 촉진(CR)

같은 맥락에서 행동주의 학습이론의 창시자이며 극단적 환경론자로 알려진 J. Watson(1878~1958)은 인성, 즉 성격이란 조건반사의 집합이라고 규정하며 얼마든지 개조할 수 있다고 공언한 바 있다. 실제로, 그는 11개월 된 Albert라는 유아가 애초에는 없던 쥐에 대한 공포감을 갖게 되는 과정을 다음과 같이 실험으로 보여 주었다(Watson & Rayner, 1920/2000).

막대기 소리(UCS) → 공포반응(UCR)
쥐(NS) + 막대기 소리(UCS) → 공포반응(UCR)
⇩
쥐(CS) → 공포반응(CR)

이와 같이 쥐에 대한 Albert의 공포반응은 원래 없었던 것인데, 일주

일간의 고전 조건화 학습 과정을 통해 강한 공포를 일으키게 되었다는 것이다. 이는 원래 Albert가 쥐에 대해 갖고 있던 호감이 소거되며 소위 체계적 민감화(systematic sensitization)가 이루어지고,[6] 나아가 털이 있는 토끼, 개, 모피 외투 등 실험을 처음 시작할 때에 공포를 일으키는 대상이 아니었던 여러 대상으로도 일반화될 수 있다는 것을 실험을 통해 보여 주었다.

이론적 평가

고전 조건화 학습이론은 흔히 말하는 단순한 조건반사 학습 이상의 차원에서 현대 심리학 그리고 뇌과학에 이르기까지 이론적 기초와 유용한 기초자료를 제공하였다고 평가된다. 뿐만 아니라 여기서 논의된 바와 같이 다양한 교수학습 현장에 시사점을 제공함으로써 우리는 이를 관련 상황에서 유용하게 활용할 수 있다. 그러나 이 이론은 기본적으로 중대한 한계점을 내포하고 있는데, 대표적으로 두 가지를 살펴볼 필요가 있다.

첫째, 고전 조건화는 대체로 실험실 상황에 해당되는 것이고 자연적 상황에서는 여러 가지 요인이 복합적으로 작용할 수 있기 때문에 단정하기 어렵게 된다. 실례로, 유기체의 생물학적 준비도에 따라 조건화가 달라지는 소위 Garcia 효과(Garcia & Koelling, 1966)를 들 수 있는데, 다음에서 보는 바와 같이 생물학적 한계에 따라 무조건 자극과 연합된 어

6 이와는 반대로 맛이 별로 없는 건강에 좋은 음식을 배척하는 사람에게 그가 존경하는 사람과 자주 동석하게 하며 이 음식에 대한 비호감 반응을 소거하게 하는 경우는 체계적 둔감화(systematic desensitization)라고 한다.

떤 조건 자극의 경우는 무조건 자극에 따라 조건 반응(혐오 유발 여부)이 완전히 달라진다는 것을 알 수 있다.

> 물 제공을 줄여 갈증을 겪고 있는 네 개의 쥐 집단에게 상이한 네 개의 조건 아래서 한 고전 조건화 실험 결과:
>
> ㄱ집단: 불빛·소음·물(NS) + 전기충격(UCS) → 물(CS)에 대한 혐오(CR) 유발
> ㄴ집단: 불빛·소음·물(NS) + X선(UCS) → 물(CS)에 대한 혐오(CR) 미유발
> ㄷ집단: 사카린 물(NS) + 전기충격(UCS) → 사카린 물(CS)에 대한 혐오(CR) 미유발
> ㄹ집단: 사카린 물(NS) + X선(UCS) → 사카린 물(CS)에 대한 혐오(CR) 유발

둘째, 이른바 우성자극 조건화(overshadowing)와 차단현상(blocking)은 고전 조건화 과정에 분명한 문제점이 있음을 제기한다(Kamin, 1969). 우선 다음 그림에서 볼 때, 복합 자극(소리·불빛) 중에 보다 우세한 자극(소리)에 대해서만 조건화가 되는데, 이것이 바로 우성자극 조건화이다.[7] 그리고 복합 자극 중 앞선 자극(소리)이 뒤에 추가한 조건 자극(불빛)과 무조건 자극(전기 충격) 사이의 연합 형성을 방해하는 경우가 있는데, 이를 차단현상이라 한다. 이는 앞에서와 같은 우월한 자

> 소리 + 전기충격 → 반응감소
> 소리·불빛 + 전기충격 → 반응감소
> ⇩
> 소리 → 반응감소
> 불빛 → 반응감소(X)

7 이는 앞서 논의한 생물학적 한계와 관련되는 것 같지만 그것으로 설명하기는 어렵다. 왜냐하면 그 논의와는 달리 여기서는 무조건 자극이 같기 때문이다.

극이 열등한 자극을 차단한다는 의미가 아니라 뒤에 새로 추가된 자극이 무조건 자극과 연합하는 것을 방해하는 현상이다. 왜냐하면 불빛과 소리 순서를 바꿔도 소리가 차단되기 때문이다.

우성자극 조건화와 차단현상은 고전 조건화 과정에서는 연합론의 한 주요 원리인 자극 인접 이상의 다른 어떤 것이 포함된다는 것을 의미한다. 즉, 고전 조건화 학습이론은 기본적으로 인접이론임에도 불구하고, 이 원리로서는 설명이 안 되는 현상들이 있다는 것을 알 수 있다. 이는 인간 학습에 대한 또 다른 관점이 필요하다는 것을 시사한다.

4장 결합 조건화 학습이론의 교수학습공학

Edward Thorndike(1874~1949)는 최초의 현대 학습이론가라고 할 수 있을 정도로 학습심리학 분야를 과학적 연구 토대 위에 올려놓은 학자이다. 그리고 행동주의 학습이론의 대표 주자로서 다양한 교육문제를 해결하기 위해 그의 결합 조건화 이론을 적용할 것을 역설하였다. 그의 이론은 결합이론(connectionism)으로 지칭되기도 하는데, 이 책의 1장에서 언급한 바와 같이 진화론의 영향을 받은 기능론적 입장이라는 것을 감안할 때 시행착오에 의한 결합 조건화 학습이론으로 규정할 필요가 있다. 특히 학습이란 보상을 얻기 위한 수단으로써 목표반응과의 결합을 의미하며, 이런 점에서 수단 조건화(instrumental conditioning) 이론으로 분류되기도 한다.

'결합 조건화' 학습이론

결합 조건화 학습이론을 수립하는 데 있어 Thorndike는 먼저 이론의 전제조건이라 할 수 있는 3대 학습법칙으로서 준비도의 법칙, 연습의 법칙, 효과의 법칙을 제시한 바 있다. 이 가운데 특히 '효과의 법칙(law of effect)'은 빈도 수나 단순 인접이 연합 강도의 결정인이라고 생각하였던 전통적 연합론(associationism)과는 전혀 다른 입장을 취한 당시로선 혁신적인 관점으로, 반응의 결과가 자극 상황과 이에 대한 반응과의 결합 강도를 결정하는 데 중요한 변인이라는 것을 강조하였다. 그러나 이 주장은 다양한 반발을 초래하였고 논란의 대상이 되어 왔다. 특히, 효과의 법칙 중 뒷부분, 즉 불쾌한 결과는 결합 강도를 약화시킨다는 주장은 1930년대 이후 전면적으로 수정된 바 있다. 이는 부정적 결과가 항상 학습된 행동의 약화를 초래하지 않기 때문이다. 실제로 처벌이 오히려 특정 행동의 빈도를 증가시키는 경우가 많이 목도되는 것이 이를 뒷받침한다. 예를 들어, 학생이 교사의 꾸짖음을 친구들의 관심으로 받아들여 방해 행동을 반복하거나, 부모의 체벌이 아이에게 주목받는 방법으로 인식되어 같은 행동을 다시 하는 경우가 대표적이다.

Thorndike는 이러한 기본 학습법칙을 전제로 병아리, 고양이, 개, 원숭이, 성인까지 포함하는 다양한 실험을 통해 모든 포유동물의 학습의 본질은 결국 '시행착오에 의한 결합'[1]이며, 이 결합에 이르는 과정은 대부분의 형태주의 학자가 주장하는 통찰과 같은 것이 아니라 오히려 점증적인 결합이라고 결론을 내렸다. 인간 학습에 대한 이러한 Thorndike의 주장을 그림으로 설명하면 [그림 4-1]과 같다.

1 고전 조건화 학습이론(I. Pavlov)에서 인간 학습의 본질은 선도 자극(UCS)에 의해 유도되는 연합, 즉 '조건 반응의 형성'이고, 결합 조건화 이론(E. Thorndike)에서는 사후 만족인(satisfier)에 의해 형성되는, '시행착오에 의한 결합'으로 대조된다.

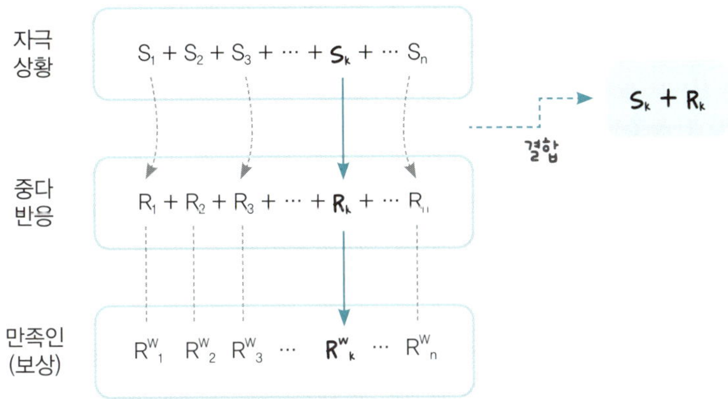

[그림 4-1] 결합 조건화 학습이론의 개념도

* 주) S_k, S_n: 주어진 여러 자극(S_n)과 특정 자극(S_k)
R_k, R_n: 가능한 여러 반응(R_n)과 특정 반응(R_k)
S_k+R_k: 특정 자극(S_k)에 대한 특정 반응(R_k)의 점증적, 시행착오(┈┈▸) 결합
R^W_k, R^W_n: 반응 후 주어지는 가능한 보상(reward: R^W_n) 중 특정 보상(R^W_k)을 의미하며, 고전 조건화 학습이론(I. Pavlov)과 작동 조건화 학습이론(B. Skinner)에서처럼 학습의 결정인요인 강화인(Rf: reinforcer)과는 다른 사후 만족인(satisfier)임.

여기서 보는 바와 같이 유기체는 주어진 자극 상황에서 다양한 반응을 시도한 다음에 그 가운데 만족한 결과로 인도하는 반응과 결합(connected), 즉 학습하게 된다. 이때 결합이란 감각 인상과 행위하려는 충동 사이의 직접적 결합[2]으로 이 과정에는 추리 또는 관념이 결코 개입하지 않으며, 이에는 인접, 빈도 외에도 유관(belongingness)[3]의 원리가 관여한다. 이것이 바로 Thorndike가 생각하였던 인간 학습의 본

2 이는 자극(S)과 반응(R) 사이의 신경결합을 의미한 것으로, 뇌과학 분야의 관점(D. Hebb)을 연상시킨다.

3 고전 조건화 학습이론에 대한 후속 실험(Rescorla, 1988)에서 조건 자극이 무조건 자극에 대한 정보를 제공해 주는 관계를 설명하기 위해 사용한 '유관'이라는 개념과 같다. 물론 Rescorla는 원래 contigency라는 단어를 사용하였지만 둘 다 의미는 같은 것이며, 따라서 여기서도 유관이라고 의역하는 것이 적절하다.

질이며, 특히 모든 학습의 첫 단계는 중다반응(multiple responses)을 통해 이루어진다는 것이다. 즉, 학습자는 문제에 직면했을 때 한 가지 이상의 반응을 시도하는 가운데 적합한 반응이 이루어지면 성공이 따르게 되고 따라서 학습이 이루어진다는 것이다. 만일 유기체가 반응을 다양하게 할 수 없다면 최선의 해결이란 이루어질 수 없기 때문이다.

물론 결합 조건화 과정에서는 자극 상황이 여전히 중요하며, 그런 점에서 고전 조건화 학습이론과 같이 S형 조건화의 특징을 포함한다고 볼 수도 있다. 그러나 결합 조건화는 고전 조건화 이론처럼 선도 자극이 반응을 유도하는 것이 아니고, 만족스런 효과를 지향하는 반응에 결정되는 것이므로 R형 조건화이다. 다시 말해, 직면한 문제 또는 자극 상황에 있는 모든 요소가 적합한 반응을 유도하는 것이 아니라, 자극 상황에 있는 요소들 가운데 보다 우월한 요소([그림 4-1]에서 S_k)에 선택적으로 반응[4]하게 되는 자극요소의 우월성(prepotency of elements)을 따르되 결국 효과의 법칙에 의해 반응을 결합하게 된다는 것이다. 그리고 여기서 자극요소의 우월성은 학습자가 학습 장면에 가지고 오는 개인차 형성 요소로서의 조건(set)에 기인한다.[5] 즉, 조건이란 문화적·유전적 유산 등과 같은 개인적 배경과 박탈, 피로, 정서 조건 등과 같은 일시적 조건 등을 말하며, 오늘날 흔히 언급하는 학습동기가 아니라 단순히 개인의 조건 차이를 말한다.

4 물론 유아나 하등동물의 경우에는 이와는 반대로 상황을 전체로 파악하는 경우가 많다.

5 Thorndike(1921)는 "개인의 내적 조건이 어떤 외적 상황에 대한 반응을 결정하게 하는 방법은 그 상황의 일부 요소의 효과를 우월하게 하는 것이다(p. 26)."라고 역설한 바 있다.

결합 조건화: 교수학습원리

결합 조건화 학습이론으로부터 도출되는 교수학습원리는 동일요소설, 결합이동, 효과의 파급, 유관 등 네 가지로 볼 수 있는데, 이에 대해 명확히 파악함으로써 이 이론에 대한 교수학습공학 방안을 도출할 수 있다.

동일요소설

동일요소설(identical elements theory)이란 생소한 상황에서도 좌절하지 않고 성공적으로 반응하는 경우를 설명하는 개념으로, 상이한 두 상황 간의 전이는 공통적인 요소의 수에 따라 결정된다[6]는 것이다. 예를 들어, 운전 연습장에서 배운 기술은 실제 도로 상황과 공통 요소가 많을수록 효과적으로 전이된다. 정신능력도 마치 근육을 단련하듯이 연습하면 결국 능력 전반이 향상(자동적 전이)되어 사회에 나가 유능한 사람으로 기능하게 된다는 이른바 형식도야론(formal discipline)을 부정하는 근거가 되기도 한다. 다시 말해, 동일요소설은 같은 요소가 있어야만 전이되지 포괄적 능력의 전이는 부정하는 전혀 다른 차원의 전이 이론이다.

결합이동

동일요소설을 확장하면 결국 어떤 장면에 대해 어떤 종류의 반응이

6 '유사성에 의한 반응(response by analogy)'이라고도 하였는데, 정보처리 학습이론(D. Norman)에서의 '유추에 의한 반응'과는 본질적으로 다르다.

라도 결합시킬 수 있다는 주장이 성립되는데, 이것이 그가 결합 조건화 학습이론에서 강조하는 결합이동(associative shifting)이며 그 본질은 바로 인접이다.[7] 이와 관련한 대표적인 사례로 식별학습 실험(Terrace, 1963)을 들 수 있다. 이는 처음에 적색과 청색을 식별하도록 훈련된 비둘기가 이와 결합되어 있던 식별이 전이하여 수평과 수직 막대를 착오 없이 식별할 수 있음을 발견한 실험이다. 다시 말해, 적색-청색 색깔과 수직-수평 막대는 원래 이질적이지만 겹쳐 놓았다가 조금씩 분리되게 함으로써 결국 겹치는 일부를 동일요소로 본 것이다. 이와 같이 결합이동은 효과의 법칙에 의존하는 시행착오 학습과는 달리 인접에만 의존하는 것이며, 이 결합이동의 원리가 적절히 활용되는 분야가 바로 광고 분야이다.

효과의 파급

보상을 받은 주위(인접)에 있는 반응들은 결합과정에서 그 반응자체에 대해 벌을 하였음에도 불구하고 발생률이 증가하는 경우가 있는데, 이것은 바로 효과가 인접 반응들로 파급된다는 것을 입증하는 것이다. 예를 들어, 과잉보호를 하면 가끔 시도되는 나쁜 짓도 강화되며, 한번 좋은 사람은 무엇을 해도 좋게 보이는 경우도 같은 맥락이라고 할 수 있다. 이 효과의 파급이라는 교수학습원리는 바로 학습의 자동성, 직접성을 예증하는 것이라고 할 수 있다.

---

7 이런 점에서 I. Pavlov의 고차 조건화, E. Guthrie의 인접 조건화, B. Skinner의 행동연쇄는 일맥상통하는 개념이라고 할 수 있다.

유관

이것은 효과의 파급과 함께 후기에 Thorndike가 추가한 원리로, 시행착오에 의한 결합 조건화의 유일한 기초는 인접이라고 생각하였던 전통적 견해를 부정하는 개념이다. 실례로, 언어자료에 대한 기억학습 실험(Thorndike, 1932)에서 자극 간의 유관(belongingness; 예, 주어-동사의 어문구조상 관계)도 결합 조건화 형성의 중요한 요인이 된다는 것을 밝혀낸 바 있다. 물론 Thorndike는 또 다른 차원에서의 유관도 언급하였는데, 반응의 결과가 학습자의 현존 욕구와 유관될수록 학습 효과가 높아진다고 주장하였다. 즉, 목마른 동물이 물을 추구하는 것처럼, 배고픈 상태에서 식단 계획과 관련된 문제를 푸는 학습전략은 현재의 신체적 욕구와 학습 내용이 자연스럽게 연결되어 학습 효과를 극대화할 수 있다.

결합 조건화: 교수학습공학 방안

결합 조건화 학습이론의 교수학습원리들에 기반한 교수학습공학 방안은 '학습자의 시행착오 과정에서 목표반응을 할 때 외재적 만족인(satisfier)을 제공'하는 데 초점을 둘 필요가 있다. 이는 부정확한 반응은 빨리 수정되어야 하며 그것이 강화되지 않도록 하기 위한 것이다. 실제 교수학습 현장에서는 목표반응에 대한 만족인을 제공하기 위해 시험이 중요하다. 특히 규칙적으로 시험을 보는 가운데 만족스러운 시험결과(만족인)를 제공하는 것은 목표반응과 부정확한 반응을 식별하게 해 주므로 필요하다.

교수학습의 과정에서 목표반응과의 결합 조건화를 위한 대표적인 교수학습공학 방안으로는 행동적 목표(behavioral objectives)를 설정하여 활용하는 것을 들 수 있다. 행동적 목표란 다음의 사례에서와 같이 세 가지 요소를 포함한다. 첫째, 목표를 구체적으로 명백히 설정하는 것이며, 둘째, 목표는 학습자의 반응능력 내에 있는 것이어야 하고, 셋째, 적절한 단위로 나뉘어 학습자가 적절한 반응을 할 때 만족인을 제공할 수 있는 것이어야 한다. 반면에 아래쪽 비사례의 경우에서는 이러한 세 가지 측면이 대체로 결여되어 있다는 것을 확연히 알 수 있다.

<행동적 목표: 사례>

- 그래프와 일기도가 제시되었을 때, 해당 그림이 대륙성 기후와 해양성 기후 중 어느 것에 해당하는지 선택함으로써 기후 특징을 구분할 수 있다.
- 대륙성 기후와 해양성 기후의 특징에 대한 지문을 읽고, 각 기후의 실생활(의식주 등)에서의 불편을 보완할 방안을 서술하여 제안할 수 있다.

<행동적 목표: 비사례>

- iBT Speaking 각 유형을 이해하고 필요한 skill을 익힌다.
- Speaking에서 자주 사용되는 expression과 문장을 이용하여 말하는 연습을 한다.
- Note-taking의 중요성을 인식하고 각 유형별 note-taking 방법에 익숙해진다.
- 효과적인 의미 전달을 위한 발음, 억양, 강세를 훈련한다.

여기서 주목해야 할 것은 행동적 목표란 결국 학습자료, 즉 수많은 자극요소 중에서도 목표반응과 잘 연합되도록 그 자극요소의 두드러지는 측면(자극요소의 우월성)을 명확하게 구체적으로 강조하는 것이다. 그리고 행동적 목표에 이어 다루는 내용은 실제 세계와 유사하도록 소위 전이촉진 교수학습자료를 활용하는 것이 중요한데, 한 고등학교 상업·경제 교과의 교수학습 계획을 예시로 들 수 있다.

> 모 고등학교의 상업·경제 선생님은 5월 말에 주당 2시간의 수업 중 1시간을 할애하여, 전교생으로 하여금 세금계산서를 준비하여 학습하도록 계획하였다. 왜냐하면 상업을 가르치는 목적의 하나가 장래에 세금계산서를 적어 넣는 데 필요한 정보를 학생들에게 제공해 주는 것이라고 생각하기 때문이다. 즉, 교실교육에서 교실 밖 경험으로의 교육훈련 전이를 촉진시키기 위해서는 두 장면에서의 유사성을 증진시켜야 한다.

이와 같이 실제 사회 상황과 비슷한 내용을 교수학습 내용으로 채택하는 것은 결합 조건화 학습이론의 주요 교수학습원리인 동일요소설과 이를 확장한 원리로 결합이동, 그리고 인접만이 아니라 유관의 원리도 적용하는 것이다.[8]

오늘날 다양한 교수학습 현장에서 행동적 목표 외에 흔히 교수목표(instructional objectives), 수행목표(performance objectives)라고 언급하는 것들도 대체로 이 행동적 목표를 의도하는 것이라고 할 수 있다. 물론 이러한 용어들로 바꾸어 사용한 것은 행동적 목표를 행동주의 이론의 전유물로 오해하여 행동주의자로 분류되는 것을 기피하고자 용어만 바꾸었을 뿐 그 본질은 같은 것이다.

---

8 이러한 관점들은 특히 행동주의 교수학습공학 방안으로서의 이른바 행동주의 교수설계 이론의 기본요소가 된다(15장 참조).

이론적 평가

Thorndike가 활동하던 당시 학계는 I. Pavlov의 고전 조건화 학습이론과 같은 주장 일색이고, 오늘날과 같이 인지주의 학습이론, 구성주의 학습이론 등 다른 관점이 전무한 상황에서 그 나름대로 혁신적인 관점을 세시한 것이지만 다양한 차원에서의 한계는 여전한 이론이라고 할 수밖에 없다.

우선, 주된 비판은 '결합 조건화 과정에는 전혀 추리 또는 관념이 개입되지 않는다'는 기계론적 관점에 대한 것이다. 이와 관련하여 자극-반응 결합은 유관(belongingness)에 의하여 단순히 기억되며, 동시에 보상이나 벌에 대한 기억이 이후 시행에서 같은 반응을 하게 하거나 혹은 반응을 바꾸게 한다고 다른 학자들이 주장한 바 있다. 물론 Thorndike도 처음에는 이와 같이 생각하였으나 나중에 이를 부정하고 자극과 반응은 자동적으로 결합할 뿐이지 전혀 추리나 관념은 포함되지 않는다고 역설하였다(Bower & Hilgard, 1981). 그러나 만족인이 주어졌을 때 마음속에는 반드시 그것에 대한 생각이 형성되고 따라서 결합에 영향을 준다는 것은 적어도 인간 학습에 있어서는 간과할 수 없는 사실임에 틀림없다.

둘째로, '결과가 일어나기 전에 이미 일어난 자극-반응 결합에 어떻게 후속 결과가 영향을 미치는가'에 관한 비판이다. 이에 대해 Thorndike는 신경흔적에 의한 확인반응(confirming reaction)을 가정함으로써 설명한다. 즉, 유기체가 만족스런 상태를 경험할 때도 전도단위(conduction unit)는 여전히 활동 중이라는 신경흔적의 개념으로 유기체는 이를 의식하지 못한다는 것이다(Olson & Hergenhahn, 2013). 그러나 이를 수용한다 하더라도 여전히 군색한 해명이라는 느낌은 지울 수가 없다.

셋째로, 결합 조건화 학습이론은 결합의 형성에만 관심을 두고 결합의 파괴는 도외시하였다는 측면이다. 다시 말해, 효과의 법칙에 의해 형성된 결합은 망각이란 작용에 의하여 파괴됨으로써 새로운 장면에 직면하였을 때, 그 장면이 아무리 과거에 경험한 장면과 유사성을 갖더라도 유기체는 전혀 해결점을 찾지 못하는 경우가 있을 수 있다. 물론 이런 상황하에서 시행착오에 의해 해결점을 찾는다고 할 수도 있지만 그것은 동일요소설(유사성에 의한 반응)이라기보다는 오히려 통찰이라고 해야 옳은 것 같다. 또한 망각이란 개념을 생각할 때, 1930년 이후에 Thorndike가 수정하여 반만 인정한 효과의 법칙마저 불완전한 것이 된다. 즉, 아무리 만족을 가져오는 반응이라 하더라도 다음 반응까지의 시간이 길어진다면 그 과정에서 결합이 파괴될 것이다.

이상과 같은 이론적 한계에도 불구하고, Thorndike는 사신의 이론에 따라 교육의 실제를 개선하고 특히 교육의 과학화 운동을 선도하며 능력심리학에 기초한 전통적인 형식도야론을 배격하고자 하였다. 실례로, 그는 사전만들기, 지능검사, 직업교육 등 다방면에 걸쳐 방대한 활동을 하며 학습이론의 기초 위에서 교육을 과학화하기 위한 노력을 경주하였다(Bower & Hilgard, 1981). 학자로서 그리고 연구자로서 사실에 입각한 그의 평생의 과학적인 노력은 교수학습공학 분야에서도 간과할 수 없는 커다란 공헌이 아닐 수 없다.

5장 인접 조건화 학습이론의 교수학습공학

인접 조건화 학습이론은 당시 학술적 영향력이 지대하였던 고전 조건화 학습이론(I. Pavlov)과 결합 조건화 학습이론(E. Thorndike)에서 영향을 받아 Edwin R. Guthrie(1886~1959)에 의해 수립된 이론으로, 무엇보다도 자극-반응의 인접연합[1]에 조점을 둔 학습이론이다. 특히 인접이 본질인 고차 조건화와 같은 고전 조건화 원리를 토대로 결합 조건화 학습이론의 결합이동과 같은 여러 관점을 포함한다. 그러면서도 그의 이론은 상당히 독특한 관점을 지니는 것으로 오늘날까지도 연합론적 행동주의 학습이론의 하나로서 그 생명력을 유지하고 있다.

'인접 조건화' 학습이론

Guthrie는 고전 조건화 학습이론이나 결합 조건화 학습이론처럼

---

1 흔히 결합으로 표현하지만 Aristóteles의 연합론 전통을 고수하는 이론임을 감안해 연합으로 번역할 필요가 있다는 것을 이미 이 책의 1장에서부터 강조한 바 있다.

복잡하게 생각할 필요없이 단 하나의 학습법칙으로 모든 학습 현상을 설명할 수 있어야 한다고 생각하였다. 그리고 인간 학습이란 단순히 '자극에 시공간적으로 인접(contiguous)해 있던 반응과의 연합(association)'으로 이루어지는 것이라고 주장하였다. 다시 말해, 자극과 반응 간의 연합은 단지 이들 둘이 같이 일어나기 때문이라는 것이다. 예를 들어, 우리가 영어를 처음 공부할 때 'book'이라는 단어를 어떻게 학습하였는지를 생각해 보면 이 주장이 이해가 갈 것이다. 분명히 'book'이라는 새로운 자극에 대해 '책'이라는 우리 말의 개념을 연합시켜 새로운 단어를 학습하고, 그 개념을 형성한 것이다. 마찬가지로 독일어를 학습하는 미국인은 'das Buch'라는 새로운 단어에 대해 'the book'이라는 개념을 연합할 것이다. 이러한 Guthrie의 주장을 인접이론(contiguity theory)이라고도 하는데, 이것은 바로 Aristóteles의 연합론(associationism)을 따르는 것이므로 그래서 그의 이론은 연합론적 조건화 이론으로 분류된다. 인접 조건화 학습이론을 하나의 개념도로 표현하면 [그림 5-1]과 같다.

여기서 보는 바와 같이, 인접 조건화 학습의 특성은 일회 시행 학습(one-trial learning)으로, 자극과 반응이 단 한 번 연합(학습)된 다음에는 이미 완성된다는 것이다. 또한 인접 조건화 학습이론에서는 전통적인 형식도야론에서 주장하는 자동적인 전이를 부인하게 된다. 즉, 전이를 위해 실제와 같은 다양한 상황에서 연습이 필요하다는 것을 강조하는데, 예컨대 자동차 엔진 수리공이 되기 위해서는 직접 자동차 엔진을 가지고 수행하는 과정을 거쳐야 한다는 것이다.[2]

2 이 점이 결합 조건화 학습이론의 동일요소설과 같은 맥락이다. 그러나 엄밀히 말하면, Guthrie는 '전이'가 아니라 '효과적(확실한) 연합'을 강조(이를 위해 다양한 실제 상황에 인접시키는 것을 강조)하고 있다고 보아야 한다. 따라서 Guthrie는 실제로는 전이에 대

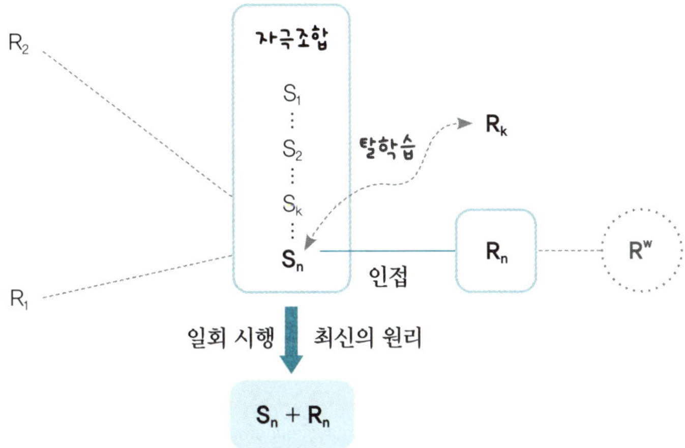

[그림 5-1] 인접 조건화 학습이론의 개념도

* 주) $S_n - R_n$: 가장 나중에 일어난 자극-반응 연합($S_n + R_n$: 연합의 결과, 즉 학습)

S_n: 주어진 여러 자극 중 주목되는 자극[3]이자 다음 절 교수학습원리에서 논의되는 동작생성 자극

R_k: 탈학습(망각)이 일어나는 경우($S_n - R_k$)의 다음 인접 반응

R^W: 효과(만족인)로서의 보상(reward)은 아니고, 탈학습(망각)을 방지하는 기능만 하는 기계적 배열이라는 차원에서 흐리고 점선 원으로 두름

인접 조건화 학습이론은 고전 조건화 학습이론(I. Pavlov) 및 결합 조건화 학습이론(E. Thorndike)과 항상 비교되는데, 고전 조건화의 경우는 자극이 반응을 선도하는 것이고, 결합 조건화의 경우는 효과(만족인, satisfier)를 지향하는 반응(R)이다. 따라서 고전 조건화는 S형 조건화, 결합 조건화는 R형 조건화 또는 수단 조건화(instrumental conditioning)라고 하는데, 인접 조건화에서는 자극(S_n)의 의미가 고전 조건화와 결합 조건화 사이의 중간 정도라고 할 수 있다.

해 별로 기대하지 않았다는 것을 알 수 있다.

3 이는 바로 결합 조건화 학습이론(E. Thorndike)에서의 '자극요소의 우월성' 과 같은 맥락이다.

또한 결합 조건화 학습이론의 경우는 결국 두 가지 종류의 학습을 수용한 것인데, 하나는 시행착오에 의한 반응을 선택하여 효과의 법칙에 따라 자극에 결합하는 것이고, 다른 하나는 하나의 자극에 대한 반응이 그것에 결합되는 또 다른 반응으로 이동하는 결합이동이었다. 이 가운데 후자의 경우는 사실 결합 조건화 이론에서 부차적인 것이었고, 주된 원리는 반응의 선택 및 결합(시행착오 결합)이었다. 그러나 인접 조건화 학습이론에 있어서는 그와는 정반대의 경우가 된다. 즉, 인접이 본질인 결합이동이 이론의 주축이 된다.

인접 조건화 학습이론에서 가장 주목해야 할 점은 여기서는 만족스런 효과나 보상 등에 관한 언급이 전혀 없다는 것이다. 즉, 학습은 만족인과는 전혀 상관없는 단순 연합에 의해 이루어지는 것이므로, 결합 조건화 학습이론에서와 같은 효과의 법칙은 여기서 전혀 수용되지 않는다. 물론 인접 조건화에 있어서 보상이나 효과가 전혀 의미가 없는 것은 아니다. [그림 5-1]의 개념도에서 보는 바와 같이 R^w는 인접연합(S_n-R_n)을 강화하는 것이 아니라 S_n-R_k와 같은 새로운(다른) 연합 기회를 막는, 달리 말해 탈학습, 곧 망각을 방지하는 기능을 하게 된다. 실례로, 고양이를 문제상자에 가둬 놓고 실험하였을 때 자주 보이는 정형행동(stereotyped behavior)[4]이나 심지어 도피 반응 후 먹이를 무시하는 경우는 바로 효과가 아니라 인접이 중요한 것임을 방증하는 현상이다.

4 어떤 고양이는 뒤로 돌아가서 막대기를 치고, 다른 고양이는 머리로 밀어 보기도 하고, 또는 이빨을 가지고 움직여 본 다음에 막대기를 치는 경우가 있다. 만족인(보상)에만 의한 것이라면 이런 현상들이 섞여 나타날 수도 있는데 그렇지 않고 일관적이었다는 것이다(Guthrie & Horton, 1946).

인접 조건화: 교수학습원리

인접 조건화 학습이론으로부터 도출되는 교수학습원리는 인접의 원리, 일회 시행 학습, 최신의 원리 등 세 가지로 볼 수 있는데, 이에 대해 명확히 파악함으로써 이 이론에 대한 교수학습공학 방안을 도출할 수 있다.

인접의 원리

Guthrie는 인간 학습에 대한 당시 학습이론가들의 원리는 너무 복잡하다고 비판하며, 인접의 원리(law of contiguity)를 단일의 학습원리로 강조한 바 있다. 특히 그는 학습에 대해 "어떤 동작을 수반하였던 자극(들의 소합)이 다시 출현하면 그 동작이 일어나는 경향이 있다."(1952, p. 23)라고 언급한 바 있다. 이는 특정 상황에서 어떤 일을 하였다면 그 상황에 다시 처하게 될 경우 같은 일을 하게 된다는 시공간적 인접의 원리를 구체적으로 설명한 것이다.

그런데 인접되는 외부 자극과 외현 반응 사이에는 때로 상당한 시간 간격이 있을 수 있는데, 이 경우 인접의 원리에는 부합하지 않는다는 문제가 제기된다. 이에 대한 답변으로 Guthrie가 제시한 개념이 바로 신체의 동작으로 생성되는 내부 자극인 동작생성 자극(movement-produced stimulus)이다. 예를 들어, 전화 울리는 소리가 끝난 후, 즉 자극 역할이 끝난 후에도 우리 자신의 동작에서 생겨나는 자극들(고개를 돌려 보기, 걸어가기 등)에 의해 전화기를 집을 때까지 행위가 계속되는 것을 알 수 있다.[5] 즉, 이미 끝나 버린 외부 자극을 목표반응을 하기까지 유지하는 매개자극 또는 유도자극이 생성된다는 것이다. 이렇게 볼 때 자극-반응 간의 인접연합이란 엄밀하게 말해서 신체의 동작에 의해 생성된 자극과 반응의 연합을 의미할 수 있다. 이는 Guthrie가 말하는 유지자극(maintaining stimuli)[6]과도 유사한 개념이다.

일회 시행 학습

인접 조건화에 의한 연합은 자극과 반응이 단 한 번 이루어진 다음에 이미 완전하다(one-trial learning)는 것을 강조한다. 다시 말해, 인간의 학습은 실무율적(all or nothing)이라는 것이다. 이것은 그의 이론이 Aristóteles의 연합론의 전통을 따르면서도 그 연합론 중의 한 원리인 빈도의 원리(law of frequency)는 완전히 부정하는 것을 의미한다. 그러므로 결합 조건화 학습이론(E. Thorndike)과 같은 점증적인 학습의 특성도 여기서는 전혀 수용되지 않는다. 물론 이 일회 시행 학습 원리와 관련하여서는 '그렇다면 연습은 왜 수행을 향상시키는가?'라는 문제 제기가 늘 있어 왔다. 이에 대해 Guthrie는 다음 [그림 5-2]에서와 같이 동작(movement)과 행위(act)를 구분하고, 향상되는 수행은 행위에 해당되고, 여기서 말하는 인접 조건화 과정의 인접은 동작에 해당되는 것

5 작동 조건화 학습이론(B. Skinner)에서의 '행동연쇄'와 유사한 개념인데, Skinner는 외부 자극과 이들의 이차적 강화속성을 강조한 것이고 Guthrie의 경우는 내적 자극의 차원이다.

6 유지자극은 생리적 욕구(생리적 자극)와 반응 사이의 내적 자극으로 이 유지자극에 조건화된 반응이 의도(intention)이며, 욕구가 감소될 때까지 상당 시간 지속된다. 이는 이 책 8장에서 논의할 신호학습 이론에서의 목표지향 행동(goal-directed behavior)과 유사한 개념이다.

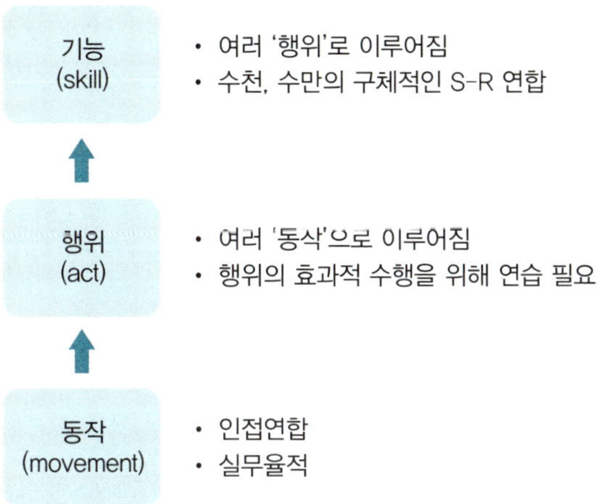

[그림 5-2] **인접연합의 본질: 동작, 행위, 기능**

이라고 설명한 바 있다.

또한 일회 시행에 이미 완전한 연합이라면 우리가 흔히 목도하는 망각에 대해서도 해명할 필요성이 제기된다. 이와 관련하여서는 망각에는 쇠퇴 망각(소거)과 간섭 망각이 있는데, Guthrie는 간섭에 의한 망각, 즉 반동제지(또는 탈학습) 때문에 일어나는 것이지 점진적으로 약화되는 쇠퇴 망각이란 있을 수 없다는 입장이다.

최신의 원리

인접의 원리와 일회 시행 학습의 원리는 자동적으로 최신의 원리(recency principle)를 포함하게 되는데, 어떤 자극 상황에서 가장 나중에 일어났던 반응은 그 자극 상황이 전개되면 다시 일어나는 경향이 있다는 원리이다. 달리 표현하면, 어떤 상황에서 우리가 가장 나중에 하였던 행동은 그 상황에 다시 처하게 되면 그 행동을 반복할 가능성이 높다는 것이다. 예를 들어, 우리가 나이가 든 후 옛 동창생을 만나면 과거에 하였던 유치한 놀이라도 그것을 해 보려는 경향이 생기게 된다. 이는 교수학습 과정의 마무리 단계에서 행해지는 행동이 의미 있는 연합의 대상으로 작용할 수 있다는 것을 시사한다.

인접 조건화: 교수학습공학 방안

인접 조건화 학습이론의 교수학습원리들에 기반한 교수학습공학 방안은 '다양한 교수학습자료를 바람직한 목표반응에 바로 인접하여 배열'하는 데 초점을 맞출 필요가 있다. 이는 해당 자극과 반응을 시공간적으로 인접하여 일회 연합을 통해 충분 학습(self-contained learning)과 완전 학습(mastery learning)을 지향함으로써 부적절한 행동과의 연합은 제지한다는 것이다. 그리고 교수학습의 종료시에는 최신의 원리를 감안하여 연합의 핵심 내용을 다시 다룸으로써 일종의 치밀한 교수절차로 전개하는 것이 바람직하다. 이러한 교수절차의 예시로서 다음과 같이 초등학교 한글 쓰기 교육을 들 수 있다.

> 모 초등학교의 1학년 담임인 박 선생님이 한글 쓰기 교육을 하고 있다. 아이들이 처음 글자 쓰기 수업을 할 때 그들의 손놀림은 어색하기 일쑤인데, 당연히 손과 팔을 움직이는 기능이 부족하기 때문이다. 그래서 처음에는 줄 간격이 넓은 공책을 쓰게 하여 글자를 써넣는 공간이 충분하도록 한다. 처음부터 줄 간격이 좁은 공책을 쓴다면 아이들은 줄에 걸쳐 쓰게 되어 심히 당황하고 좌절하게 될 것이다. 따라서 일단 줄 간격이 넓은 공책으로 글자 쓰기를 하게 한 다음 단계로 줄 간격이 좁은 공책에 쓰게 함으로써 손놀림 기능을 정교화하게 한다. 그리고

자모 쓰기 교육이 끝나갈 무렵에는 모든 아이가 대표적인 복합 자음과 모음을 줄 간격이 좁은 공책에 쓰는 것을 해 보도록 한다.

이와 같이 인접 조건화에 의한 교수학습공학은 다양한 상황을 포함함으로써 충분하고 완전한 일회 인접연합을 통해 행위 및 기능까지 향상되도록 하는 것이다. 물론 완전한 연합의 정도를 검사하는 평가 단계에서도 실제와 같은 상황에서 실시하도록 해야 한다. 이는 마치 운전면허 시험의 마지막 단계에서 실제 도로주행 시험을 보는 것과 같은 이치라고 할 수 있다.

아울러 인접 조건화 학습이론에서 통찰되는, 탈학습(망각)을 방지하기 위한 것으로서의 보상이나 효과에 대한 관점은 역설적으로 새로운 학습습관을 형성(탈학습을 촉진)하기 위한 참신한 교수학습공학 방안들을 시사한다. 예를 들어, 영어, 수학 등의 과목에만 흥미를 느끼고 역사 과목에는 전혀 무관심한 학생은 역사 과목을 공부하라고 강요할 것이 아니라 영어, 수학을 공부하다가 싫증 났을 때 '사극'을 잠시 시청하게 하고, 점차 그 과목의 책을 조금씩 보게 하는 문턱법(threshold method)이라는 이른바 습관파괴(탈학습) 전략을 구사할 수 있다. 이는 결합이동에 의해 새로운 반응과의 연합을 유도하는 것으로, Guthrie는 문턱법 외에도 피로법, 양립불가능 반응법과 같은 다양한 탈학습 전략을 강조한 바 있다. 아울러 연합을 약화시키기 위해 벌하는 것(예, 아이가 모자와 외투를 마루에 던진 다음 벌함)은 효과가 없다는 것도 강조하였다. 즉, 바람직하지 않은 습관에 대해서는 오히려 제지 조건화를 형성시키면서(예, 모자와 외투를 들고 밖으로 다시 나갔다가 들어와서 걸어두도록) 다른 행동과 연합하게 하는 것이 효과적이라는 것이다.

이론적 평가

인간 학습의 본질은 자극과 반응의 단순 연합이라는 인접 조건화 학습이론은 결국 고전 조건화(I. Palov)의 개념과 같은 것이라고 할 수 있다. 사실 Guthrie는 그의 이론의 출발점을 고전 조건화의 원리에 두었나. 그러나 같은 조건화 이론이긴 하지만 인접 조건화 학습이론에는 무조건 자극과 조건 자극, 그리고 무조건 반응과 조건 반응의 구별이 없다. 그만큼 인간 학습에 대한 조건화 이론에 있어서 기존 이론들과는 달리 연합학습(associative learning)이라는 대안적 관점에서 그것도 단순명료(law of parsimony)를 추구한 독특한 이론으로 평가된다. 나아가 인접 조건화 학습이론은 오늘날 뇌과학에까지 이론적 기초를 제공하였다고도 할 수 있다. 예를 들어, 뇌과학 분야의 핵심개념인 세포군(cell assembly)과 진행계열(phase sequence)의 구축과정이 인접의 원리를 그대로 따른다는 것을 볼 수 있는데, 이는 인접 조건화의 기본 원리가 뇌과학에 의해서도 입증되고 있다는 것을 의미한다.

그러나 Guthrie는 자신의 이론의 타당성을 검증하기 위한 연구를 거의 하지 않았다. 무엇보다도 그 자신이 인정한 바와 같이 그의 이론은 매우 일반적으로 진술되었기 때문에 검증할 수 없었던 것으로 보인다. 물론 그의 제자인 V. W. Vokes가 그의 이론을 4공리, 8정의, 8정리로 체계화를 시도한 적은 있다(Olson & Hergenhahn, 2013). 그럼에도 이 이론 자체의 문제점을 심각하게 제기하는 경우가 적지 않은데, 사실은 이론 자체가 애매하고, 많은 현상을 설명하는 데 같은 원리를 너무 쉽게 사용하는 데 문제가 있다는 것을 부인할 수 없다.

6장 작동 조건화 학습이론의 교수학습공학

Burrhus F. Skinner(1904~1990)는 문학, 법학 등 다양한 학문 분야에의 경험을 토대로 인간의 학습 과정을 규명한 만큼 그의 작동 조건화(operant conditioning)[1] 이론은 심리학, 교육학은 물론 군 교육훈련 분야 등에 이르기까지 폭넓게 활용되어 왔다. 그만큼 다양한 분야에 영향을 끼친 현대 학자도 찾아보기 드물다. 학문적 특징으로는 행동주의 이론의 창시자인 J. Watson(1878~1958)처럼 엄격한 행동주의 학자, 즉 환경론자로서 명백한 외현 행동(overt behaviors)의 연구에 초점을 두고 인간의 학습행동을 과학적으로 규명하였다. 그러나 이는 당시 조건반사와 같은 인간의 수동적 학습 측면을 강조한 고전 조건화 학습이론(I. Pavlov)에 동조하는 것이 아니라 오히려 이에 대한 적극적 반동의 차원에서 인간의 학습은 작위적, 즉 자발적으로 환경에 대응하기(operate on environment) 위한 것임을 강조한 것이었다.

---

1 흔히 '조작적 조건화'라고 하는데 정확히 '작동(operant) 조건화'라고 할 필요가 있다, 이는 조건반사와 같은 인간의 수동적 학습(I. Pavlov)과는 달리 '작위적, 자발적' 학습이라는 것을 강조한 것이 그 취지이기 때문이다.

'작동 조건화' 학습이론

Skinner는 인간의 학습행동에는 반응행동(respondent behaviors)과 작동행동(operant behaviors) 두 가지가 있다고 전제하는데, 그 차이는 다음과 같다.

- **반응행동**: 선행자극에 의해 유도되는 반응(elicited responses)
- **작동행동**: 강화인과 관련하여 유기체가 적극적으로 방출하는 반응(emitting responses)

여기서 알 수 있는 것은 반응행동은 자극(stimulus)에 의해 유도되는 조건화, 즉 S형 조건화이고, 작동행동은 반응(response)에 의해 유도되는 조건화, 즉 R형 조건화라는 것이다. Skinner는 이 가운데서도 작동행동을 더 중시하였는데, 그것은 작동행동이 반응행동에 비해 인간 생활에서 훨씬 더 중요한 역할을 하기 때문이다. 그는 작동 조건화를 연구하기 위해 소위 스키너 상자(Skinner Box)라는 것을 제작하여 활용하였다. 이것은 동물이 지렛대를 누르면 먹이 컵에 음식물이 제공되는 기제를 포함하는 것으로, E. Thorndike가 결합 조건화를 연구하기 위해 사용한 문제해결 상자(puzzle box)와 유사하지만 연구 초점에서 차이가 있다. 즉, 두 학자 간의 본질적인 차이점은 연구과정에서 드러나는데, Thorndike는 반응하는 데 얼마만큼의 시간이 걸리느냐에 주로 관심을 가진 데 비하여, Skinner는 어떠한 변인이 반응의 비율이나 유형에 영향을 미치느냐에 주로 초점을 두었다. 그 결과 학습의 두 가지 원리를 밝혀냈는데, 첫째, 강화 자극(reinforcing stimulus)[2]이 따라오는 반응은

2 강화 자극은 다음에 언급하는 식별 자극(discriminative stimulus)과는 달리 조건화를

반복되는 경향이 있다는 것과, 둘째, 작동반응이 일어나는 비율을 증가시켜 주는 것은 바로 강화 자극이라는 것이다.

바로 이것이 작동 조건화를 설명하는 원리라고 할 수 있는데, 중요한 것은 여기서 고전 조건화 학습이론(I. Pavlov)이나 결합 조건화 학습이론(E. Thorndike)에서와 같이 반응을 유발한 사전 자극을 정확하게 규명할 수 없다는 것이다. 즉, 반응을 방출하고 그중 어떤 반응들이 유리한 결과를 가져오기 때문에 미래에도 일어날 가능성이 커지게 되는데, 이는 행동은 그 행동 뒤에 나타나는 행동의 결과에 의해 결정된다는 신비로운 현상을 다시 확인해 주는 것이다. 다시 말해, 작동 조건화에서 말하는 인간 학습의 본질은 한마디로 '강화유관에 의한 작동반응의 조형'으로 강화조건에 따라 특정 행동을 형성하고 유지하는 것이다.

이러한 작동 조건화 학습이론과 결합 조건화 학습이론(E. Thorndike)의 핵심 논지를 비교하여 그림으로 표현하면 [그림 6-1]과 같다.

여기서 엄밀히 살펴보면, 결합 조건화 학습이론에서는 자극 즉, 상황이 여전히 중요한 시행착오 결합행동이고, 작동 조건화 학습이론의 경우는 자극이 특별히 중요하지 않은 유목적적 행동[3]에 가까운 것이라는 본질적 차이가 있다는 것을 알 수 있다. 이것이 바로 Skinner가 중시하였던 작동행동의 본질이고, 곧 인간 학습행동의 본질이다.

형성하는데, 즉 학습하는 데 있어서 결정적 역할을 하는 강화인(reinforcer)을 말한다.

3 따라서 뒤따르는 결과도 '강화(R^f: reinforcer 또는 reinforcement)'로서 결합(수단) 조건화 학습이론에서의 '보상(R^w: reward)'과는 분명히 다르다. 물론 유목적적 행동에 가깝다고 해서 인지주의 이론 차원(예, 8장의 신호학습 이론)도 결코 아니다.

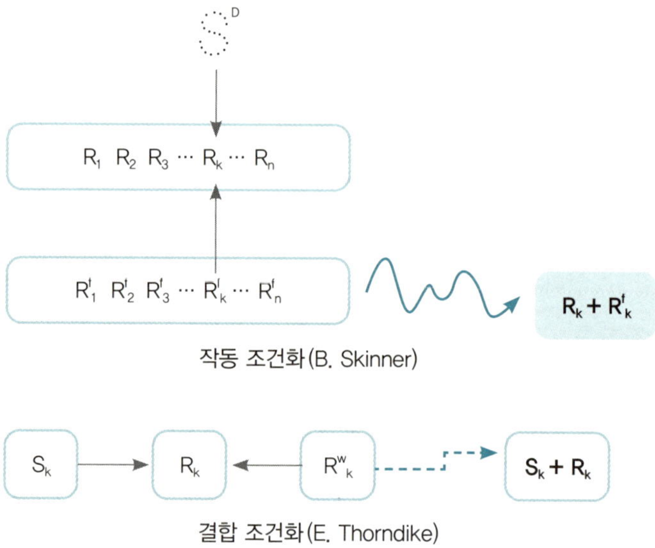

[그림 6-1] 작동 조건화와 결합 조건화

* 주) S^D: 식별 자극(discriminative stimulus)[4]

R_k, R_n: 가능한 여러 반응(R_n)과 특정 반응(R_k)

R^f_k, R^f_n: 반응 후 주어지는 가능한 강화인(reinforcer: R^f_n)과 특정 강화인(R^f_k)

$R_k + R^f_k$: 특정 작동반응(R_k)에 대한 특정 강화인(R^f_k)에 의한 다양한(시간 소요) 강화(〰↗)

작동 조건화: 교수학습원리

작동 조건화 학습이론으로부터 도출되는 교수학습원리는 식별 작동, 강화와 소거, 행동조형과 연쇄 등 크게 세 가지로 볼 수 있는데, 이에 대해 명확히 파악함으로써 이 이론에 대한 교수학습공학 방안을 도출할 수 있다.

---

4 이어지는 절 '작동 조건화: 교수학습원리'에서 설명된 것처럼 흔히 식별 자극은 알려지지 않았고 중요하지 않으므로 점선 'S^D'로 표시한 것이다.

식별 작동

작동 조건화는 원칙적으로 반응을 일으키는 자극이 알려지지 않고 또 중요하지 않으므로 이를 염두에 두지 않고 설명되지만, 이것이 곧 자극화(stimulation) 없이 독립적으로 반응이 일어난다는 의미는 아니다. 작동 조건화 과정에서도 반응에 선행하는 자극이 반응에 대한 통제력을 가질 수 있는데, 이 자극을 특히 식별 자극(discriminative stimulus)으로 규정한다. 즉, 이 식별 자극에 따른 작동 조건화가 이루어진다고 할 수 있으며, 이를 식별 작동(discriminative operant)이라고 한다.

식별 자극은 항상 일차 강화에 선행하기 때문에 모든 식별 자극은 이차 강화인이 된다는 점에서 3장에서 논의한 고전 조건화 학습이론(I. Pavlov)의 '조건 자극'을 연상시킨다. 또한 식별 자극은 4장에서 논의한 결합 조건화 학습이론(E. Thorndike)의 '우월자극(자극요소의 우월성)'의 개념, 그리고 8장에서 논의할 신호학습 이론(E. Tolman)의 '신호'를 연상시킨다. 예컨대, 검은 포도는 달고 그렇지 않은 것은 시다고 할 때, 검은색은 결국 따서 먹으면 바람직한 결과가 따라온다는 것을 알려 주는 자극(강화 자극, reinforcing stimulus)이 된다. 이와 같이 식별 자극은 행동에 대해 상당한 통제를 하지만, R형 조건화에서처럼 자극적, 강화적(강화 자극적)인 것은 아니다. 다시 말해, 고전 조건화 학습(I. Pavlov)에서는 먼저 주어진 자극이 반응을 자동적으로 유발하지만, 작동 조건화 학습에서는 그러한 자극은 반응이 일어날 가능성을 높게 할 뿐이다.

강화와 소거

작동 조건화 즉, 학습의 과정에는 강화가 결정적인 역할을 하게 되는

데, 이 점에서 강화관리 계획 차원에서 다음과 같이 기본적으로 네 가지 강화배열(reinforcement schedule)을 할 수 있다.

- **고정간격(fixed interval)**: 일정 시간마다(예, 3분마다) 강화
- **고정비율(fixed ratio)**: 일정 반응횟수마다(예, 3회 반응 후) 강화
- **변동간격(variable interval)**: 평균 시간간격(예, 평균 3분)에 따른 변동 강화
- **변동비율(variable ratio)**: 평균 반응횟수(예, 평균 3회)에 따른 변동 강화

이러한 강화배열을 통해 Skinner가 시사하는 바는 우리의 일상 행동이 연속적으로 매번 강화되는 경우는 드물며(예, 모임이 항상 재미있는 것은 아님), 간헐적(부분) 강화가 더 효과적이라는 것이다. 따라서 바람직한 목표행동 형성을 위한 교수학습에서는 처음에는 연속적인 강화로 시작하되 오래 지속시키려면 간헐적인 강화배열을 하는 것이 좋은 방법이라는 것이다. 또한 이와 관련하여 소위 '선택강화 연쇄배열(concurrent chain reinforcement schedule)'[5]을 통해 이리저리 휩쓸리기 쉬운 사람들의 자제력을 향상시킬 수 있다는 실험(Rachlin & Green, 1972)은 특히 인성교육 차원에서 시사점이 매우 크다.

5 단순 선택행동을 위한 소위 '선택강화(concurrent reinforcement)' 배열에 이어 더 나아가 복잡 선택행동(예, 단순 선택행동에 이어 또 다른 선택행동을 하고 지연 강화를 받게 하는 경우)을 위한 '선택강화 연쇄(concurrent chain reinforcement)' 배열을 하면 유기체는 보다 큰 강화인(예, 10초 지연 후 더 많은 강화물 제공)을 선택하는 경향이 있는데, 결국 이러한 배열을 통해 자제력 또는 자기통제와 같은 문제들은 시간적으로 일찍 선택하도록 강화배열을 함으로써 상당히 해결할 수 있다는 것을 시사한다. 유명한 1960~1970년대 Stanford 대학교의 '만족 지연'에 관한 마시멜로 실험도 같은 맥락이라고 할 수 있다.

이렇게 볼 때 작동 조건화는 결국 한마디로 다양한 강화유관 또는 유관강화(contingent reinforcement)를 통해 이루어진다고 할 수 있으며,[6] 이런 관점에서 작동 조건화 학습이론이야말로 진정한 강화이론(reinforcement theory)이라고 할 수 있다.

물론 여기서 말한 강화는 엄밀히 말해 정상적인 강화, 즉 정적 강화(positive reinforcement)를 말하는 것인데, 강화에는 부적 강화(negative reinforcement)라는 또 다른 종류가 있다. 이는 벌(punishment)과는 완전히 다른 개념으로 이들을 대비시켜 설명하면 다음과 같다.

- **정적 강화**: 정적 강화물(먹이, 칭찬)을 제공함으로써 반응이 강화됨
- **부적 강화**: 부적 강화물(전기충격, 강한 빛, 유리 가는 소리)을 제거함으로써 반응이 강화됨(친구들의 조롱을 피하기 위해 물속에 뛰어드는 것처럼 혐오자극으로부터 도피하려는 행동이 강화됨)
- **벌**: 정적 강화물의 박탈 또는 부적 강화물의 제공을 통해 반응행동을 소거하는 것임

정적 강화나 부적 강화는 행동을 강화하려는 것이고, 반면에 벌은 행동을 소거하려는 것이다. 물론 결합 조건화 학습이론도 강조한 바와 같이 벌은 항상 효과적이지 않다. 즉, 벌은 소거보다 결코 반응을 더 쉽게 제거하지 못한다. 따라서 Skinner는 벌을 반대하고 대신 소거를 위해 노력하는 것이 바람직하다는 것을 강조하였다.

6 이러한 유관강화와 대조되는 개념으로서 '비유관강화'를 생각할 수 있는데, 예컨대 화투놀이를 할 때 굴뚝을 향해 앉는다든지 하는 미신적 행동은 바로 비유관강화를 통해 형성되는 행동이다.

행동조형과 연쇄

작동 조건화는 기본적으로 자발적 행동을 기반으로 하기 때문에 형성하기까지는 시간이 걸리게 된다. 따라서 작동 조건화의 시간을 앞당기는 방법이 있는데, 이를 행동조형(shaping)[7]이라고 한다. 이는 점진적으로 목표 행동을 형성하는 방법으로 차별강화(differential reinforcement)와 점진적 접근(method of approximations)이라는 두 방식을 취할 수 있다. 차별강화는 목표 반응을 하는 경우에는 강화를 하고 그렇지 않은 반응에는 강화를 하지 않는 것이다. 점진적 접근은 목표 행동에 가까운 반응에만 강화를 주며 점차 그 행동 쪽으로 유도하는 것을 말한다.

그리고 대부분의 행동은 어떤 행태로든 연쇄(chaining)를 포함하게 되는데, 예컨대 야구의 안타를 치는 타격행동은 다음과 같이 작은 행동 단위가 연쇄적으로 일어나는 것이다.

> 방망이 가까이 감(R_1) — 방망이 잡음(R^f, S^D) — 올바로 잡는 것(R_2) — 올바른 느낌(R^f, S^D) — 방망이를 어깨로 들어 올리는 행동(R_3) — 방망이로 공을 바르게 침(R^f, S^D) — 베이스를 향해 달림(R_4) — 안타+환호(R^f)

즉, 하나의 반응(R_1)은 유기체로 하여금 다른 반응(R_2)에 의해 강화(R^f)되고 동시에 이 반응은 식별 자극(S^D)의 기능을 하여 다른 반응(R_3)

7 이와 관련하여 진화심리학적 학습이론(Bolles, 1979)에서는 비유관강화에서의 행동의 자동화라는 자동행동조형(autoshaping)이라는 현상을 규명하였는데, 이는 여기서 말하는 학습행동으로서의 행동조형과는 달리 편파적인 반응 현상을 강조하는 것이다.

을 하도록 하는 식으로 계속된다. 이러한 일련의 타격행동 연쇄는 결국 일차 정적 강화인인 '안타 + 환호'에 의해 전체적으로 엮어지며 이 일차 강화인(안타 + 환호: R^f)에 의존한다. 다시 말해, 연쇄 반응의 형성은 결국 이 일차 강화인에서 시작하여 거꾸로 작용한 것이라고도 할 수 있다.

행동연쇄의 개념은 앞 장에서 논의한 인접 조건화 학습이론(E. Guthrie)에서의 '동작생성 자극'이란 개념과 유사하다. 물론 동작생성 자극에서는 내적 자극을 강조하는 반면에 행동연쇄는 외적 자극과 이들의 이차적 강화속성을 강조한다는 점에서 차이가 있다. 이러한 행동연쇄의 개념을 결합 조건화 학습이론(E. Thorndike)에서의 '결합이동'과 고전 조건화 학습이론(I. Pavlov)에서의 '고차 조건화' 원리로 설명하기도 하는데(Olson & Ramires, 2020), 엄밀히 보면 결합이동은 유사한 자극들과 한 개의 반응 간의 결합이고, 고차 조건화는 상이한 요소들과 한 개의 반응 간의 연합이므로 본질적으로 상이하다고 할 수 있다. 즉, 행동연쇄는 여러 자극과 여러 반응이 꼬리에 꼬리를 무는 현상이다.

작동 조건화: 교수학습공학 방안

작동 조건화 학습이론의 교수학습원리들에 기반한 교수학습공학 방안은 기본적으로 '식별 자극 및 강화에 의한 목표행동의 조형'이라는 차원에서 도출할 수 있다. 그리고 이를 구현하는 구체적 사례는 Skinner가 작동 조건화 학습이론과 함께 처음부터 강조하였었고, 지금도 컴퓨터에 의한 교육에서 기본적으로 활용되는 '프로그램화 교수학습(programmed instruction)'이다. 이는 원래 자동적으로 교수학습을 진행하는 오늘날의 컴퓨터 같은 것을 상상하며 Skinner 자신이 개발한 당시 교육기계(teaching machine)[8]의 프로그램을 위한 교수설계 전략으로 고안한 것(Green, 1984)이다. 이 프로그램화 교수학습의 구체적 예시로서 초등 과학 수업의 사례를 들면 [그림 6-2]와 같다.

여기서 알 수 있는 바와 같이, 프로그램화 교수학습은 유관강화(contingent reinforcement)에 의한 목표행동의 조형이 그 본질이다. 즉, 해당 학습내용을 쉽게 식별하여 학습할 수 있도록 작은 규모의 소단위(frame)로 제시하고, 이에 대한 학습여부(행동조형 여부)를 확인하기 위해 바로 보기 문제를 제시하여 학습자의 반응을 유도한 다음 정답 여부를 확인(즉시 강화)해 주고, 이 단위 내용에 대한 학습의 확인을 조건으로 자신의 속도에 따라 다음 단계의 학습내용 단위로 진행하게 된다. 다시 이를 절차화하여 요약하면, '목표 행동 → 소단위 학습 → 반응 → 즉시 강화 → 다음 소단위 학습'으로 학습행동들이 연쇄적으로 이루어진다.

프로그램화 교수학습은 현재 기술 수준에서 볼 때 교육기계라는 일종의 장난감 같은 기계로 운영되어, 애초 기대와는 달리 학생들이 정해진 절차를 따르지 않아 대체로 식상해하는 한계를 극복하지는 못하였다. 따라서 1960년대 후반 이후에는 주로 인쇄된 책 또는 인쇄된 책과 녹음테이프의 조합으로 구성된 형태의 개별화 교수학습체제로 변형되어 활용되기도 하였다. 실례로, Personalized System of Instruction(일명 Keller Plan)이나 Audio-Tutorial Approach, IPI(Individually Prescribed Instruction), PLAN(Program for Learning in Accordance with

8 오늘날 언급하는 지능형 교수체제(Intelligent tutoring system)의 시조라고 할 수 있으며, 1920년대 S. Pressey, 1950년대 N. Crowder가 한때 시도하였다가 Skinner가 다시 이를 체계화하여 발표함으로써 주목을 받게 된 것이다.

소단위(Frame) 1

진핵(眞核)생물

뚜렷한 핵과 핵막이 없는 원시적인 세포를 가진 원핵(原核)생물과 달리 세포에 막으로 싸인 핵을 가진 생물을 **진핵(眞核)생물**이라고 한다. 진핵생물에는 **균류계, 원생생물계, 식물계, 동물계**라는 네 가지 주요한 부류가 있다. 균류계는 식물과 달리 세포에 엽록소가 없어 광합성을 통해 스스로 양분을 만들지 못하므로 다른 생물체나 유기물에 붙어서 기생하며 포자를 통해 번식한다. 균류계의 예로는 버섯과 곰팡이가 있다.

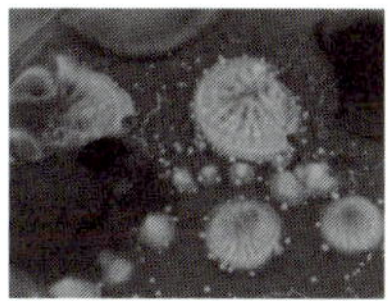

균류계 : 진핵생물 중 광합성을 하지 못해 다른 생물체에 기생하며 포자 번식하는 생물계

질문

다음 빈칸에 알맞은 답을 넣으시오.

1. 세포에 막으로 싸인 핵을 가진 생물을 __________ 라고 한다.
2. 진핵생물은 네 가지 주요 부류가 있으며, 그것은 ______, ______, 식물계, 동물계이다.

소단위(Frame) 2

답

1. 진핵생물
2. 균류계, 원생생물계

원생생물계는 진핵생물 중 동물계나 식물계, 균류계에 속하지 않는 나머지 대부분의 단세포생물의 분류이다. 원생생물은 주로 물속에 존재하며 영양방식인 광합성 여부에 따라 주요한 두 개의 하위 부류가 있다. 엽록체를 가지고 있어 광합성을 통해 독립적으로 영양을 획득할 수 있는 **독립영양생물**과 유기물을 흡수하거나 큰 먹이입자를 직접 식세포 운동을 통하여 섭식하는 **종속영양생물**이 있다. 독립영양생물의 예로는 해캄이, 종속영양생물의 예로는 짚신벌레가 있다.

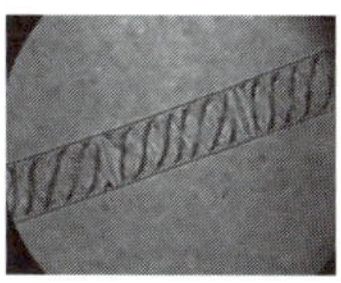

독립영양생물 : 광합성 가능

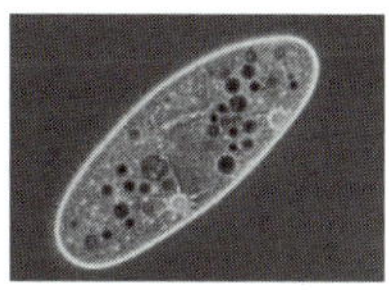

종속영양생물 : 광합성 불가능

질문

다음 빈칸에 알맞은 답을 넣으시오.

3. 진핵생물 중 동물, 식물, 균류에 속하지 않는 대부분의 단세포생물을 ________ 라고 한다.
4. 원생생물은 영양방식에 따라 두 가지 주요 부류가 있으며, 그것은 ________, ________이다.

[그림 6-2] 초등 과학교과의 프로그램화 교수학습(programmed instruction) 사례

Needs), IGE(Individually Guided Education) 등의 명칭으로 회자되며 활용된 바 있다. 그리고 1980년대 들어서는 오늘날 우리가 흔히 사용하는 개인용 컴퓨터가 개발되고 보급이 되면서 CAI, CBI, e-Learning 등으로 불린 이른바 컴퓨터활용 교육의 기본 운영 프로그램으로 다양하게 활용되어 왔다. 이와 같이 프로그램화 교수학습은 기본적으로 당시 효과적인 학습경험을 제공하지 못한다고 비난받던 강의식 교육에 대한 대안으로 개별화 교수학습을 위해 고안된 것이지만(Gredler, 2009), 운영방식에 따라서는 일반 강의실 교육에서도 여전히 가능한 범용 교수학습공학 방안이라고 할 수 있다.

이론적 평가

작동 조건화 학습이론은 고전 조건화 학습이론(I. Pavlov), 결합 조건화 학습이론(E. Thorndike), 인접 조건화 학습이론(E. Guthrie), 신호학습 이론(E. Tolman)들을 토대로 하되 이들을 넘어서며 인간의 학습원리를 가장 과학적으로 규명한 이론이라고 할 수 있다. 그리고 Skinner는 자신이 정립한 이론에 따라 그 어느 누구보다도 교육현장을 위한 교수학습공학 방안[9]을 구체적이고 실질적으로 그리고 명쾌하게 제시한 학자로 평가된다. 이것만으로도 그의 학문적 공헌은 지대한 것이며, 그렇기 때문에 그의 이론은 심리학과 교육학뿐만 아니라 인문, 사회과학 전반에 걸쳐 다양한 영역에 폭넓게 적용되어 왔다. 대표적인 것으로는 정

9 당시에 Skinner는 이를 행동공학(technology of behavior)이라는 개념으로 주장한 바 있다(Skinner, 1971).

적 강화에 의한 자폐 아동의 치료, 유관계약(contigency contracting)[10]에 의한 행동수정, 활동목록 분석을 통한 개별화된 강화배열인 프리맥 원리(Premack, 1959)[11] 등 다양하다.

물론 인간은 이전에 강화받은 행동을 수행하게(조건화) 되는 것이 분명하지만, 나른 한편 기대를 형성하며 이에 따라 수행을 하기도 한다. 이러한 맥락에서 조건화 이론들은 형태주의 학습이론을 포함하여 또 다른 관점의 이론들로부터 도전을 받게 되는데, 이들은 그동안 조건화 이론들이 인지과정이나 정의적 측면을 도외시함으로써 불완전한 인간 학습을 규명하였다고 비판한다.

10 예를 들어, 체중 줄이기가 어려우니 돈을 지불하고 체육클럽에 가입하여 건강을 되찾으려는 행동과 같은 인위적 유관강화를 말한다.

11 예를 들어, 선호하는 활동(게임)을 덜 선호하는 활동(역사 공부)을 하도록 강화하는 데 활용하는 것이다.

7장 형태주의 학습이론과 교수학습공학

독일의 초기 학습심리학을 계승한 구조주의에 대한 대안으로 행동주의 학습이론이 미국에서 꽃피우기 시작한 20세기 초반 무렵, 독일에서도 일단의 학습이론가들이 등장하였는데 이들은 스스로를 형태주의 심리학자(Gestalt psychologists)라고 하였다. 구체적으로는 행동주의 학습이론의 시작이라고 할 수 있는 J. Watson의 논문[1]보다도 일년 앞선 1912년에 발표된 운동현상(apparent movement)에 관한 M. Wertheimer의 논문에서 형태주의 학습이론은 대두되었다고 볼 수 있다.[2] 이후 나치정권 치하를 떠나 미국으로 망명한 K. Koffka와 W. Köhler, K. Lewin 등이 자신들의 이론을 전파하면서 널리 알려지게 된 학습이론이다.

---

1 Watson, J. B. (1913). Psychology as the behavioist views it, *Psychological Review*, 20, 158-177.

2 Wertheimer, M. (1912). Experimentelle studienfiber das sehen von bewegung. *Zeitschrift für Psychologie*, 61, 161-265; 흔히 형태주의 학습이론은 행동주의 학습이론에 대한 반동에서 대두된 것으로 알려져 있는데, 이것을 볼 때 최소한 같은 시기에 독일에서부터 독자적으로 주장된 것이라고 볼 수 있다.

'형태주의 학습'이론

엄밀히 말해 형태주의 학습이론의 기초를 제공한 사람은 Christian von Ehrenfels인데, 그는 1890년 논문에서 "현상의 질(quality)은 감각 요소 외에 지각(perception)에서 나타난다."라고 주장한 바 있다. 예를 들어, 같은 멜로디를 음조를 달리 하여 연주할 때, 음조 감각(감각 요소)은 변하지만 멜로디는 같게 인식되는 경우이다(Murphy, 1949, p. 226: Gredler, 2009에서 재인용). 특히 이러한 현상을 Gestaltqualität라고 하는데, '형태에 의한 질'이라는 의미이다.

당시 형태주의 학습이론가들이 주장하는 바는 두 가지로 압축되는데, 첫째, 현상의 전체적 특징은 단순히 요소로서가 아니라 전체로서 파악된다는 것이고, 둘째, 그 과정은 흔히 사람들은 불완전한 시각 내용을 보다 완전한 지각 영상으로 변환한다는 점에서 구성적(constructive)이라는 것이다. 실례로, 형태주의 이론의 실질적 출발을 주도한 M. Wertheimer는 비엔나로 여행하던 중 공사장의 화살표 불빛에서 영감을 얻고 만화경의 일종인 toy stroboscope를 사서 이른바 'phi 현상'이라고 명명한 순수 운동현상을 확인하는 가운데 von Ehrenfels가 주장한 바를 명확히 설명하였다. 즉, 인간은 어떤 심리학적인 경험을 할 경우 그 경험은 말할 것도 없이 어떤 대상(그것이 동적이든 정적이든, 외적인 것이든 혹은 내적인 것이든)에 대한 경험인데, 그 경험 과정을 엄밀하게 분석해 보면 그 의미가 달라질 수 있다. 그것은 단지 기계적인 통합이 아니라 그 대상 자체가 가지는 시공간적인 조건 속에서의 아주 독특한 종합성과 일관성, 또는 이른바 완결성을 가지고 있는 어떤 전체이면서 형태(Gestalt)로서 받아들여지는 생생한 경험이다. 다시 말하면, 심리적 경험은 감각적 요소에서 생겨나는 것이지만 그것은 감각적 요소 그 자체와는 다르다는 것이다.

이렇게 볼 때, 형태주의 학습이론의 본질을 뒷받침하는 하나의 기본 원리는 '함축의 원리(law of Prägnanz)'라고 할 수 있다. 즉, 모든 심리적 사상은 유의미하고, 완전하고, 단순해지려는 경향성을 지닌다는 것인데, 모든 형태주의 학습이론가들의 연구에 있어서 공통적인 이론적 배경이 된다. 그리고 이 원리를 뒷받침하는 하위 원리로서 다양한 내용이 포함되는데, 대표적인 것들을 간단히 정리하면 다음과 같다.

- **완결성(closure)의 원리**: 불완전한 경험을 완전하게 하려는 경향
- **근린성(proximity)의 원리**: 인접도에 따라 지각의 집단이 형성되는 원리
- **유사성(similarity)의 원리**: 유사한 항목들이 어떤 집단들을 형성하는 경향
- **연속성(good continuation)의 원리**: 연장선상으로 지각되는 원리
- **공통행선(common direction)의 원리**: 방향이 같은 것끼리 같은 것으로 지각되는 원리

앞서 설명한 형태주의 학습이론의 개념도, 즉 '형태주의 학습이론에 대한 Gestalt'를 그림으로 표현하면 [그림 7-1]과 같다.

여기서 알 수 있는 바와 같이, 유기체(학습자)는 주어진 환경, 즉 자극상황에서 이들과 서로 상호작용하는 가운데 나타나는 순간순간의 함수로서 학습행동이 일어난다. 물론 이 과정에서 상황에 따라 다양한 지각 원리들이, 그리고 전반적으로는 함축의 원리가 작용하는 가운데 지각(perception)의 변화가 이루어지고 결국 형태(Gestalt)를 파악하는 것, 즉 '지각의 변화에 의한 Gestalt 구성'이 바로 인간 학습의 본질이다. 이는 흔히 문제에 대한 정확한 표상을 한다는 것과 같은 취지라고 볼 수 있다.

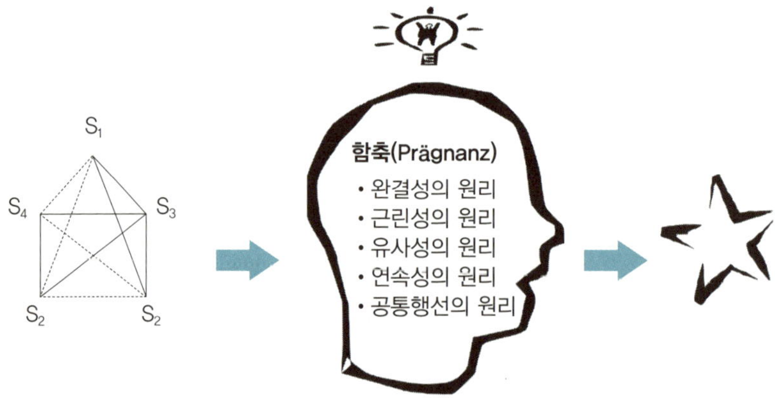

$$B_e = f(P, E)$$

[그림 7-1] 형태주의 학습이론의 개념도

* 주) B_e: 학습행동(Behavior)
f: 함수(Function)
P: 학습자(Person)
E: 환경(Environment)

형태주의 학습: 교수학습원리

형태주의 학습이론을 이루는 교수학습원리는 대표적 이론가들이 주장하였던 내용들로서 현상학적 경험, 통찰학습, 장 이론의 세 가지로 볼 수 있는데, 이에 대해 명확히 파악함으로써 이 이론에 대한 교수학습공학 방안을 도출할 수 있다.

현상학적 경험

Wertheimer가 언급한 'phi 현상'과 그리고 Koffka가 강조한 '행동적 환경(behavioral environment)'이라는 개념이 바로 교수학습원리로서의 현상학적 경험을 잘 묘사한다. Koffka(1963)는 폭풍설 속을 뚫고 말을 타고 대평원을 가로질러 여관에 도착한 한 나그네의 이야기를 실례로 들고 있다. 그 나그네는 어디로 왔느냐는 여관 주인의 물음에 여관 앞쪽으로 펼쳐진 눈 덮인 평원을 가리켰다. 그런데 그 주인이 그 평원이 호수인지를 알았느냐고 되물었을 때 나그네는 자기가 꽤 긴 살얼음 위를 말을 타고 왔다는 것을 알고 충격을 받아 죽었다는 얘기이다. 이 이야기를 통해 그는 이른바 '지리적 환경(살얼음 호수)'과 '행동적 환경(대평원)'[3]을 구분하고 있다. 즉, 유기체는 감각적 자료에 포함되어 있지 아니한 어떤 것을 경험에 보태게 되는데, 그 어떤 것이 바로 형태(Gestalt)라는 것이다. 결론적으로 우리의 인지 장면은 조직된 전체, 즉 형태들로 이루어지며 이것이 바로 교수학습의 기본 주제가 되어야 한다는 것이다.

Wertheimer와 Koffka가 관심을 둔 형태주의 학습이론은 B. Skinner 등의 기능론적 행동주의자들이 고전 조건화 학습이론(I. Pavlov)에서 한층 더 나아가 환경과의 상호작용으로 발전시킨 것보다 훨씬 더 진보한 것이라고 할 수 있다. 왜냐하면 그 당시로서는 학계에서 전혀 착안하지 못했던 중요한 점을 일깨워 주었기 때문이다. 다시 말해, 일상생활에서 경험자는 단순한 기계적 종합이나 수학적인 조작으로서의 심리학적인 경험을 하는 것이 아니라 현상학적 경험을 한다는 것을 분명히 해 준 것이다.

3 이를 '객관적 실재(objective reality) 대 주관적 실재(subjective reality)'라는 용어로도 대비시켜 논의하기도 하였다.

통찰학습(W. Köhler)

Köhler는 유기체가 어떤 문제에 직면하게 될 때 인지불평형 상태가 생기게 되며 그 상태에서 문제 상황을 파악하여 그 구조를 분석하고 목표 달성에 필요한 행동과 결부시켜 재구성 또는 재구조화함으로써 어느 순간에 문제를 완전히 해결한다는 '통찰학습'을 강조하였다.[4] 그는 이 이론을 수립하기 위해 두 가지 관점에 초점을 두고 실험을 하였는데, 하나는 막다른 길에서 우회하여 목표에 이르는 우회학습이었고, 다른 하나는 동물이 목표에 이르는 데 도구를 쓰는 도구학습이었다(Köhler, 1925). 특히 원숭이를 이용하여 이러한 실험을 한 결과, 학습이란 인지현상[5]이라고 결론지으며, 그 행동 과정 속에는 분화와 통합, 다시 말해 사태에 대한 인지와 재구조화가 일어나는 것임을 밝혀냈다. 즉, Köhler는 통찰의 개념을 도입한 것인데, 실험과정에서 문제해결 전에는 그저 단순한 사물에 지나지 않았던 상자나 막대기가 문제가 해결되는 단계에서는 '바나나를 따기 위한 도구'라는 기능적인 물건이 된다는 것에 주목하였다. 다시 말해, 기능적인 뜻이 포함되면 해결은 아주 빨리 이루어지게 되며, 이 과정에는 전 사태의 재구성 또는 재구조화의 뜻이 포함된다.

통찰학습은 대체로 네 가지 특징을 지니게 된다(Olson & Ramirez, 2020). 첫째, 갑자기 일어나며 완전하다. 둘째, 통찰학습으로 인한 수행

---

4 4장에서 논의한 결합 조건화 학습이론(E. Thorndike)에서는 인간의 학습은 점증적이라는 것을 강조하며 이 통찰학습을 부정한 바 있다.

5 신호학습 이론(E. Tolman: 8장 참조)도 인지적인 측면('행동적' 시행착오에 의한 인지도 형성)이 있고, 여기서는 순수 '인지적' 시행착오에 의한 인지도 형성의 차원으로, 결국 이 두 관점은 20세기 중반 이후 인지주의 학습이론의 촉발에 일조하였다고 볼 수 있다.

은 원활하며 오차가 없다. 셋째, 통찰에 의한 문제해결은 상당 기간 동안 유지된다. 넷째, 통찰에 의해 학습한 원리는 다른 문제에 쉽게 적용된다. 여기서 특히 네 번째 특징과 관련하여 Köhler는 통찰학습의 효과로서 전위(transposition)[6]를 강조한 바 있다. 예컨대, 병아리를 밝은 회색과 어두운 회색 두 가지로 접근하게 한 다음 후자의 경우에 먹이를 주는 훈련을 하고, 또 다른 종류(예, 초록)의 밝고 어두운 색에 노출하면 어두운 초록색 쪽으로 접근해 간다는 것이다. 이는 행동주의 학습이론가들이 강조하는 단순 조건화 현상(absolute theory)과는 질적으로 상이한 관계원리(relational theory)의 학습 현상을 강조하는 것이라고 할 수 있다.[7]

장(場) 이론(K. Lewin)

Lewin은 학습이란 지식의 변화이며, 생활 공간[8]이 보다 더 잘 분화하는 것이라 하였다. 다시 말하면, 학습이란 인지구조의 변화(정교화)라는 것인데 사람이 학습한다든가 지식을 풍부하게 한다든가 할 때 그것은 생활 공간이 더 한층 분화되어 가는 것을 의미한다는 것이다(Lewin, 1939). 예를 들어, 새로 이사한 사람은 처음에는 집 주변 거리의 모양을 거의 알지 못한다. 그래서 지하철 역에서 자기 집까지만 겨우 알고

---

6 행동주의 학습이론가들의 '일반화(generalization)' 개념으로 오인받지 않기 위해 '전위(transpositon)'라는 독특한 용어를 쓴 것으로 보이지만, 오늘날 일반적으로 언급되는 '전이(transfer)' 또는 '변환(transformation)'과 같은 의미라고 볼 수 있다.

7 M. Wertheimer의 '생산적 사고'와도 같은 맥락이다. 그러나 행동주의 학습이론가 K. W. Spence(1907~1967)는 이 이론도 틀리는 경우가 있으므로 '일반화'란 개념으로 설명되어야 한다고 역설한 바 있다(Spence, 1942).

8 심리적 공간, 인지 공간이라는 의미로 해석된다.

있다가 차차 지하철 역이나 버스 정류장에서 집까지 통하는 길을 자세히 알게 되면서 일종의 구조화가 이루어진다. 또한 직장에 갈 때 직장과 자기 집 간의 기능적인 관계를 알게 되었지만 다른 장소는 비구조화 상태로 있다가 차차 다른 길도 알게 된다. 이것은 그 사람의 생활 공간이 처음에는 미분화상태로 막연하였으나 그것이 차차 분화하여 구조화되는 것을 의미한다. 따라서 Lewin은 이와 같은 장 이론(field theory)을 인간의 행동을 설명하는 방정식 '$B_e = F(P, E) = F(L\ S_p)$'으로 표시한 바 있다. 여기서 B_e는 psychological Behavior를, P는 Person을, E는 psychological Environment, 그리고 L S_p는 Life Space를 말한다. 즉, 인간의 학습 행동이란 개체와 환경과 서로 상호작용하는 가운데 나타나는 그 순간순간의 함수와 같다는 것이다.[9]

Lewin은 형태주의 학습이론가로서 Koffka나 Köhler의 이론을 한층 새로운 각도에서 발전시킨 것이라고 할 수 있다. 이는 기능론적 행동주의 입장의 E. Thorndike나 같은 부류의 B. Skinner, C. Hull 같은 사람도 좀처럼 착안하지 못하였고, 또 J. Watson을 중심으로 한 연합론적 행동주의 입장의 E. Guthrie나 I. Pavlov 같은 사람도 전혀 착안하지 못하였던 측면이다. 심지어 Köhler와 같은 형태주의 학습이론가가 통찰학습 이론을 전개하는 데 있어서도 착안하지 못한 것으로 독특한 차원에서 학습행동을 이해하려고 하였던 Lewin의 학술적 노력을 평가할 수 있다.[10] 그러나 Lewin 역시 궁극적으로는 체계적인 교수학습원리를

9 Lewin은 원래 동기(motivation)에 관심이 있었으며, 그의 이론은 이후 집단역학(group dynamics)에 관한 연구를 촉발시켰다.

10 특히 서양인은 원래 장을 중심으로 한 관계성보다는 개체들을 분석하고 분류해서 전체를 보는 사고의 전통을 지닌다는 것을 감안할 때 Lewin의 관점은 획기적인 것이었다고 할 수 있다.

제시하는 데는 역부족이었는데, 이 점은 특히 앞서 살펴본 행동주의 학습 이론가들과 비교할 때 분명해진다.

형태주의 학습: 교수학습공학 방안

형태주의 학습이론은 이론 자체가 기본적으로 대표적 이론가들이 주장한 내용들의 총화이므로 공통되는 교수학습원리의 규명과 이에 따른 교수학습공학 방안을 도출하는 것이 비교적 분명하지 않다. 그러나 앞서 인간 학습의 본질을 '지각의 변화에 의한 Gestalt 형성'으로 규명한 점을 감안하여 '문제에 대한 정확한 지각을 통한 해결'이라는 차원에서 그 방안을 도출할 수 있다.

우선 환원주의(reductionism)를 배격하는 '유도발견(guided discovery) 학습' 방안을 그 하나로 들 수 있다. 예를 들어, 시나 소설 등의 문학작품을 가르치는 데는 절대적으로 환원주의적인 경향을 배제하지 않으면 안 된다. 실례로, 박두진의 「해의 품으로」와 같은 시를 가르칠 때 환원주의적인 교수방법으로 전체적인 감상과는 관계없이 처음부터 어려운 낱말풀이나 문법적 관계 또는 부분별로 나눠서 진행하는 경우가 있다. 형태주의 학습이론에 의하면 그러한 분석을 통하여 부분을 공부해 나가는 것은 단편적인 내용에 대한 무의미한 암기학습만 초래할 뿐이며, 전체적인 의도나 감흥 등을 느끼게 함으로써 정서를 함양하는 것과 같은 이른바 전일론(holism)적 심리적 경험은 원천적으로 배제하게 된다. 물론 이러한 관점이 학습자에게 전적으로 발견하도록 하는 발견학습(discovery learning)만을 강조하는 것은 아니다. 여기서 의도하는 바는 문학 등을 다루는 국어과 교육과 같은 경우에는 초기에 모호한 전체를 파악해야 하는 인지부조화(cognitive dissonance)를 극복하는 가운데 모호성이 감소되며 유의미 학습을 하도록 교수자가 지속적으로 이끌고 가는 유도발견(guided discovery) 학습전략을 도입할 필요가 있다. 이 과정에서는 이른바 내재적 강화도 자율적으로 이루어지기 때문에 학습 효과는 그 어느 것과도 비할 바가 없다.

형태주의 학습이론에 의한 또 다른 교수학습공학 방안으로는 '유의미한 윤곽파악(통찰)을 통한 실제문제기반 교수학습(problem-based learning)'을 들 수 있다. 현재 우리나라 학교교육에 있어서 교육방식은 여전히 교사 위주로 이루어져 학생들은 대체로 수동적 자세로 교사의 일방적 내용 전달이나 문제풀이를 전수받는 경우가 많다. 이는 흔히 효율적이고 효과적인 교육방식으로 선호되고 있지만 결국 학생들로 하여금 이른바 기능 고착(functional fixedness)을 유발하게 되어 결국 사고력이나 응용력을 저하시키는 비교육적 상황을 초래하게 된다. 더욱이 현재 본격적으로 진행되고 있는 4차 산업혁명 시대의 교육은 구체적인 내용들을 가르칠 필요가 없고, 구체적이고 실제 상황에 연계하여 문제를 해결하는 방법이나 원리를 파악하는 데 초점을 두지 않으면 안 된다. 즉, 현재와 같은 기능 고착 현상을 극복하여 실제 문제나 상황을 재구성 또는 재구조화할 것인가를 고민하는 가운데 통찰적으로 해결방안을 찾도록 하는 것이 중요하다. 달리 표현하면, 유의미한 윤곽파악에 의한 문제해결이 중요하고 필수적이라는 것이다. 이러한 학습결과는 오래 파지, 즉 장기기억되고 또 그 원리는 다른 문제에 쉽게 적용될 수 있기 때문이다.

이상과 같은 교수학습환경(instruction-learning environments)은 $B_e = F(P, E)$라는 K. Lewin의 장(field) 개념으로도 명확해진다. 즉, 교수학습환경은 물리적 환경이나 분위기 조성 같은 것이 아니라 인간 사이의 상호작용(예, 내용에 따라 '개별학습 + 협동학습'을 적절히 활용)들로 구성되며, 교수학습이 실연되는 무대와 같은 구실을 한다. 따라서 교수학습환경을 무시한다는 것은 학습효과도 무시하는 것과 같은 결과를 가져온다. 흔히 학급의 교수학습환경보다는 교과 내용이 중요하다는 것을 강조하는 경우가 있다. 그러나 교과 내용이 중요하지 않다는 것이 아니라 아무리 중요하고 훌륭하게 조직된 내용도 교수학습환경 여하에 따라 학습효과에는 커다란 차이가 난다는 것을 지적하는 것이다. 아울러 한 가지 주의해야 할 점은 흔히 오해하는 것처럼 형태주의 학습이론이 강의식 지도법을 전적으로 배격한다는 것은 아니라는 점이다. 오히려 이상의 교수학습환경과 같이 교수자와 학습자에 의한 유의미한 상호작용 활동을 포함하는 한 강의식 지도법도 당연히 수용하는 이론이라고 봐야 한다.

이론적 평가

형태주의 학습이론을 준거에 따라 인간 학습 탐구의 초기 학파라고 할 수 있는 구조주의[11]와 그리고 행동주의 학습이론과 비교하여 표로 정리하면 〈표 7–1〉과 같다.

여기서 알 수 있는 바와 같이, 형태주의 학습이론은 기존의 이론들과는 전혀 상이한 패러다임이라는 것을 알 수 있다. 즉, 형태주의 학습이론은 초기 인지주의 관점이라고 볼 수 있으며, 특히 Lewin의 인지

11 구조주의(structuralism)는 E. Titchener(1867~1927)가 독일 W. Wundt(1832~1920)의 주의주의(主意主義, voluntarism)를 계승하면서도 경험론의 전통을 따라 연합의 원리 또는 수동적 마음을 전제로 하는 쪽으로 방향을 수정한 초기 관점이었다.

〈표 7-1〉 구조주의, 행동주의, 형태주의 학습이론 비교

	구조주의	행동주의		형태주의
		연합론적	기능론적	
대표자	W. Wundt E. Titchener	I. Pavlov E. Guthrie	E. Thorndike B. Skinner	K. Koffka W. Köhler K. Lewin
연구 초점	사고의 요소 (내성법)	행동의 형성 (인지 배제)	행동과 적응 (인지 배제)	현상학적 경험 (Gestalt)
연구 특징	환원주의, 미시적(molecular)			전일론, 거시적 (molar)
학습 정의	연합(결합) 형성			형태 구성
이론 특징	부수현상설[12] (附隨現象說)	환경 적응을 위한 행동에 초점		유질동상[13] (類質同像)
배경 철학	경험론			이성론

구조 개념은 E. Tolman을 거쳐 인지주의 학습이론 대두에, 동기 개념은 A. Bandura를 거쳐 사회심리학(집단역학)에 영향을 미쳤다. 그리고 Köhler의 통찰학습 개념은 진정한 학습이란 이미 결정된 행동경로를 따라 학습하는 것이 아니라는 것을 강조함으로써 특히 구성주의 학습이론에 영향을 주었다고 할 수 있다.

그러나 형태주의 학습이론은 기본적으로 우리가 지각하는 데 있어서 특징 분석(feature analysis)이라는 한 측면만 본 것이라는 한계점을 지닌다(Woolfolk, 2019). 즉, 우리가 형태를 알아보고 감각자극에 의

12 부수현상설(epiphenomenalism)이란 정신적 사상은 육체적 사상의 부산물이지 행동을 유발하지 않는다는 관점이다.

13 형태주의 학자들은 당시 기계론적 접근을 시도하는 기존 이론들이 해결하지 못하는 문제(인간의 마음은 감각 정보를 조직화하고 유의미한 것으로 구성한다)를 해결하기 위해 유질동상(isomorphism: 화학성분은 다르지만 같은 결정형을 갖는다는 의미)이란 개념을 활용하였다.

미를 부여하는 방식에 있어 특징 분석 또는 상향 정보처리(bottom-up processing) 외에 또 다른 하향 정보처리(top-down processing) 같은 방식도 있으며, 이것까지 제대로 파악하기 위해서는 정보처리 학습이론(information processing theory)의 출현을 기다려야 했다.

또한 형태주의 학습이론은 기본적으로 선천론을 주장하기 때문에 인간의 가능성을 도외시한다는 치명적인 문제점이 있다. 다시 말해, 선천적으로 경험에 대한 재구조화를 잘하는 사람만이 능사이고 그렇지 못한 사람은 전혀 회복할 길이 없다고까지 할 수 있다. 이는 무엇보다도 후천적인 가능성을 도외시할 때 교육의 목적과 의미는 백지화되어 버릴 수 있기 때문이다.

8장 신호학습 이론의 교수학습공학

Edward Tolman(1886~1959)은 당시 인간 학습 연구의 주류를 이루었던 행동주의의 환원론(reductionism)적인 접근을 지양하고, 거시적(molar) 또는 목표지향적(purposive)[1] 행동으로 연구의 초점을 전환할 것을 주장한 학자였다. 특히 그는 방법론적으로는 행동주의에 기초하고 인식론적으로는 인지주의를 절충하며, 인간 학습을 규명하기 위해 행동을 과학적으로 연구하는 입장을 평생 견지하였다. 특히 Harvard 대학교 대학원생 시절에는 독일을 여행하여 Kurt Koffka와 교류하며 형태주의 학습이론과 행동주의 학습이론을 절충하기 위한 시도를 할 정도였다. 학문적 특성상 다소 왔다 갔다 하는 경향이 있었지만 주류 이론의 문제점을 탈피하고자 한 그의 노력과 연구 업적은 결코 과소평가될 수 없다.

---

1 이는 인간 학습의 본질이 고전 조건화 이론(I. Pavlov), 인접 조건화 이론(E. Guthrie)에서와 같은 이른바 조건반사(twitchism)와 같은 것이 아니라 인지주의적(cognitive)이라는 것을 나름대로 통찰하여 이렇게 표현한 것이다.

'신호학습' 이론

이 이론에서 인간 학습이란 특정 자극에 대한 반응학습, 즉 반응 자체를 학습하는 이른바 S → R학습이 아니라 문제해결 장면에서 목표에 대한 기대와 이에 대한 확인을 통한 신호학습(sign learning)[2]으로 본다. 즉, 앞서 3장에서 논의한 바와 같이 고전 조건화 이론(I. Pavlov)은 고기 조각(S_1)에 대해 침을 흘리는(R) 개에게 고기 조각 바로 앞에 메트로놈 소리(S_2)를 제시함으로써 이 소리(S_2)와 침흘리는 반응(R)이 기계적으로 연합된다는 것이었다. 반면에 신호학습 이론에서는 똑같은 상황을 '소리(S_2) 날 때 기다리면(R) 음식이 제공(S_1)된다' 는 식으로 해석($S_2 - R - S_1 = S - R - S$)하게 된다. 즉, 기대가 있는 곳에 학습이 있다는 것이다.

신호학습 이론은 장소학습(place learning)이란 개념도 강조하는데, 이는 신호학습의 개념을 다른 방식으로 표현한 것으로 특히 인지도(cognitive map)라는 개념으로 설명할 수 있다. 이는 형태주의 학습이론의 형태(Gestalt)와 같은 것이며, 이에 대해 Tolman도 정확히 언급한 바 있다(Tolman, 1932, p. 418). 다시 말해, 유기체는 문제해결 장면에서 전형적 행동주의 학습이론가들이 주장한 바대로 통로에 인접한 물리적 길 자체를 학습하는 것이 아니라 자극들이 제시하는 의미, 즉 신호로서의 인지도를 형성하고 이에 따라 목표물에 이르는 길을 학습한다는 것이다. 특히 이 과정에서 유기체는 자극상황이 주는 신호를 파악하며 선택점에서 머뭇거리고, 마치 유용한 대안을 찾는 것처럼 행동하는 인지적 행동을 한다. 그리고 일단 유기체가 인지도를 발달시키면 어떠한 방

---

2 B. Skinner도 식별 작동이라는 원리를 제시하며 이 신호(단서)의 개념을 언급한 사실에 주목할 필요가 있다.

향에서부터라도 목표에 도달할 수 있게 된다. 예를 들어, 자주 사용하던 길이 차단되면 다른 길을 모색하게 되는데 항상 최단거리를 선택하거나 가장 힘이 적게 드는 길을 선택하는 최소 노력의 원리(principle of least effort)를 따르는 것이다. 이와 같이 신호학습 이론이 규정하는 인간 학습의 본질은 '신호 및 기대확인에 의한 인지도의 형성'이라고 할 수 있다.

Tolman은 특히 장소학습과 관련하여 다음과 같이 일종의 수학적 공식으로 표현한 바 있다.

독립변인		종속변인
$\Sigma(OBO)$	$\rightarrow$	$\dfrac{B_L}{B_L + B_R}$

이는 좌우로 갈라지게 되는 미로학습에서 목표반응인 왼쪽으로 회전할 행동비율은 학습의 신행과정에서 오른쪽 또는 왼쪽 회전반응(B_L, B_R)을 시도함으로써 생기는 축적된 지식인 Σ(OBO)[3]의 영향을 받는다는 것이다. 다시 말해, 왼쪽으로 회전할 행동비율은 종속변인이 되고, 축적된 지식은 독립변인이 된다.

그러나 어떤 문제 상황에서의 독립변인은 실험실 상황에서처럼 간단하지는 않다. 즉, Σ(OBO) 외에도 다른 수많은 독립변인이 목표반응 수행에 영향을 주는데, Tolman은 목표물의 적합성, 제시 자극의 유형과 양식, 요구되는 운동 반응의 유형, 미로 단위의 유형 등의 환경변인을 포함하고, 아울러 개인차를 형성하는 독립변인으로서 유전, 연령, 훈련

3 앞서 언급한 인지도의 수학적 표현이라고 할 수 있다.

경험, 기타 생리적 조건 등도 고려하였다. 또한 여기에 독립변인과 종속변인 사이의 관계를 설명하는 데 도움이 되는 중재변인으로 독립변인 하나하나에 대응하여 가설, 욕구, 식별, 운동기능, 요구, 편견 등을 포함하였다. 따라서 이론 전반의 취지 및 이상의 수학공식적 측면을 종합하여 그의 이론을 하나의 개념도로 제시하면 [그림 8-1]과 같다.

여기서 개념도 전반의 좌측 부분은 특히 학습이 수행으로 나타나

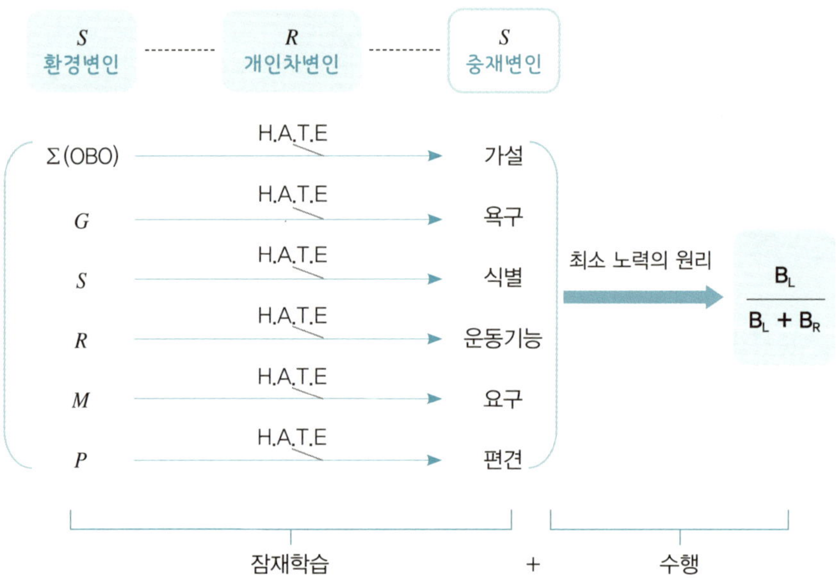

[그림 8-1] 신호학습 이론의 개념도

* 주)

독립변인			종속변인
환경변인	개인차변인	중재변인	행동비율
Σ(OBO) 목표물의 적합성(G: goal) 제시 자극의 유형과 양식(S: stimulus) 운동반응의 유형(R: response) 유지스케줄(M: maintenance) 미로단위의 유형(P: pattern)	유전(H: heredity) 연령(A: age) 훈련경험(T: training) 생리적 조건(E: endocrine)	가설(hypotheses) 욕구(appetite) 식별(differentiation) 운동기능(motor skill) 요구(demand) 편견(biases)	$\frac{B_L}{B_L + B_R}$

기 전까지의 상태인 잠재학습(latent learning)을 의미한다는 데 주목할 필요가 있다. 이는 앞서 5장에서 논의한 인접 조건화 학습이론(E. Guthrie)이 일회 완전학습을 규명하였다면, 신호학습 이론은 일회 잠재학습을 규명한 것이라고 할 수 있다. 그리고 신호학습 이론이 당시 다른 행동주의 학습이론들과 결정적으로 다른 점은 학습이란 유인동기, 즉 강화가 불필요한 항상적인 과정이며, 특히 강화는 학습의 효율성을 증대시키는 수행변인으로만 작용할 뿐이라는 것이다. 이렇게 볼 때 신호학습 이론은 당시 주류이론인 행동주의 학습이론들과는 전혀 다른 관점을 시도한 것이며, 이는 다분히 인지주의적(cognitive)이라는 것을 알 수 있다.

신호학습: 교수학습원리

신호학습 이론으로부터 도출되는 교수학습원리는 인지적 시행착오, 장소학습, 잠재학습 등 세 가지로 볼 수 있는데, 이에 대해 명확히 파악함으로써 이 이론에 대한 교수학습공학 방안을 도출할 수 있다.

인지적 시행착오

유기체는 문제해결 상황에서 직접 중다 반응을 하지 않고 또 할 필요도 없이 자극상황이 주는 신호를 파악하며 선택점에서 자주 머뭇거리는 경우가 있다. 이는 마치 유용한 어떤 대안을 찾는 것처럼 행동하는 것으로 보이는데 이것이 인지적 또는 대리 시행착오(vicarious trial and error) 행동이다. 이것은 결합 조건화 이론(E. Thorndike)에서 의도한 행동적 시행착오와는 본질적으로 다르다. 왜냐하면 첫 번째 시행이라 하더라도 이것이 단순 시행이 아니라 인지도를 형성하는 시행이기 때문에 결합 조건화 이론처럼 점증적 학습[4]이 아니며, 더욱이 구체적인 행동경로를 학습하는 것이 아니라 목표의 위치, 즉 인지도를 학습하는 것이므로 전적으로 다른 것이다. 이러한 관점은 유기체 행동에 대한 인지적 접근의 필요성에 대한 근거가 된다. 그리고 이 과정에서 유기체는 경제적, 즉 훈련받지 않은 길을 선택하는 최소 노력의 원리에 따르게 된다.

장소학습

장소학습(place learning)이란 신호학습을 다른 방식으로 표현한 것으로 인지도(cognitive map)라는 개념으로 설명할 수 있다. 구체적으로, Tolman, Ritchie와 Kalish 등의 연구(1946)에서 쥐들을 [그림 8-2]와 같은 장치에서 먼저 예비훈련을 시키고, 9번과 10번 중간 통로를 거쳐 최종적으로 6번 쪽에 이르는 경로학습을 하도록 하였다. 그리고 예비훈련 기간 동안 다녔던 길을 차단하고 다른 길들을 선택할 수 있게 해 보았다. 당시 행동주의 학습이론들에 근거하면 원래의 통로가 차단되었을 때는 인접한 차단되지 않은 통로를 선택할 것을 예상할 수 있다. 그러나 예상 밖으로 가장 많이 선택한 통로는 6번 통로였는데, 이것은 예비훈련 기간 동안 목표물이 있던 곳을 직선으로 잇는 통로였다. 더욱이 원래의 통로와 가장 인접해 있던 통로는 오히려 별로 선택하지 않았

4 물론 여기서도 학습은 이미 이루어지기 시작하며, 그래서 Tolman은 이러한 측면을 잠재 학습으로 강조하였다.

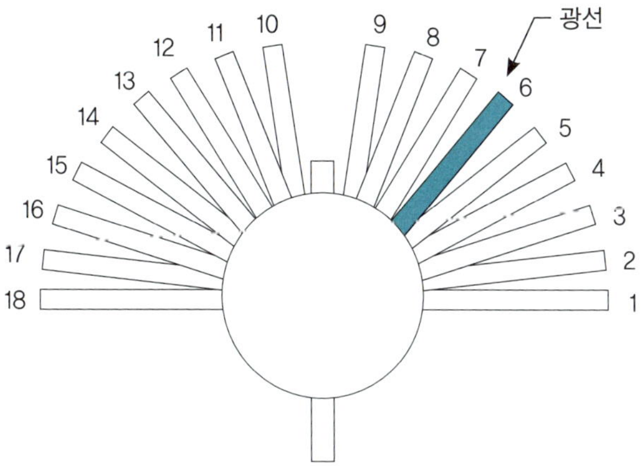

[그림 8-2] **장소학습 실험장치**

* 주) Tolman, Ritchie, & Kalish(1946, p. 17)의 그림을 이해하기 쉽게 변형한 것임.

다. 결국, 유기체는 문제해결 상황에서 고전 행동주의 학습이론가들이 주장한 것처럼 원래 통로에 인접한 길을 선택하는 것이 아니라 자극들이 제시하는 의미, 즉 신호로서의 인지도를 형성하고 이에 따라 목표물에 접근하는 길을 학습한 것이다.

잠재학습

앞서 신호학습 이론의 개념도([그림 8-1] 참조)의 좌측 아래에 표현된 바와 같이 '수행으로 나타나기 전까지의 학습상태'를 말하며, 이 잠재학습(latent learning)이 외현 행동으로 전환되는 것이 수행이다. 잠재학습은 신호학습 이론에서 특히 중요한 개념으로, 지금도 유명한 Tolman과 Honzik(1930)의 실험으로 실증한 바 있다. 이 실험에서는 세 집단의 쥐를 대상으로 미로학습을 하였는데, 11일째까지 결코 강화를 받지 않은 집단이 강화를 받은 즉시 계속적으로 강화를 받은 집단의 쥐들보다도 오히려 더 목표반응을 잘 수행하였다. 이러한 결과는 바로 잠재학습을 나타내는 것이며, 동시에 강화는 학습변인이 아니라 수행변인이라는 것을 입증한 것이다.

같은 맥락에서 잠재 소거(latent extinction)라는 개념도 가능한데, 이는 이미 이루어진 학습이 강화가 제공되지 않는 상황, 즉 기대가 무너지기 시작하는 상황에 처하게 됨으로써 제거되기 시작하는 현상을 말한다. 다시 말해, 나중에 실제로 기대가 무너지면서 소거가 수행으로 나타나기 전까지의 상태이다.

신호학습: 교수학습공학 방안

신호학습 이론의 교수학습원리들에 기반한 교수학습공학 방안은 기본적으로 '기대 수립 및 이의 확인' 차원에서 도출할 수 있다. 이는 가설검증이라는 형태로 전개할 수 있는데, 여기서 가설이라는 것은 흔히 생각할 수 있는 과학적 가설보다는 논리적 추론을 의미한다. 예를 들어, 개념학습을 위한 교수학습 과정에서 특정 개념을 형성하도록 학생들로 하여금 가설검증을 하게 하는 절차는 〈표 8-1〉에서와 같다. 이는 '은유법'이라는 개념을 형성하도록 하기 위해 먼저 가설을 생성할 수 있도록 하나의 사례와 비사례를 각각 제시하고, 이어 다양한 사례 및 비사례를 통해 가설을 만들고 분석하도록 하며, 이 과정에서 몇몇 가설은 제거되거나 수정되어 결국은 '은유법'이라는 가설 하나만 남게 된다.

이상에서와 같이 교수학습 현장에서의 논리적 가설검증은 구체적으로 세 가지 차원에서 이루어지는데, 첫째, 학습자 스스로 문제 상황에

〈표 8-1〉 개념학습을 위한 가설검증

	은유법 사례 O , 비사례 X	가 설
1. 사례 제시 교수자가 학습자에게 사례와 비사례 제시	(1) 수진이의 차는 그녀의 다리이다 (O) (2) 태풍 나비가 울릉군에 엄청난 피해를 입혔다 (X)	차? 서술격 조사? 현재 시제?
2. 가설 수립 학습자가 사례들을 토대로 개념 및 가설 형성	(3) 한석이의 K5는 보석이다 (O) (4) 우리 할머니의 모자는 데이지꽃 정원이다 (O)	차 서술격 조사 현재 시제 소유격 은유법 비유법
3. 가설 검증 및 수정 학습자가 다른 추가적인 사례들에 근거해 가설 분석	(5) 내 침실은 녹색이다 (X)	~~서술격 조사~~ ~~현재 시제~~ 소유격 은유법 비유법
	(6) 가을 낙엽은 나이가 들어 주름진 나무 피부이다 (O)	~~소유격~~ 은유법 비유법
4. 정리 학습자가 하나의 가설을 규명하고 정의	(7) 나는 어젯밤 소처럼 느린 걸음으로 걸었다 (X)	은유법 ~~비유법~~
5. 적용 학습자가 그 정의에 근거해 다른 사례들 분석	(8) 당신은 밤에 커튼을 올렸을 때 창문을 떠다니는 달빛입니다 (O) (9) 내 인생은 지금까지 아무것도 쓰지 않은 칠판과 같았다 (X) (10) 태양빛이 장미를 어루만지듯 그는 그녀의 뺨을 어루만졌다 (X)	은유법!

* 주1) Eggen & Kauchack(2006), pp. 171–175의 내용과 논리를 참고하여 여기 논의에 맞게 새로 정리한 것임.

* 주2) 가설 칸 중간에 취소선으로 표시한 것은 학생들이 은유법 개념을 추론하는 과정에서 자신들이 제시한 가설이 추가된 사례와 비사례를 통해 더 이상 가설이 아니게 되었음을 의미함.

대한 가설을 검증해 보도록 하는 것이 중요하다. 학습이란 결국 정확 반응이나 전략을 형성하는 문제라기보다는 부정확 반응이나 전략을 제거하는 것이기 때문이다. 둘째, 토론을 위한 모둠학습(group learning)을 권장하는데, 학습자가 자기 아이디어의 적절성을 검증할 기회를 가지는 것이 중요하다. 다시 말해, 모둠 또는 협동학습 과정에서 어떤 논제에 대한 상이한 견해들에 노출됨으로써 인지적 시행착오를 통해 문제해결을 위한 자신의 관점, 즉 인지도(cognitive map)를 수립하게 된다. 셋째, 학습의 과정에서 외재적 강화는 불필요하다. 학습은 끊임없이 일어나며, 학습자는 실재에 부합하는 기대와 신념을 발달시킨다. 따라서 교수자는 학습자로 하여금 가설을 명료화하고 확인 또는 기각하는 것을 도와주는 기능을 하면 된다.

이론적 평가

Tolman은 독특한 관점과 실험을 토대로 특색 있는 학습이론을 제시하였다고 볼 수 있다. 그러나 다른 이론들과 마찬가지로 그의 이론도 완전한 것이라고는 결코 할 수 없고, 여러 가지 한계점과 문제점을 내포한다. 이에 대해서는 그 스스로도 자기 이론에 대해 항상 불완전성을 의식하였다고 저서(Tolman, 1959)에서 술회한 바 있다. 아마도 이론 수립과정에서 당시 주류였던 고전 행동주의 학습이론가들과 대척점에 있던 형태주의 학습이론가 등 이질적인 두 진영을 넘나들며 교류하는 가운데 절충주의자가 되어 버린 시기적 상황이 작용한 것도 그 이유가 될 것이다.

이처럼 여러 가지 면에서 불안한 요소를 내포함에도 불구하고 형태주의자들과 마찬가지로 환원주의적인 방법을 배제하고, 이른바 거시적 행동(molar behavior)이라는 전체적이고 의미 있는 행동형태를 연구함으로써 인간 학습 탐구에 있어서 돌파구를 제시하였다. 그리고 특히 신호라는 개념을 도입하여 참신하고 기발한 이론을 제시하였다는 점에서 높이 평가해야 할 것이다. 아마도 당시로선 파악하기 힘들었던 인지주의라는 새로운 학습 탐구 패러다임의 출현 시점에 변화 움직임을 감지한 학자의 치열한 개척 활동을 감안하고 평가해야 한다고 본다. 이런 점에서 그의 신호학습 이론은 오늘날 우리가 논의하고 있는 인지주의 학습이론의 마중불이었다고 평가할 수 있다.

9장 정보처리 학습이론의 교수학습공학

정보처리 학습이론(information-processing theory)은 기본적으로 컴퓨터의 작동원리에 따라 인간 마음(mind)의 능동적 작용을 규명한 것이다. 이는 결국 이성론의 전통을 따르는 I. Kant(1724~1804)의 철학, 형태주의 학습이론, J. Piaget(1896~1980)의 이론과 같은 맥락으로, 대표적인 이론가는 D. Norman(1935~)이라고 할 수 있다. 물론 그 이전에 G. A. Miller와 D. Broadbent와 같은 학자들이 컴퓨터 비유를 통해 인간의 인지에 대해 언급하긴 하였지만,[1] 일반 문제해결 도구로서의 인간의 마음과 컴퓨터의 동질성을 역설한 A. Newell, J. Shaw, H. Simon의 1958년 논문 「Elements of a theory of human problem solving」이 결정적 역할을 하였다. 특히 정보처리 학습이론으로 말미암아 당시 인간 학습 탐구의 주요 용어들인 자극(stimulus)이란 용어는 이제 입력(input)으로, 반응(response)과 행동(behavior)은 출력(output)으로, 자극과 반응 사이의 과정은 부호화(coding), 저장, 인출 그리고 기억 등으로 대체되었다.

1 G. A. Miller의 1956년 논문과 D. Broadbent의 1958년 저서를 말한다.

'정보처리 학습'이론

정보처리 학습이론이 기본적으로 전제하는 것은 학습이란 한마디로 조건화 이론들이 주장하는 것처럼 '자동적인 과정'이 아니라 '복잡한 정보처리 과정'이라는 것이다.[2] 그리고 정보처리, 곧 학습이란 '기억'으로부터 시작된다고 보며, 이는 정보의 지각, 파지(저상), 인출의 세 단계로 이루어지고, 그 유형은 감각기억, 단기기억, 장기기억으로 분류한다. 물론 정보처리 학습이론에서 기억과 학습은 밀접하게 관련되면서도 학습은 단순히 기억하는 것 이상을 의미한다. 다시 말해, 학습은 정보처리를 통해 이루어지지만 이는 관찰자의 입장에서 볼 때 수행으로 나타나게 된다. 그러므로 정보처리 학습이론에서 학습이란 '능동적인 기억과 숙련된 수행'을 포함하는 것이며(Norman, 1982), 이것이 바로 인간 학습의 본질이라고 본다. 정보처리 학습이론의 개념도를 그림으로 나타내면 [그림 9-1]과 같다.

여기서 알 수 있는 바와 같이, 인간의 학습은 투입된 정보를 다양한 과정을 거쳐 장기기억하는 것이며, 적합한 상황에서 숙련된 수행으로 산출하는 것까지를 의미한다. 이는 기본적으로 행위와 결과 간의 인과관계를 강조하는 학습의 세 법칙[3]을 전제하는 것이며, 이른바 유추에

---

2 특히 당시 인간 학습에 대한 지배적 관점이었던 결합 조건화 학습이론(E. Thorndike)의 기본 전제인 효과의 법칙의 문제점을 지적하며, 행위의 결과는 유기체에 대한 정보 또는 신호라는 것을 강조한 부분(Lindsay & Norman, 1977)에서 확인된다.

3 세 법칙은 구체적으로 다음과 같다(Lindsay & Norman, 1977).
- 인과관계의 법칙: 유기체가 특정 행위와 결과 간의 관련을 학습하기 위해서는 그들 사이에 인과관계가 있지 않으면 안 됨
- 인과학습의 법칙: 바람직한 결과와 인과관계가 있는 특정 행위는 반복하려고 하지만 바람직하지 않은 결과와 인과관계가 있는 특정 행위는 회피하려고 함

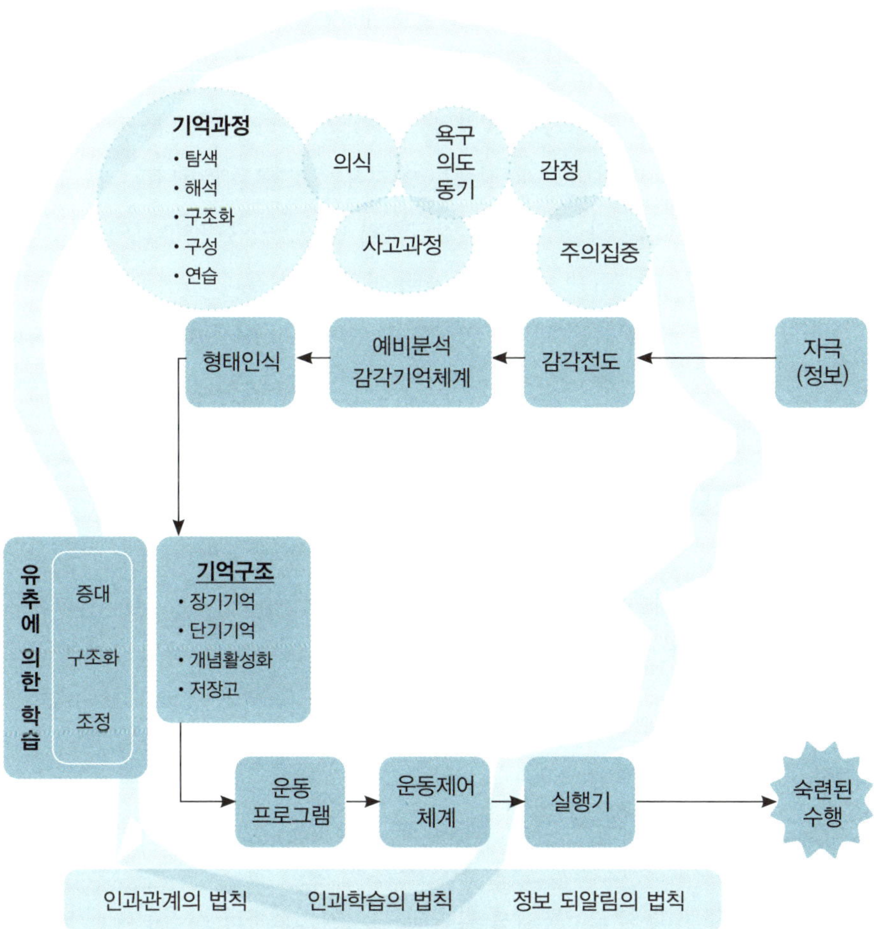

[그림 9-1] 정보처리 학습이론의 개념도

* 출처: 원래 제시된 모형(Norman, 1980, p. 3)을 토대로 이론의 다른 핵심 내용들을 모두 반영하여 저자가 새로 만든 모형임.

• 정보 되알림의 법칙: 어떤 사상(event)의 결과는 그것에 대한 정보로서 기능함

이상에서 볼 때 결합 조건화 학습이론(E. Thorndike)의 기본 전제인 효과의 법칙과는 본질적으로 다르다는 것을 알 수 있는데, 특히 '바람직한 또는 바람직하지 않은 결과'란 보상이나 강화 차원이 아닌 '정보 차원(informational)'이기 때문이다.

의한 학습(learning by analogy; Rumelhart & Norman, 1981)이 부단히 일어나는 과정에서 증대(accretion), 구조화(structuring), 조정(tuning) 등의 학습양식[4]을 거치며 숙련된 수행[5]으로 나타나게 되는 장기적인 것이다. 그리고 이 모든 과정에는 인지적인 것뿐만이 아니라 의식, 감정, 욕구, 의도, 동기 등 다분히 정의적인 내용들이 긴밀히 관여하므로 장차 이에 대한 규명이 충분히 이루어질 때 이른바 인지공학(cognitive engineering)이라는 목표를 달성할 수 있다고 강조하였다(Norman, 1982).

정보처리 학습: 교수학습원리

정보처리 학습이론으로부터 도출되는 교수학습원리는 기억의 유형 및 과정, 정보처리 과정, 학습과 수행으로 볼 수 있는데, 이에 대해 명확히 파악함으로써 이 이론에 대한 교수학습공학 방안을 도출할 수 있다.

기억의 유형 및 과정

정보처리 학습이론에서 학습이란 기억으로부터 시작된다. 기억, 곧

---

4 Norman은 자신의 정보처리 학습이론과 J. Piaget의 학습이론 간의 밀접한 관련성을 언급하면서 이 세 가지 학습양식(Modes of Learning)을 제시하였다. 물론 그가 명확하게 언급하지는 않았지만, 이 세 학습양식은 결국 인간 학습의 과정인 장기기억화 과정의 단계들로서 이후 후속 연구를 통해 개념화된 이른바 유의미 체계화(semantic encoding)와 같은 개념이라고 볼 수 있다. 이러한 관점은 이후 인지주의 학습이론의 장기기억화 과정에 대한 정련화 연구에 동력을 제공하였다.

5 앞서 8장 신호학습 이론(E. Tolman)에서 언급된 '수행(잠재학습이 외현 행동으로 전환되는 것)'의 개념과 일맥상통한다.

학습이란 다음 [그림 9-2]에서와 같이 정보의 지각, 파지(저장), 인출의 세 단계로 이루어지며, 구체적으로 감각기억, 단기기억, 장기기억으로 나누어진다.

[그림 9-2] 정보처리: 기억의 유형 및 과정

여기서 감각기억(sensory memory)이란 기억의 첫 단계로 환경 속의 자극(정보)이 신경계를 통해 물리적으로 지각되는 것이다. 물론 특정 시점에 방대한 양의 자극이나 정보가 지각될 수 있지만 그중 일부만 주의집중되어 다음 단계로 수용된다. 단기기억(short-term memory)은 선택적 주의집중에 의해 잠깐 기억되는 상황, 즉 우리의 의식 속으로 들어오는 것을 말한다. 특히 여기서는 장기기억 속에 있는 지식도 인출하여 새로 단기기억 속으로 들어오는 정보와 어우러져 작업이 이루어지는 곳이므로 작업기억(working memory)이라고도 하며,[6] 대체로 중앙처리기(central executive), 음성처리기(phonological loop), 시공간 처리기(sketchpad), 임시통합기(episodic buffer) 등의 네 요소로 이루어진다고 보고 있다(Baddeley, 2012)

장기기억(long-term memory)은 자극(정보)이 오랫동안 간직되는 파지현상을 말한다. 특히 장기기억은 이른바 유의미 체계화(semantic

6 작업기억이라고 할 때는 능동적 처리를 의미하는 것이고, 단기기억은 새로운 정보의 저장시간(약 15초)을 강조하는 것이다.

encoding)에 의해 학습한 것(예, 명제, 심상, 도식, 절차 등)을 저장하는 것으로, 장기기억이 없으면 학습은커녕 의사소통 등 그 어떤 것도 일어날 수 없을 정도로 중요한 역할을 한다.

정보처리 과정

인간의 정보처리 과정, 즉 단위 학습 과정을 하나의 그림으로 묘사하면 [그림 9-3]과 같다. 우선, 외부 환경으로부터 입력(input)되는, 다시 말해 학습자가 받는 자극(정보)은 감각수용기(receptor)를 활성화하여 신경정보로 변형되고(①), 감각등록부(sensory register)에 잠깐 등록(②)되었다가 인식 가능한 형태로 변형되어 단기기억 속으로 수용되는데, 이때 일어나는 정보처리 과정이 선택적 지각(selective perception)이다(③). 그리고 단기기억에서의 정보는 연습(rehearsal; ④)되지 않는 한 매우 짧은 시간 동안만 있게 된다. 단기기억의 용량도 제한적이어서 보통 5~9개의 항목(숫자, 철자, 음절 등)을 수용할 수 있다(Miller, 1956). 단기기억에 수용된 정보가 계속적으로 저장되기 위해서는 다시 유의미 체계화(semantic encoding; ⑤)라는 과정을 거치게 되고, 이에 의해 장기기억화된다. 즉, 단기기억 속에서 어떤 특징에의 지각형태로 존재하던 정보는 이제 유의미한 형태로 조직화된다. 그리고 일단 장기기억 속에 체계화된 정보는 영구적이며 세월에 의해서도 영향을 받지 않는다.

그리고 장기기억화(학습)된 정보는 언제든지 인출(retrieval; ⑥)될 수 있는데, 이 과정에는 외적 조건에 의해서든 혹은 학습자 내부에 의해서든 어떤 단서가 제공되어야 하며, 이는 정보의 탐색과정에서 학습된 것과의 연결고리가 된다. 인출된 정보는 종종 단기기억으로 보내지며, 여기서 외부 환경으로부터 새로이 투입되는 정보와 어우러져 다

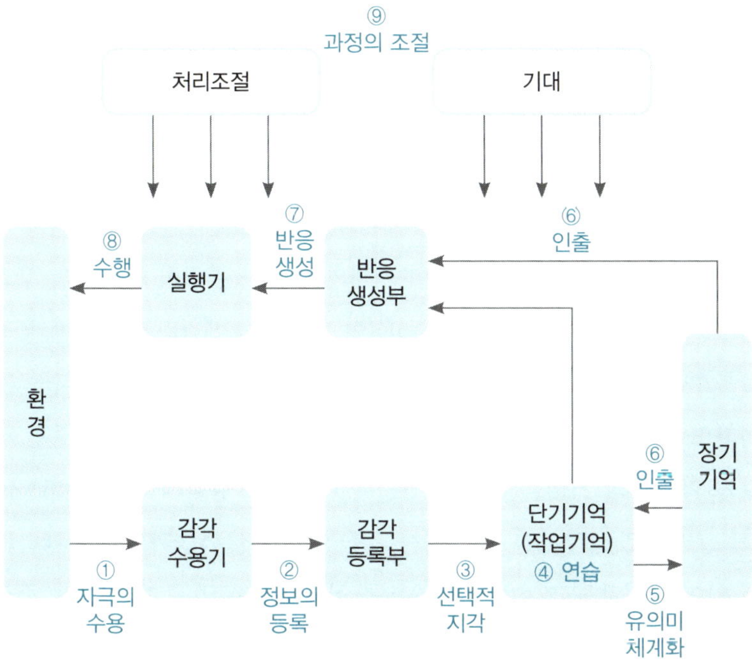

[그림 9-3] 정보처리 과정

* 주) 이것은 Norman의 모형이 아니라 R. M. Gagnè(1974)가 당시 최신 학습이론으로서 정보처리 이론의 핵심을 간단한 모형으로 설명한 것을 저자가 그 후 후속 연구들의 내용들을 반영하여 상세한 내용을 추가한 것임.

시 새로운 종류의 체계화(학습)를 하게 된다. 따라서 단기기억을 작업기억(working memory) 또는 활동기억(active memory)이라고도 한다(Shiffrin, 1976). 그리고 인출된 정보는 반응생성부(reponse generator)를 활성화하는데, 이는 반응의 형식 및 수행의 유형 등을 결정하며 반응을 생성하게 되며(⑦), 생성된 반응은 실행기(effector)를 활성화하여 외현적으로 관찰되는 수행(행위)으로 나타난다(⑧).

이와 같이 정보처리(단위 학습) 과정에는 일반적으로 여덟 가지 내면의 과정들(internal events)이 관여하게 된다. 그럼에도 개개인의 학습 결과에서는 두드러진 차이가 나게 되는데, 이 모든 과정들을 조절(⑨)

하는 이른바 실행조절(executive control) 및 기대(expectancies)가 작용하기 때문이다. 실행조절은 인지전략(congnitive strategies)을 활용하는 것을 말하며, 어떤 기본 실행조절(예, 기본 언어구조, 시각적 지각 조직)은 유전적인 것이라고 볼 수 있다. 기대는 특수한 동기유발(motivation)이라고 할 수 있는데, 사실상 행동주의 학습이론가들이 주로 강조한 강화(reinforcement)는 본질적으로 이 기대와 밀접한 관련이 있다. 즉, 강화의 효과는 그것이 보상적(rewarding)이기 때문이 아니라 학습자에게 정보를 제공하기(informational) 때문에 학습 또는 기억을 촉진한다는 것이다(Estes, 1972). 다시 말하면, 목표가 성취됐다는 것을 알려 주는 정보는 학습자의 기대를 확신시키며 이것이 바로 강화의 본질적 기능이다. 그러므로 실행조절 및 기대는 학습자가 특정 학습과제를 수행하는데 있어서 적합한 정보처리의 종류를 결정하도록 해 주며, 이들도 주로 과거의 학습경험을 통하여 개인이 획득하게 되며 장기기억의 일부를 구성하게 된다.

학습과 수행

학습은 정보처리를 통해 이루어지지만 이는 관찰자의 입장에서 볼 때 수행으로 나타난다. 예를 들어, 어떤 문제를 이해하는 것과 풀 수 있다는 것은 다르다. 이것은 앞 장에서 논의한 신호학습 이론(E. Tolman, 1886~1959)의 잠재학습(latent learning)과 같은 맥락이라고 할 수 있다. 즉, 잠재적 학습이 외현 행동으로 전환되는 것이 수행인데, 이 수행의 과정은 대체로 '혼돈(chaos) → 분석(analysis) → 종합(synthesis) → 자동화(automatization)'의 단계를 거치게 된다(Norman, 1982). 여기서 숙련된 수행(skilled performance)이란 개념이 가능하게 되며, 이는 기존의 도식에 유추하여 발달하게 되는 새로운 도식이 형성되며 전문성을 갖추게 되는 소위 복잡학습(complex learning)이다(Rumelhart & Norman, 1981). 이 복잡학습의 과정 즉, 숙련된 수행으로 되는 이러한 단계들은 교수학습 현장에 시사하는 바가 크고 또한 유용하다.

그리고 유연성, 자동성, 정신적 노력의 감소, 스트레스 감소, 관점 변화라는 숙련된 수행의 다섯 가지 특징은 이른바 완전학습의 척도가 될 수 있다. 실례로, 자동차 운전을 배우는 과정을 생각해 보면, 처음에는 자그마한 모든 운전동작들을 의식하며 최고조의 긴장 가운데 운전을 하지만, 결국 대부분의 세부사항을 의식하지 않으며 운전이 마치 내 몸의 팔다리를 움직이는 것처럼 자연스러운 수행을 하게 될 때 운전에 대한 완전학습이 이루어진 것이다.

정보처리 학습: 교수학습공학 방안

정보처리 학습이론의 교수학습원리들에 기반한 교수학습공학 방안은 기본적으로 '정보처리(기억) 및 숙련된 수행 촉진'에 초점을 맞추는 것이다. 대표적인 교수학습공학 방안으로는, 첫째, 정보처리 기제에 의한 숙련된 수행 지향 방안과, 둘째, 효과적 정보처리를 위한 '아홉 교수절차(9 instructional events)' 활용 방안을 들 수 있다.

우선 정보처리 기제에 의한 숙련된 수행을 지향하는 구체적 방안으로서는 교수학습 과정에서 정보처리 촉진 기제를 적극적으로 활용하는 것을 들 수 있다. 이는 그동안 교육학 및 교육심리학 분야에서 주로 강조해 왔던 정보처리 촉진 기제로서 정보 부호화(유의미 체계화)를 위한 기억법(mnemonics), 관련 에피소드나 부가질문 활용, 그리고 요약자·종합자·확장골자 같은 정교화 원리(Reigeluth & Stein, 1983) 등 다양한 기제를 들 수 있다. 그리고 같은 맥락에서 새로운 정보수용의 단서를 제공해 주는 대표적 기제로서 선행조직자(advance organizer)의 활용이 강조된 바 있다. 선행조직자는 특히 새로운 아이디어와 개념을 학습자의 기존 지식과 연결해 주는 개념적 디딤판 역할을 하는 것으로, 새로운 정보의 체계화(encoding)를 촉진할 뿐만 아니라 개념적 틀을 제공한다(Ausubel, Novak, & Hanesian, 1968). 그러나 이러한 기제들은 정보처리(학습)를 촉진하는 일반적 학습기능(study skills)이라고 할 수 있다. 다시 말해, 엄밀히 볼 때 정보처리 학습이론의 교수학습원리들에 기반한 체제적 교수학습공학 방안이라기보다는 정보처리 학습이론의 일부 개념이나 원리에 대한 일반론으로서의 교육학적 적용방안이라고 할 수 있다.

그러므로 효과적 정보처리를 위한 진정한 교수학습공학 방안은 일반 교수학습 상황에 적용되는 범용 교수절차로서 이른바 '아홉 교수절차의 활용'을 대표적인 것이라고 할 수 있다. 이는 [그림 9-4]에서와 같이 인간의 정보처리 과정, 곧 단위 학습의 과정에서 이루어지는 자극의 수용, 정보의 등록, 선택적 지각, 반복, 유의미 체계화, 인출, 반응생성, 수행, 과정의 조절 등 아홉 가지 학습자 내면의 인지과정(internal processes)에 착안한 것이다. 즉, 이 인지과정들은 학습자 외부에서 발생하는 과정들(external events)에 의해서도 영향을 받게 되므로 바로 이들을 고려하여 아홉 외적 교수절차를 전개할 때 효과적 정보처리, 즉 학습효과가 보장된다는 것이다. 물론 이 아홉 교수절차는 때로 학습자가 학습자료와 상호작용하는 가운데 자연적으로 이루어질 수도 있다. 그러나 대체로 아홉 외적 교수절차는 교수자에 의해서 신중하게 계획되어야 한다는 것을 강조하는 것이다.

정보처리 과정	9교수절차
① 자극의 수용	① 주의집중시키기 (자극의 수용 촉진)
② 정보의 등록	② 학습목표 알려 주기 (과정조절의 활성화)
③ 선택적 지각	③ 선수학습 상기시키기 (작업기억 내로 상기)
④ 연습	④ 학습자료 제시하기 (선택적 지각을 위한 특징 강조)
⑤ 유의미 체계화	⑤ 학습 지도하기 (유의미 체계화 촉진)
⑥ 인출	⑥ 수행 유발하기 (반응체계의 활성화)
⑦ 반응 생성	⑦ 되알리기 (강화의 수립)
⑧ 수행	⑧ 수행 평가하기 (인출의 활성화)
⑨ 과정의 조절	⑨ 파지·전이 촉진하기 (인출의 단서 및 전략 제공)

[그림 9-4] **정보처리 과정과 아홉 교수절차**

이러한 논리는 이른바 교수학습의 내적 조건과 외적 조건을 동시에 충족시킬 때 그 효과가 보장된다는 교수학습조건(conditions of learning) 이론(Gagnè, 1965)에 근거한 것이다. 다시 말해, 교수학습의 외적 조건으로서 이 아홉 교수절차에 따라 교수학습을 전개할 때 교수학습의 내적 조건으로서의 학습자 내면의 인지과정은 촉진되고 결과적으로 효과적 교수학습이 이루어진다는 논리이다. 이러한 관점은 특히 초기 교수학습공학의 대표적 이론인 이른바 교수학습조건 설계이론의 핵심 원리가 된 바 있다.

이론적 평가

정보처리 학습이론은 교수학습 분야뿐만 아니라 심리학 및 철학, 뇌과학, 인공지능 등 관련 분야의 발전과 확장에 유용한 초석을 제공한 이론으로 평가된다. 특히 복잡한 인지과정들을 객관적으로 연구할 수 있는 기억이라는 기본 틀을 제공하였다는 점에서 그 학술적 가치를 인정하지 않을 수 없다. 물론 이론 수립 과정에서 의식, 감정, 욕구, 의도, 동기 등 당시로선 특히 모호한 정의적 영역까지 장황하고 산만하게 다룸으로써 인간의 학습행동에 대한 이해를 증진시키는 데 기여한 것이라곤 거의 없는 또 다른 정신주의적 심리학에 불과하다는 혹평도 받은 바 있다. 그러나 이러한 비판은 당시 인지주의 학습이론의 출현 직전 시기에 이를 전혀 감지하지 못한 상태에서 당시 지배적인 행동주의 학습이론의 틀을 벗어나지 못한 편협한 시각에 매몰된 주장이었다고 판단된다.

정보처리 학습이론은 오히려 학습이론에서 출발하여 인간의 제 기능 및 인간-기계-사회의 상호작용에 이르는 다각적인 면을 감안하여 수행체제를 개발하는 융복합 학문으로서 이른바 인지공학(cognitive engineering)의 도래를 선구적으로 주장한 이론으로 평가받을 필요가 있다. 사실 그 이후로 개발된 오류방지를 위한 자동화 교수체제(예, Expert System, AlphaGo), 그리고 오늘날의 로봇활용 교육, AI융합 교육 등의 눈부신 발전과 기술은 일정 부분 정보처리 학습이론에 기인한 것이라고도 할 수 있다. 달리 말해, 정보처리 학습이론으로 말미암아 최소한 오늘날의 인지주의 학습이론이 발전하고 정교화되고, 나아가 인지과학(cognitive science)이라는 학제적 학문으로 더욱 확장되는 데 있어서 발판이 된 것은 분명하다.

10장 인지주의 학습이론의 교수학습공학

지금까지 논의한 행동주의 학습이론들과는 확연히 대조되는 인지주의 학습이론(cognitive learning theory)은 기본적으로 Plátōn이나 Aristóteles 등 고대 그리스로부터 시작되어 오랜 전통을 가지고 있는 서양철학 주제인 마음(mind)의 작용에 대해 규명하는 것이다. 이는 20세기 초반 행동주의 학습이론들의 풍미로 연구 무대에서 사라졌다가 2차 세계대전 이후 정보이론, 언어연구, 컴퓨터의 발달 등에 힘입어 다시 학문연구의 중심으로 복귀한 것이라고도 할 수 있다. 그러나 달리 보면 일시적으로 학술 무대에서 사라졌다기보다 그동안 형태주의 학습이론으로 그 맥을 유지하다가 다시 활성화된 것이라고 보아야 한다. 특히 인지주의 학습이론은 특정 이론가의 주장이 아니라 여러 이론가가 기억의 내용으로부터 복잡학습(complex learning)에 이르기까지 각자의 연구관점에서 다양한 주장을 피력해 온 바 다소 산만한 이들의 주장이 하나의 큰 틀로 종합된 것이다.

'인지주의 학습'이론

인지주의 학습이론은 앞 장에서 논의한 정보처리 학습이론(information-processing theory)으로 촉발됐는데, 이는 기본적으로 컴퓨터의 작동 원리에 따라 인간 마음의 작용을 설명한 것이었다. 이때부터 당시 학습이론들의 핵심 용어인 자극, 반응, 행동은 부호화, 저장, 인출, 기억 등으로 대체되어 인간 학습 탐구의 분석 및 설명 도구로 활용되기 시작하였다. 그리고 1969년, 이 분야의 대표적인 학술지인 『Cognitive Psychology』의 창간을 필두로 인간 학습에 대한 탐구주제가 기억으로부터 조망인지, 문제해결 등의 복잡학습(complex learning) 등으로 다각화되고 확장되면서 인지주의 학습이론이 수립되었다고 할 수 있다.

인지주의 학습이론은 한마디로 능동적 정보처리자로서 인간 마음의 작용, 즉 '다단계 기억을 토대로 한 다양한 지식의 장기기억 및 인지기능의 형성' 과정을 규명하는 것이다. 다시 말해, 인지주의 학습이론은 행동주의 학습이론들에서처럼 행동(목표 반응)의 형성이 아니라 행동의 변화로서 기억에 의한 다양한 지식 및 인지기능의 형성과정에 초점을 둔다. 이는 연구 주제가 구체적으로 초기에는 주로 지각, 기억 등이었으나 점차 전이, 조망인지, 문제해결, 창의성 등으로 확대된 것을 보면 알 수 있다. 이와 같은 인지주의 학습이론의 개념도를 그림으로 나타내면 [그림 10-1]과 같다.

여기서 알 수 있는 바와 같이, 정보처리 학습이론이 규명한 정보처리, 즉 기억의 기본 과정을 토대로 상세한 기억 방식과 과정을 그리고 한걸음 더 나아가 조망인지, 문제해결 등 인지기능의 형성과정을 규명하는 것이다. 정보처리 학습이론이 주로 정보처리라는 단순학습에 초점을 두었던 반면, 인지주의 학습이론은 조망인지, 문제해결, 인지부

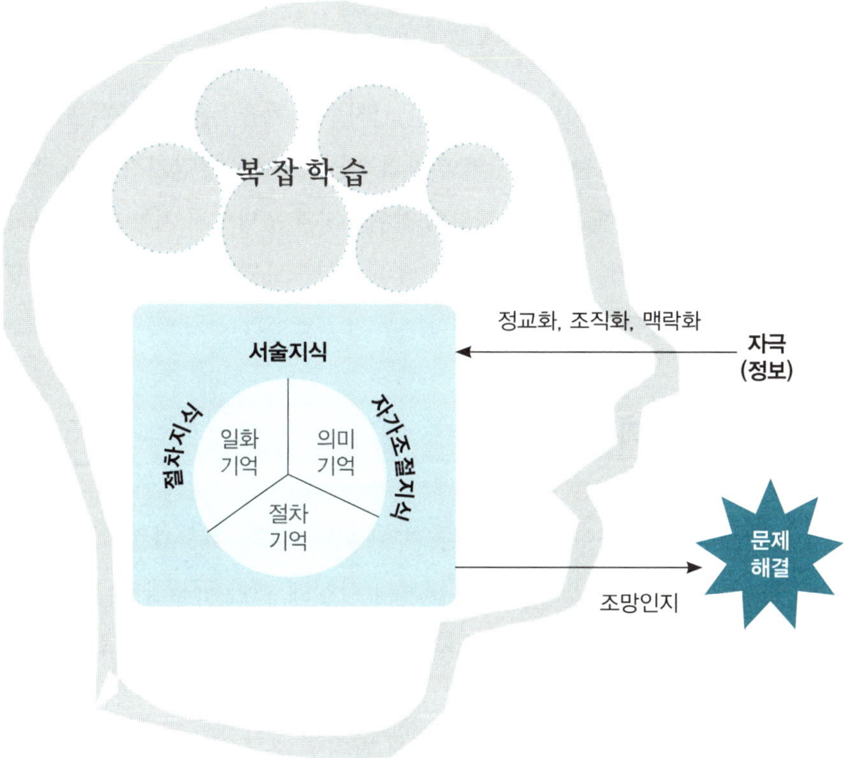

[그림 10-1] 인지주의 학습이론의 개념도

하 등 복잡학습(complex learning)에 이르는 인지과정을 포괄하는 것이라 할 수 있다. 다시 말해, D. Norman 등의 정보처리 학습이론을 토대로 그 이후 C. Bereiter, F. Craik, R. Lockhart, J. Flavell 등 여러 이론가가 기억의 내용으로부터 복잡학습에 이르기까지 각자의 연구관점에서 다양한 이론을 전개해 왔는데, 다양한 이들의 주장을 하나의 큰 틀로 종합하여 인지주의 학습이론(cognitive learning theories)이라고 하는 것이다.

인지주의 학습: 교수학습원리

인간의 학습을 기억으로 규명한 인지주의 학습이론으로부터 도출되는 교수학습원리는 장기기억의 방식, 다양한 지식의 장기기억화, 조망인지의 형성과 활용, 문제해결의 하위과정과 조망인지 기능 등 네 가지로 볼 수 있는데, 이에 대해 명확히 파악함으로써 이 이론에 대한 교수학습공학 방안을 도출할 수 있다.

장기기억의 방식

정보처리 학습이론이 규명한 기억(정보처리)의 기본 과정 위에 인지주의 학습이론은 장기기억의 구체적 과정에 대한 규명을 정교화하였다. 특히 장기기억의 저장(부호화) 방식에 대한 활발한 연구 결과를 토대로 인지주의 학습이론가들은 장기기억, 즉 인간 학습의 기본 방식을 의미기억, 일화기억, 절차기억의 세 가지로 분류한다(Woolfolk, 2019). 의미기억(semantic memory)이란 문자 그대로 의미에 대한 기억으로서, 명제(proposition), 심상(image), 도식(schema) 등으로 저장된다. 일화기억(episodic memory)은 개인의 일상생활에서 일어나는 일들의 내용(episode)에 대한 기억으로, 예를 들어 전쟁 경험담 등을 말한다. 절차기억(procedural memory)은 일을 하는 방법에 관한 기억으로, 이는 흔히 산출(productions)이라고 하는 조건-행위 방식(condition-action rules)으로 표상되며, 예를 들면 가구 조립, 수강 신청 절차 등을 말한다. 물론 장기기억의 방식을 명시적 기억(explicit memory)과 암묵적 기억(implicit memory)으로 나누고, 명시적 기억의 내용으로 의미기억, 일화기억, 절차기억으로 분류하기도 하는데, 이에 대해서는 최근 연구관점이 변화되어(Reder, Park, & Kieffaber. 2009) 이를 반영할 필요가 있다. 따라서 명시적·암묵적이라는 것은 기억으로보다는 오히려 다음에 언급하는 지식의 유형으로 분류하는 것이 더 적절할 수 있다.

다양한 지식 유형의 장기기억화

새로운 정보의 처리, 즉 기억의 결과로 장기기억이 이루어지고 이를 바탕으로 다양한 유형의 지식이 형성되게 된다. 그동안 인지주의 학습 이론가들이 여러 연구를 통해 밝힌 지식의 유형은 장기기억에서의 표상방식에 따라 서술(declarative)지식, 자가조절(조건: self-regulatory/conditional)지식으로, 그리고 적용범위에 따라 일반(general) 지식과 영역(domain-specific) 지식으로, 또한 지식들을 획득하고 사용하는 방식에 따라서는 명시적(explicit) 지식, 암묵적(implicit) 지식 등으로 분류된다. 이 외에도 학자들에 따라 분류하는 방식이 매우 상이하여(예, Bloom, 1956; Gagnè, 1965; Merrill, 1983; Anderson & Krathwohl, 2001) 혼란스럽기는 하지만 지식의 유형에 대한 기본적 이해의 틀은 이론을 이해하는 것뿐만 아니라 교수학습 현장에서 유용하게 활용할 수 있다.

우선 서술지식의 장기기억화를 위해서는 기초 지식이 있어야 하며 이에 의한 기본 도식이 잘 형성되도록 도와주어야 한다. 이를 위해서는 암기법, 기억법, 의미만들기와 같은 다양한 방법을 활용할 수 있다. 그리고 절차지식의 장기기억화를 위해서는 이른바 '자동화 기본기능(automated basic skills)'과 특정 상황에 적합한 영역전략(domain-specific strategies)을 충분히 갖추도록 해 주어야 한다(Woolfolk, 2019). 학자들마다 이견이 있기는 하지만, 이것은 자가조절(조건) 지식의 경우에도 마찬가지라고 할 수 있다. 달리 말해, 일반적으로 어떤 분야의 전문가가 되려면 그 분야의 고유한 서술지식, 절차지식, 자가조절(조건) 지식을 상당량 가지고 있어야 하며, 아울러 문제해결 과정에서 이러한 지식들이 무의식적으로 사용되는 이른바 자동화 기본기능과 특정 상황에 적합한 영역전략들을 가지고 있어야 한다. 따라서 전문가를 양성하는 분야에서는 구체적으로 이러한 기능들을 형성하는 데 초점을 두어야 한다. 물론 여기서는 논의상 편의를 위해 각각의 지식 유형들의 형성에 초점을 두고 설명하였지만, 실제 교수학습 과정에서는 이러한 것들이 상호연계되어 복합적으로 이루어진다는 것을 유의할 필요가 있다.

조망인지의 형성과 활용

조망인지(metacognition)는 자신의 사고 과정에 대한 의식을 토대로 이에 관한 지식과 전략을 활용하는 것으로, 기억과 지식의 개인차 요인이 된다. 이는 발달에 의해서도 어느 정도 영향을 받지만 같은 연령대에 있는 개인 간의 차이가 있는 것을 볼 때 생물학적 차이, 즉 유전과 그리고 학습경험에서 비롯된다는 것을 알 수 있다. 일반적으로 사람들은 조망인지 지식과 기능에 있어 각자 상이하기 때문에 학습의 정도와 속도에서 차이가 나게 된다. 예를 들어, 조망인지를 활용한 학생은 시험 준비 과정에서 주요 개념을 체계적으로 정리하고 학습 진도를 스스로 점검함으로써 학업 성취도를 향상시킬 수 있다. 물론 조망인지 지식(metacognitive knowledge)도 서술지식, 절차지식, 자가조절(조건) 지식으로 이루어지고, 이는 다시 학습과 사고를 조절하는 데 사용된다(Woolfolk, 2019). 이 조절하는 측면(metacognitive regulation)을 조망인지 기능이라고 할 수 있는데, 이에는 계획, 점검, 평가와 같은 세 가지 핵심적인 기능이 포함된다. 조망인지는 그동안 인지조절(cognitive monitoring) 또는 인지전략(cognitive strategies)이라고도 언급돼 왔으며, 특히 학습 과정에서 활용되는 조망인지는 학습전략(learning strategies)이라고도 한다. 예를 들어, 서술지식이나 절차지식에 대한 학습전략으로 밑줄치기, 노트하기 등을, 그리고 자가조절(조건) 지식에 대한 학습전략으로는 다양한 독해전략(예, PQ4R: Thomas & Robinson, 1972)이나 노트필기 전략(예, 개념도 그리기)을 들 수 있다.

문제해결의 하위과정과 조망인지 기능

인간의 문제해결(problem solving)에 대한 연구는 그동안 1970년대 일반문제해결 시스템, 발견적 전략, 인공지능으로부터 시작하여 1990년대 인지산출체제(Adaptive Control of Thought-Rational: ACT-R) 연구 운동, 그리고 비교적 최근의 문제해결 과정 및 조망인시와의 연관성, 인지부하 이론 등으로 그 주제가 정교화되며 전개되어 왔다. 특히 문제해결 과정에서 주로 작동하는 조망인지 기능에 대한 연구결과들이 공유되며 문제해결 교육을 위한 유용한 시사점을 제공한 바 있다. 즉, 문제해결이라는 복잡기능의 형성은 〈표 10-1〉과 같이 명확한 문제 표상에서 시작하여 계획, 장애요인 극복, 계획 실행의 네 단계를 거친다. 그리고 이 과정에서 조망인지는 계획 수립에 필요한 전략을 선택하고, 장애요인을 극복하며, 계획 실행 과정을 점검하고 수정하는 기능을 한다. 즉, 조망인지는 학습자로 하여금 효과적 문제해결을 하는 데 핵심적 기능을 한다.

〈표 10-1〉 인간의 문제해결 과정

단계	하위과정	조망인지 기능
1	문제 표상 (핵심특징 규명 후 심상지도 만듦)	a. 핵심 문제 요소 규명에 필요한 장기기억 내 관련 정보에의 접근 도움 b. 문제 상황들, 그들 간의 관계, 목적, 제한점에 대한 심상지도 만들기 도움 c. 필요시 선택적 재부호화, 통합, 비교하는 것 도움
2	계획	a. 체계적 탐색을 하며 계획과 선략을 검토 및 선택 b. 필요시 위 1a 작동
3	장애요인 극복	a. 새로운 정보를 위해 장기기억 검색 도움 b. 필요시 위 1c 작동
4	계획 실행	a. 필요시 진척 상황을 점검하고 계획 수정 b. 필요시 3으로 감

* 출처: Gredler (2009), p. 239.

인지주의 학습: 교수학습공학 방안

인지주의 학습이론의 교수학습원리들에 기반한 교수학습공학 방안은 기본적으로 '다양한 지식의 장기기억화와 복잡 인지기능 형성'에 초점을 맞추는 것이다. 그리고 여기서 특히 중요한 것은 반드시 '교수자의 되알리기(feedback)'가 뒤따라야 한다는 것인데, 이는 지식의 장기기억화 및 인지기능의 형성을 보장하기 위한 일종의 '교수자에 의한 형성평가'를 의미한다. 대표적인 교수학습공학 방안으로는 첫째, 서술·절차·자가조절 지식 등의 장기기억화 방안과, 둘째, 문제해결 전략에 의한 인지기능 형성 방안을 들 수 있다.

우선 정보처리 학습이론을 토대로 인지주의 학습이론이 발전하기 시작한 20세기 후반부터 주로 서술 및 절차 지식에 대한 장기기억화 방안이 다양하게 제시되어 왔다. 예를 들어, 학습대상 정보를 이미 알고 있는 단어나 심상과 연결시키는 기억법(mnemonics)이나 새로운 학습 내용과 학습자의 기존 지식을 연결해 주기 위해 교수학습 초기에 제시되는 선행 조직자(advance organizer: Ausubel, Novak, & Hanesian, 1968)가 대표적이다. 그리고 자가조절(조건) 지식의 장기기억화 방안으로 강독교육을 위한 독해전략인 PQ4R(Thomas & Robinson, 1972)과 효과적인 노트필기 전략인 개념도 그리기(mapping; Robinson, 1998)를 들 수 있다. 그러나 이러한 기제들은 일종의 전문 학습자를 양성하는 일반적 학습기능(study skills)[1]이라고 할 수 있다. 다시 말해, 엄밀히 볼 때 인지주의 학습이론의 교수학습원리들에 기반한 체제적 교수학습공학 방안이라기보다는 인지주의 학습이론의 일부 개념이나 원리에 대한 일반론으로서의 교육학적 적용방안이라고 할 수 있다.

그러므로 다양한 지식 유형의 장기기억화 차원에서의 진정한 교수학습공학 방안은 13지식유형별로 '지도 - 연습 - 평가'의 절차로 장기기억을 시도한 경우(Merrill, 1983)[2]가 대표적인 것이라고 할 수 있다. 이는 모든 교수학습 내용을 일차원적으로 분류한 당시의 다른 이론들과는 달리 '내용 및 수행'의 두 차원을 고려한 이른바 13개의 교수학습 단위요소(components)로 분석하여 교수학습의 효과성과 효율성을 확보하는 것이다. 예를 들어, 포유류라는 개념을 실제 동물 사례들에 적용

1 이와 관련하여 특히 2000년대 초반에는 미국 정부가 이른바 「낙오학생방지법(No Child Left Behind: NCLB)」을 도입하여 특히 유치원생들부터 학습기능을 강조한 바 있다. 그러나 이와 같은 지나치게 편협한 접근이 오히려 분절된 학습을 조장하여 학생들의 지적인 호기심과 도전정신을 저해한다는 비판도 제기되었었다.

2 정확히 말하면 이는 교수학습 단위요소 전개이론(component display theory)이라는 인지주의 교수학습 설계이론의 일환으로, 이 이론에 대해서는 이 책의 16장에서 본격적으로 논의된다.

해 보는 수업이라고 할 때, 이와 같은 '개념(내용)의 적용(수행)' 교수학습 목표에 대한 교수학습에서 이루어지는 실제 과정은 다음과 같이 전개할 때 이 개념에 대한 장기기억화가 보장된다는 것이다.

교수과정 / 내용·수행		지 도		연 습	평 가
		일반성의 설명	사례의 설명	사례의 질문	사례의 질문
개념	적용	<u>정 의</u> 명칭 상위개념 속성 및 관계	+ <u>사 례</u> 명칭 사물, 사건, 상징 모든 속성, 표상	<u>분 류</u> 사물, 사건, 상징 모든 속성, 표상 (명칭 · 규명?)	<u>분 류</u> 사물, 사건, 상징 모든 속성, 표상 (명칭 · 규명?)

여기서 특히 교수과정의 마지막 단계인 평가는 개념의 적용이라는 지식유형의 장기기억화를 보장하기 위한 교수자의 되알리기 차원이라고 할 수 있다. 이러한 관점은 특히 초기 교수학습공학의 대표적 이론인 이른바 교수학습 단위요소 전개이론(Merrill, 1983)의 핵심 원리가 된 바 있다.

다음으로, 문제해결 전략에 의한 인지기능 형성을 위한 교수학습공학 방안으로는 '절차적 및 발견적 인지기제(algorithm-heuristic)'에 의한 교수학습을 들 수 있다. 이는 학습자가 어떤 문제를 해결하는 데 있어서 기본적인 인지조작들에 대한 분석을 통해 절차적 처방(prescriptive algorithmic model) 또는 발견적 처방(prescriptive heuristic model)으로 규명하여 교수학습을 전개한다는 인지기제 교수학습 설계이론(Landa, 1983)[3]의 핵심원리이다. 예를 들어, 과학교과의 광학렌즈에 대한 교육

3 인지주의 교수학습 설계이론의 하나로 이 책의 16장에서 상세히 논의된다.

에서 볼록렌즈와 오목렌즈를 정확히 규명하기 위한 각각의 인지기제에 대해 완전학습을 한 후, 최종 학습목표로서 학습자들로 하여금 수립해 보도록 하는 포괄적인 인지기제는 다음과 같다.

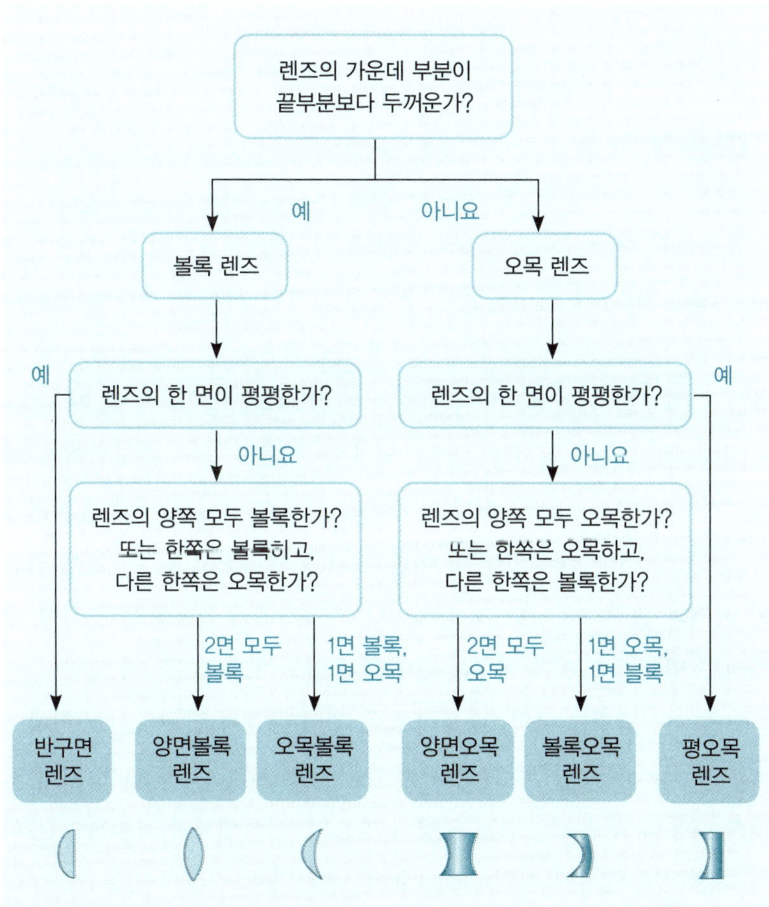

물론 여기서 특히 중요한 것은 문제해결 과정의 첫 단계로서 학습자가 문제에 대한 표상을 제대로 하였는지를 확인해 주는 것을 전제로 해야 한다. 그리고 인지기제에 의한 교수학습을 통해 결과적으로 학습자

에게 있어서 인지기능의 형성을 보장하기 위해서는 교수학습의 모든 과정에서 반드시 교수자의 되알리기가 뒤따라야 한다는 것은 앞서 강조한 바와 같다. 이는 특히 문제를 해결하는 과정의 적절한 시점에 학습자의 조망인지 기능을 활성화해 주는 기제로도 작용한다.

이론적 평가

정보처리 학습이론으로부터 촉발돼 지식의 장기기억 및 복잡학습에 이르는 인간의 인지과정에 대한 혁신적인 시각을 제공한 인지주의 학습이론은 교수학습 현장에서의 교수학습공학 방안에 있어서 다양한 돌파구를 제시해 주고 있다. 아울러 최근 인지주의 학습이론은 언어학, 심리학, 인공지능, 철학, 뇌과학, 인류학 등과 융복합하며 인지과학(cognitive science)이라는 학제적 분야로 크게 확장하며 발전하고 있다. 그러나 한편으로 이 이론의 기본 원리라고 할 수 있는 인간의 기억과 관련하여서도 그 유형이나 기억체제가 작동하는 방식에 대해서도 명확한 합의가 이루어지지 않아 산만하고 모호하며 그만큼 신뢰도를 의심받기도 한다. 대표적으로, 기억 유형과 관련하여 기억체제(memory system), 상태(state), 처리 수준(levels of processing)에 따라 기억의 내용이 매우 달라지는 경향이 있으며, 기억체제가 작동하는 방식에 대해서도 단계별 처리(multistage) 모형 외에도 전 작업공간(global workspace) 개념, 신(新) 결합이론(neo-connectionism)[4] 등 새로운 관점

4 이는 결합 조건화 학습이론(E. Thorndike)에서의 외현 자극과 반응 간의 결합이론(connectionism)과는 전혀 다른 차원(예, 내면적 차원)의 이론이라는 점에서 '신(新) 결합이론'이라고 한다.

들이 제기되고 있다.

아울러 무엇보다도 문제가 되는 것은 인지주의 학습이론은 학습자의 인지과정의 분석에만 치중함으로써 교수학습 과정에서의 인지과정을 촉진하는 데에는 상대적으로 소홀히 하는 면이 있다는 것이다. 예를 들면, 교수학습조건(conditions of learning) 설계이론(Gagnè, Briggs, & Wager, 1988)에서와 같이 체계적 외적 도움과 관련해서 내적 인지과정이 분석되고 평가될 필요가 있다.

11장 관찰학습 이론의 교수학습공학

동서양을 막론하고 선천적이고 당연한 것이라고 여겨졌던 관찰학습(observational learning)이 한때 부정되기 시작한 것은 소장학자 시절 동물학습에 대한 연구에 몰두하였던 E. Thorndike에 의해서이다. 아마도 그는 자신의 결합 조건화라는 직접 학습이론의 견고성을 강화하려는 차원에서 실험을 통해 간접 학습의 부재를 입증한 것으로 보인다. 그런데 행동주의 학습이론의 창시자인 J. Watson도 이에 전적으로 동조하면서 학습이란 직접적인 경험으로부터만 일어난다고 역설함으로써 인간의 기본적인 인지과정으로서의 관찰학습에 대한 연구는 거의 반세기 이상 위축될 수밖에 없게 된 것이다. 그리고 이에 대한 연구가 본격적으로 이루어진 것은 그로부터 약 60여 년 뒤인 Albert Bandura(1925~2021)[1]에 의해서였다. 물론 이보다 약 20년 앞서 관찰학습과 유사한 모방학습(imitative learning)에 대한 연구(Miller &

---

1 Bandura는 캐나다 출신으로 British Columbia 대학교에서 심리학을 전공(1949)한 후, 미국 Iowa 대학교에서 임상심리학으로 석사학위(1951) 및 박사학위(1952)를 취득하고, 이후 1953년부터 줄곧 Stanford 대학교의 심리학과 교수를 역임하였다.

Dollard, 1941)[2]가 시도된 바 있다.

'관찰학습' 이론

Bandura는 N. Miller와 J. Dollard의 연구(1941)로부터 많은 영향을 받았지만 그들의 모방 개념을 넘어서 더 확장되고 복잡한 개념으로 관찰학습을 강조한다. 예를 들어, 앞 차가 지나가면서 구덩이에 빠지는 것을 본 뒤차는 구덩이를 피하게 되는데, 여기서 이루어진 것은 관찰학습이지 단순한 모방(구덩이에 빠지는 것)과는 다르다는 것이다. 우선 이 관찰학습의 본질을 파악하기 위해 그가 1965년에 하였던 실험(Bandura, 1965)을 살펴볼 필요가 있다.

실험의 첫 단계에서는 상이한 세 집단의 아이들에게 Bobo라는 인형을 발로 차거나 때릴 때 한 어른에 의해 칭찬받거나(보상), 벌 받거나(벌), 그리고 아무런 칭찬이나 벌을 받지 않는(중립) 장면을 각각 보게 하고, 세 집단 아이들의 공격성이 어느 정도 학습되는지를 알아보는 것이었다. 실험 결과, 각각을 관찰한 아이들 집단의 공격성 정도는 예상한 대로 '보상 집단 > 중립 집단 > 벌 집단'의 순이었다. 이 결과는 Miller와 Dollard의 주장과는 달리 직접적입 모방에 따른 강화 없이 이른바 대리 강화(vicarious reinforcement), 대리 벌(vicarious punishment)

2 모방행동에는 동일(same), 모사(copying), 동조(matched-dependent) 행동 등 세 종류가 있으며, 이는 〈관찰〉-〈외현적 반응〉-〈(직접)강화〉로 이루어지는 직접적 경험으로서 기존 강화이론을 확고히 하는 수단 조건화(instrumental conditioning: 예, Thorndike의 결합 조건화 학습이론)의 특수형에 불과한 것이다. 그러나 경험적(후천적) 관찰학습 가능성을 분명히 해 주기에는 충분한 관점이었다.

과 같은 간접 경험으로도 얼마든지 학습이 일어난다는 것을 확인해 준 것이다. 다시 말해, 단순 모방이나 관찰자의 직접 행동에 이은 강화가 아닌 인지적 강화 및 벌에 의해서도 학습이 일어난다는 것이다. 실험의 둘째 단계는 학습과 수행의 구분이 이루어지는지 확인하기 위한 것으로,[3] 세 집단의 아이들 모두에게 해당 관찰대상(model)의 공격적 행동을 따라하면 보상하겠다고 제안한 다음 실험을 진행한 후 공격성 정도를 측정해 보았다. 그 결과 세 집단 아이들 모두 공격성을 학습하였는데, 이번에는 공격성 정도의 순서가 '처벌 집단 > 중립 집단 > 보상 집단'으로 첫 단계의 실험결과인 '보상 집단 > 중립 집단 > 처벌 집단'과 완전히 달라졌다.

이렇게 볼 때 결론적으로 두 가지를 말할 수 있다. 첫째, 대리 경험(대리 강화, 대리 벌)에 의한 관찰학습은 분명히 일어난다는 것이고, 둘째, 관찰학습이란 언제나 일어나며, 외현적 반응 및 강화를 요구하지 않는다(강화는 수행변인에 불과)는 것이다.[4]

여기서 특히 관찰학습이 강화와는 무관하게 일어난다고 하는 것이 곧 다른 변인들이 작용하지 않는다는 것을 의미하지는 않는다. 관찰학습에는 여러 과정과 이에 영향을 미치는 다양한 변인이 있다. 이와 같은 관찰학습 이론의 개념도를 그림으로 나타내면 [그림 11-1]과 같다.

---

3 이 실험은 8장에서 논의한 '수행으로 나타나기 전까지의 학습상태'인 잠재학습(latent learning) 효과에 대한 Tolman과 Honzik(1930)의 실험과 같은 맥락이다. 즉, 이를 통해 강화는 학습변인이 아니라 수행변인이라는 것을 확인한 것이다. 이러한 면에서 인지주의 관점을 수용한 E. Tolman(1896~1959)의 신호학습 이론에 상당한 영향을 받은 것으로 보인다.

4 이러한 관점은 비교적 최근에 신경과학 분야에서도 붉은털 원숭이에 의한 실험 도중 거울 신경세포(mirror neuron)를 발견함으로써 입증됐고, 이후 인간에게서도 확인되고 있다(Montgomery, Isenberg, & Haxby, 2007).

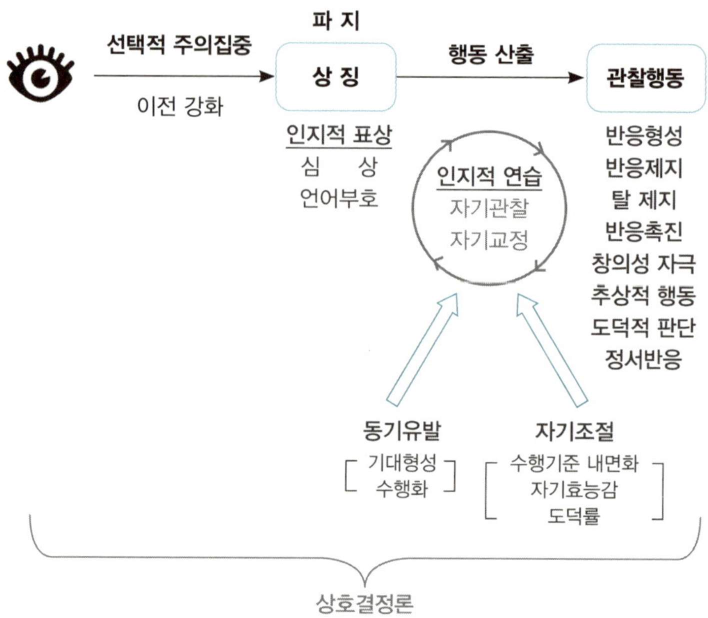

[그림 11-1] 관찰학습 이론의 개념도

여기서 보는 바와 같이 관찰학습은 인간 학습의 중요한 일부이며, 선택적 주의집중, 파지, 인지적 행동산출 등과 같은 복잡한 인지과정을 거쳐 일어나는 학습이다. 그리고 이상의 관찰학습의 전 과정을 규정하는 하나의 이론적 배경을 한마디로 말한다면 상호결정론(reciprocal determinism)이라고 할 수 있다. 즉, 환경(E), 사람(P), 행동(B)에 의해 결정[삼원(三元) 상호작용]되는 실제적 환경이 행동의 결정인이라는 것이다. 이는 상황론으로서 이른바 단계론(예, J. Piaget, L. Kohlberg 등)에서 강조하는 행동의 안정성, 일관성을 철저히 배격하는 입장이다.

관찰학습: 교수학습원리

관찰학습 이론으로부터 도출되는 교수학습원리는 선택적 주의집중 및 파지 과정, 인지적 행동산출 과정, 행동의 자기조절 등 세 가지로 볼 수 있는데, 이에 대해 명확히 파악함으로써 이 이론에 대한 교수학습공학 방안을 도출할 수 있다.

선택적 주의집중 및 파지 과정

관찰학습이 일어나기 위해서는 관찰대상(model)을 본받기 전에 먼저 집중(인지)해야 하는데, 주의집중 과정은 특히 이전 강화 경험(예, 과거에 경험한 만큼 보인다)과 같은 관찰자의 특성이나 또는 관찰대상의 특성(예, 동년배, 존경 여부 등)에 따라 영향을 받게 된다. 그리고 관찰한 대상 행동을 일종의 상징으로 파지(retention)하게 되는데, 파지는 마음속에 영상(imaginal)으로 또는 언어적(verbal)으로 이루어지게 된다(Bandura, 1986). 예컨대, 우리가 새로 이사 간 집을 찾아갈 때 일러 주는 방향이 비교적 간단하면 일종의 인지도(cognitive map)로서 영상으로 기억하고, 보다 복잡해질 때는 "오(른쪽)-오(른쪽)-왼(쪽)-……" 등의 언어상징으로 기억하는 경우를 들 수 있다. 흔히 두 가지 저장방식 가운데서도 후자, 즉 언어적 파지가 더 중요한데, 그 이유는 상징적 부호보다 더 용이하게 파지되며 나중에 보다 정확하게 수행할 수 있게 되기 때문이다.

인지적 행동산출 과정

선택적 주의집중에 의해 파지된 상징(인지 표상, cognitive representation)들은 스스로 비교해 보도록 판형(template)의 역할을 하며, 일정 기간이 판형에 비추어 자기 관찰이나 자기 교정 같은 인지적 연습(cognitive rehearsal)을 통해 비로소 관찰행동으로 산출된다(Bandura, 1977). 즉, 관찰을 통해 획득된 정보(타인의 행위 결과)는 이를 사용할 필요성이 있을 때까지 부호화하여 저장(encoding)해 두었다가 긍정적 결과, 즉 강화(외재적 강화)가 예상될 때 수행으로 나타나게 된다. 여기서 강화, 정확히 말해 대리 강화는 다음의 두 가지 정보적(informational) 기능을 한다(Olson & Ramirez, 2020). 첫째, 관찰자로 하여금 관찰대상과 같이 행동하면 강화를 받을 것이라는 기대를 가지게 한다. 둘째, 대리 강화는 학습한 것을 수행으로 전환하는 동기유발책으로 작용한다. 예를 들어, 어디에 식당이 있는지를 알고 있더라도 우리는 배가 고플 때만 식당을 찾는 것과 마찬가지이다.

행동의 자기조절

관찰학습의 과정에서는 자기 관찰이나 자기 평가로부터 이루어지는 내적 강화(자기 강화, 내재적 강화)가 외재적 강화보다 훨씬 더 영향력이 크고 중요하다. 따라서 이를 기반으로 이루어지는 행동의 자기조절(self-regulation of behavior) 원리가 관찰학습을 위한 교수학습원리로서 중요한 기능을 한다. 다시 말해, 외재적 강화에만 의존하는 조건화 학습이론들과는 달리 여기서는 인간의 행동은 대부분 관찰에 이은 인지적 연습을 통해 자기조절되므로, 경험의 주체로서의 인간 행위자(human agency) 차원이 강조될 필요가 있다(Bandura, 2006; User & Schunk, 2018). 이 행동의 자기조절은 구체적으로는 수행기준 내면화, 자기효능감 지각, 도덕률 등 세 가지 차원에서 이루어진다(Bandura, 1977). 첫째, 수행기준 내면화는 자기평가의 기초가 되는 것으로, 직접적 경험(예, 가정교육)이나 타인의 강화받는 행동을 관찰하며 간접적으로 형성된다. 둘째, 자기효능감 지각과 관련해서는 실제의 자기효능감과 불일치하기도 하는데, 대체로 높게 지각하는 사람은 더욱 노력하고, 성취하고, 보다 끈기 있게 수행하고, 공포를 덜 경험하는 경향이 있다. 셋째, 도덕률은 관찰대상(예, 부모)과의 상호작용을 통하여 형성되고, 도덕률에서 벗어나는 것은 자기경멸을 초래하기 때문에, 사람들은 주로 자기 기준에 따라 행동을 계속하거나 최소한 자기경멸을 경험하지 않기 위해 다양한 자기면죄 기제를 구사하게 된다.

물론 행동을 자기조절한다고 해서 곧 인간의 자유가 자동적으로 보장된다는 것을 의미하는 것은 아니다. 인간은 대부분 인지과정의 오류나 사회적 금기 또는 지나친 자기 규제 등 다양한 상황 요인으로 인해 자유가 구속될 수밖에 없기 때문인데, 이러한 관점은 그동안 유수 문학작품이나 영화의 단골 소재로 활용되어 왔다.

관찰학습: 교수학습공학 방안

관찰학찰 이론의 교수학습원리들에 기반한 방안은 교수학습공학은 인지적 연습을 거치는 행동산출 과정 때문에 기본적으로 중장기적인 접근을 요구한다. 게다가 관찰학습의 대상이 도덕적 판단이나 정서반응인 경우에는 더욱 상당 시간이 소요되므로, 특히 가정교육이나 미디어 교육, 생활지도 교육 분야에서는 이러한 점을 감안해야 한다.

관찰학습의 대상이 주로 인지적 학습과제이면서 장기적 차원에서의 대표적인 교수학습공학 방안 사례로서는 대학원 교육에서의 인지도제(cognitive apprenticeship) 활용을 들 수 있다. 예를 들어, 대학원 교육과정에서는 학술논문 쓰기와 같이 필수적으로 학습하고자 하는 과업을 지도교수나 모범적 동료 원생들이 수행하는 것을 관찰하는 기회가 주어진다. 그리고 이러한 관찰은 그들의 수행과 비교함으로써 효과적 수행에 대한 기준을 형성하게 하고, 결국에 내면적 인지산출 활동이 겉으로 드러나는 과정을 거치게 된다. 이와 같이 아직은 지도교수와 같이 전문 학술인이 아니라 학계에 소속된 일종의 주변인으로 인지도제 기간을 거쳐 결국 전문 학술인이 되어 가는 대학원생의 학술 사회화 과정(legitimate peripheral participation)이 학술적으로 연구(Lave & Wenger, 1991)된 바 있다.

일반 학교교육 상황과 같이 관찰학습의 대상이 주로 인지적 학습과제일 경우에는 단중기 차원에서의 교수학습공학 방안도 충분히 가능하다. 여기서 특히 관찰학습 이론의 교수학습원리들에 기반한 교수학습공학 방안은 '관찰행동에 대한 인지적 행동산출 과정 지도' 관점에서 도출된다. 예시적으로, 인지적 학습과제에 대한 교수학습공학 방안으로서 다음과 같이 복합기능(complex skills)인 '학습내용 정리 기능'에 대한 관찰학습의 경우를 들 수 있다.

모 초등학교의 6학년 담임인 박 선생님이 반 학생들의 학업성취도 진작을 위해 다음과 같은 단계로 학습내용 정리 기능을 위한 교육을 하고 있다.

ㄱ. 선생님이 유인물로부터 핵심내용 정리하는 전략을 시범 보임: 단서 강조 +

내용 정리
ㄴ. 학생들과 같이하되 학생들이 정리내용을 제안하도록함: 문장과 녹음자료 활용
ㄷ. 내용 정리의 중요성 강조: 단기적-시험, 장기적-논리, 사고력 증진
ㄹ. 학생들 스스로 선정한 짧은 단락에 대한 내용 정리 연습
ㅁ. 선생님이 일일이 검토한 다음 되알리기 제공: 수행향상에 대한 확인

이와 같이 '학습내용 정리'라는 복합기능의 관찰학습에 대한 교수학습공학 방안은, 첫째, 적합한 관찰대상(model)의 규명, 둘째, 관찰행동의 기능적 가치 수립, 셋째, 학습자의 인지적 행동산출 과정 지도, 넷째, 되알리기에 의한 수행향상 확인 등 크게 네 절차로 이루어진다.

물론 앞선 예시는 학교교육 상황이므로 자연히 교사가 관찰대상이다. 일반적으로는 관찰대상이 동일한 성별이나 연령일 때, 존경하는 대상일 때 관찰학습의 효과가 나타날 가능성이 높아진다. 관찰행동의 기능적 가치를 수립하는 방식은 다양한데, 기본적으로 학습자로 하여금 너무 어렵지도 쉽지도 않은 목표를 달성하도록 도와주는 것이다. 여기서는 자기효능감을 촉진하는 차원에서 학생들로 하여금 정리내용을 제안하게 하거나 또는 스스로 선정한 짧은 단락에 대해 내용 정리를 연습하도록 하고 있다. 아울러 중간에 내용 정리의 중요성을 강조함으로써 이러한 작업의 학습자와의 관련성을 강조하는 것도 자기효능감을 촉진하고 그럼으로써 관찰행동의 기능적 가치를 더한 것이다. 그리고 가장 중요한 인지적 행동산출 과정에 대한 지도는 교사가 단서를 강조하며 핵심내용을 정리하는 전략을 시범 보이고, 일부분씩 학생들과 같이 하되 강화예상 행동을 강조해 주며 되알리기를 함으로써 향상된 수행에 대해 확인해 주는 절차로 이루어졌음을 알 수 있다.

이론적 평가

관찰학습 이론은 한때 특정 학자들로 인해 부정되었지만 인간 학습의 중요한 측면으로 소위 '은연중에 보고 배운다'는 현상을 명확히 규명한 이론이다. 사회적 학습이론(social learning theory) 또는 사회적 인지이론(social cognitive theory)으로도 분류되는데, 당시 개인 차원의 학습과정을 규명하는 대부분의 다른 이론과는 달리 개인 간 학습 차원에 초점을 둔 이론이기 때문이다. 다시 말해, 상호작용하는 인간에게 미치는 인간의 영향력 연구에 초점을 둠으로써 인간 학습 탐구의 새로운 지평을 연 독보적인 이론이라고 할 수 있다. 뿐만 아니라 관찰학습 이론은 그 이전의 고전 조건화 학습이론(I. Pavlov)에서 작동 조건화 학습이론(B. Skinner)에 이르기까지의 협소한 인간 학습의 관점을 완전히 탈피하는 계기를 만들었다는 점에서 높이 평가된다. 그만큼 교실 상황이나 일상생활뿐만 아니라 임상 실제(예, 만성질환, 건강관리)에서의 문제해결을 위해 폭넓게 활용된 바 있다.

그러나 후기의 연구초점이 자기효능감(self-efficacy)과 같이 지나치게 세분화되어 원래의 관찰학습, 사회적 학습에서 개인 학습 차원으로 탐구 주제가 퇴보하는 인상을 주는 것은 학술적 의문점이면서 이 이론의 한계점이라고 할 수 있을 것이다. 아울러 이 책의 13장에서 다루게 될 사회문화적 구성주의 학습이론과 같이 보다 폭넓은 관점을 감안할 때 또 다른 차원의 비평 가능성이 분명하다는 것을 알 수 있다.

12장 개인적 구성주의 학습 이론의 교수학습공학

Jean Piaget(1896~1980)는 스위스의 뇌샤텔(Neuchâtel)에서 출생하여 11세라는 어린 나이에 희귀 참새에 관한 소논문을 발표할 정도로 전 생애에 걸쳐 학술적 탐구능력이 뛰어난 학자였다. 그는 Neuchâtel 대학교에서 자연과학 박사학위를 취득하고 Zürich 대학교에서 잠시 연구를 한 후 프랑스 파리로 이주하여, 지능 검사를 만든 Alfred Binet가 운영하는 학교에서 아이들을 가르쳤다. 이때 논리적인 사고를 요구하는 특정 질문들에 아이들이 시종일관 오답을 하는 데 관심을 가지며 이른바 지능발달에 관한 발생론적 인식론(genetic developmental epistemology)을 통찰하게 되고, 이로 인해 구성주의 인식론의 선구자가 된 셈이다. 그는 지식을 하나의 실체가 아닌 과정으로 그리고 지식과 지능을 별개가 아닌 같은 것이라는 전제하에 조작적 사고, 즉 논리적인 사고가 어떻게 구성되고 발달하는지를 탐구하고 규명하였다.

'개인적 구성주의 학습'이론

탐구의 초점을 '학습에 의한 변화'와 '발달에 의한 변화' 두 가지로 구분해 볼 때, J. Piaget의 이론은 후자인 '발달'에 보다 초점을 둔 독특한 관점을 지닌 이론이다. 따라서 일반 심리학 분야에서 그의 이론은 흔히 인지발달 이론(cognitive development theory)으로 분류된다. 이론의 핵심 논지를 살펴보더라도 지능의 발달, 즉 조작적 사고(operational thinking) 또는 논리적 사고 방식의 '발달'이라는 것을 알 수 있다. 그러나 교수학습공학의 출발 탐구 주제인 학습이론의 관점에서 본다면 적극적인 인지 구성 주체로서의 개인을 전제로 하고 또한 강조한다는 차원에서 '개인적 구성주의(individual constructivist) 학습이론'으로 규정할 필요가 있다(Smith & Ragan, 2005)[1]. Piaget의 개인적 구성주의 학습이론은 기존 학습이론과는 전혀 달리 진정한 학습을 교사나 환경에 의해 주어지는 것이 아니라 학습자 자신의 내부로부터의 구성물(construction)로 간주하기 때문이다. 물론 그렇다고 해서 환경과의 상호작용을 부정하는 것이 아니라 환경과 상호작용을 전제로 하지만 학습, 즉 구성을 하는 것은 결국 학습자 자신이라는 것이다. 또한 개인적 구성주의라는 관점을 취할 때 이미 청소년기 초기에 완성되기 시작하는 흔히 말하는 인지발달의 최고 단계(형식적 조작)의 논점까지도 연령을 초월하여 적용할 수 있는 교수학습공학 방안이 가능해지기 때문이다.

개인적 구성주의 학습이론에서는 인간 학습의 본질을 '물리적 및 논리수학적 지식 경험을 통한 논리적 사고 방식의 구성'으로 본다. 이는

1 이와 관련하여 Piaget도 1955년에 발간한 책 『The Child's Construction of Reality』의 결론부에서 스스로를 구성주의자라 주장한 바 있다.

기본적으로 유전적인 것과 환경적인 것의 영향을 둘 다 받는 것으로 간주한다. 이러한 생각은 생물학적 배경에 의한 것인데, 예컨대 물결이 잔잔한 곳에서 사는 연체동물을 물결이 센 곳으로 옮기면 껍데기가 축소되는 경우가 있으며, 그리고 이것은 유전되기도 하는 경우를 들 수 있다. 이와 같이 유기체가 새로운 환경에 적응하기 위해서 새로운 구조를 발달시키는 것처럼, 인간도 환경에 적응하기 위해 필요로 하는 새로운 구조를 고안하고 구성하게 된다(Piaget, 1980). 논리적 사고 방식의 구성과정에서는 구체적으로 네 가지 요인의 영향을 받는데, 물리적 환경, 성숙, 사회적 영향, 자기조절 과정 등이 그것이다. 여기서 특히 '자기조절 과정' 또는 Piaget의 용어로 '평형(equilibrium)'이란 논리적 사고 방식의 구성이 일관성 있고 조직적인 형태로 전개되도록 촉진하는 것이다. 물론 이 요인들 모두가 논리적 사고 방식의 구성을 위해 필수적이며, 그 어느 것도 그 자체만으로 충분하지는 않다. 그리고 논리적 사고 방식의 구성 결과는 궁극적으로 가설검증 또는 이론검증과 같은 가장 높은 수준의 평형인 '형식적 조작(formal operations)'의 단계에 이르게 된다.

특히 논리적 사고 방식의 구성 과정에서 '평형'이 중요한 이유는 사고가 고등 수준에서 재조직되는 과정이기 때문이며, 이 과정을 성찰적 추상화(reflective abstraction)라고 한다. 반면에 경험적 추상화(empirical abstraction)는 물체의 관찰가능한 특징, 즉 물리적 지식 경험에만 의존하는 것으로, 대표적으로 행동주의 학습(조건화) 이론이 강조한 관찰가능한 행동이란 개념과 상통한다. 논리수학적 지식의 경험을 통해 이루어지는 성찰적 추상화는 상대적으로 빈약한 차원의 인지구조에서 풍부한 차원의 인지구조로 바뀌는 것을 말한다. 예를 들면, 모래성 쌓기 놀이에서 한 면만 볼 수 있는 상황에서도 반대쪽 면을 시각화할 수 있게 되는 경우이다. 그리고 논리적 사고방식의 가장 높은 수준인 형식적 조작기에서는 구체적 조작기와는 달리 사고 과정이 물리적인 조작과는 무관하다. 다시 말해, 순전히 인지구조의 구성을 풍부하게 하는 것이 바로 성찰적 추상화이다. 그리고 이 성찰적 추상화에서의 핵심은 당연히 개인의 사고 과정이다. 즉, 내적 성숙이나 교육과 같은 외적 환경에 의해 좌우되는 것이 아니라 결국 개인의 능동적인 인지행동(구성)에 의해 이루어지는 것이다. 이러한 주장은 학습자 외부에 존재하는 실재 세계에 대한 정적이고 객관적 지식의 획득이라는 전통적 견해와는 완전히 초점이 다른 것이다.

경험적 추상화 및 성찰적 추상화 과정은 출생으로부터 시작하여 성장하면서 계속적으로 일어나는데, 두 과정이 작용하는 상대적 비중에

〈표 12-1〉 **논리적 사고방식과 사고(행동) 특징**

<table>
<tr><th colspan="2">논리적 사고방식</th><th>사고(행동) 특징</th><th>비 고</th></tr>
<tr><td colspan="2">감각운동</td><td>• 단순 반사만으로 환경 적응(선천적 반사)
• 자아중심적
• 대상 영속성 개념(8~10개월)</td><td>출생~약 2세</td></tr>
<tr><td rowspan="2">전
조
작</td><td>전개념
사고</td><td>• 대상과 사상에 대해 심상과 단어로 기본 개념형성(유목으로의 분류 가능)
• 피상적, 원초적, 혼동 수반</td><td>약 2~4세</td></tr>
<tr><td>직관적
사고</td><td>• 직관적 문제해결(직접적 환경에 초점)
• 변환, 보존, 가역적 사고 불가능</td><td>약 4~7세</td></tr>
<tr><td colspan="2">구체적 조작</td><td>• 변환, 보존, 가역적 사고
• 구체적 사상에 대한 상호개연성
• 외부 세계의 규칙에 주목</td><td>약 7~12세</td></tr>
<tr><td colspan="2">형식적 조작</td><td>• 논리적, 추상적, 가설적 사고(무한 가능성)
• 필연성 기반 다중요인 문제해결</td><td>약 12세~</td></tr>
</table>

* 출처: 논리적 사고방식의 구성을 상세히 다룬 문헌(Gredler, 2009)과 인지발달에 초점을 둔 문헌(Olson & Ramirez, 2020)을 참고하여 핵심 내용을 정리한 것임.

따라 사고 또는 행동의 특징들이 각각 다른 네 가지 방식으로 논리적 사고 틀이 구성된다. 물론 이는 연령시기와도 대체로 관련이 있기 때문에 흔히 이 연령시기에 맞춘 네 발달 단계로 해석되는데, 이러한 관점을 포함하여 논리적 사고방식들과 각각의 사고 또는 행동 특징들을 중심으로 표로 정리하면 〈표 12-1〉과 같다.

이상의 내용을 토대로 개인적 구성주의 학습이론을 하나의 그림으로 나타내면 [그림 12-1]과 같다. 즉, 인간은 다양한 물리적 및 논리수학적 지식 경험을 하면서 네 가지 논리적 사고방식을 구성하게 되는데, 환경과의 상호작용 과정에서 기본적으로 동화, 조절, 평형, 그리고 경험적 추상화와 성찰적 추상화 원리가 작용한다.

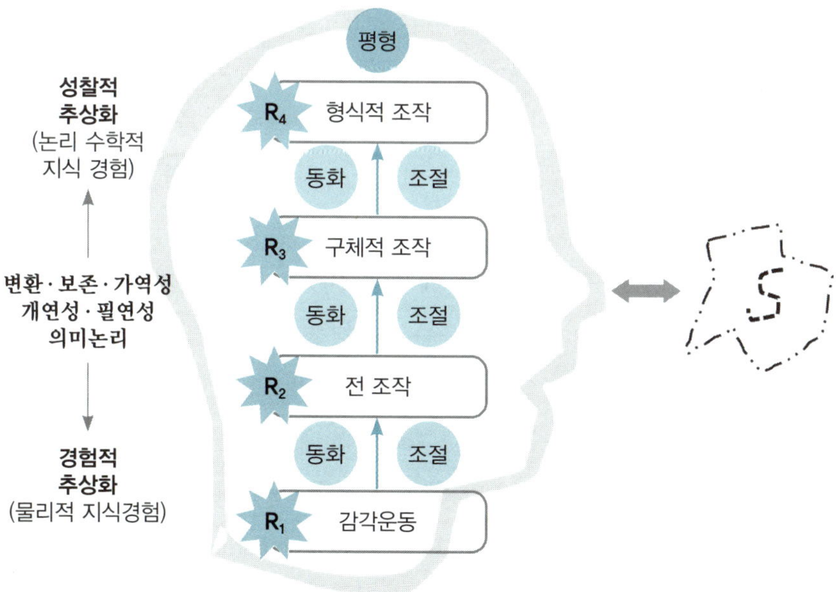

[그림 12-1] 개인적 구성주의 학습이론의 개념도

* 주) 환경으로부터 주어진 '명료하지 않은 자극 (점선 다각형 S)'에 대해 물리적 또는 논리수학적 지식 경험을 통해 다양한 논리적 사고방식(R1~R4)을 구성함을 의미.

개인적 구성주의 학습: 교수학습원리

물리적 및 논리수학적 지식경험을 통한 논리적 사고방식의 구성 과정에서는 기본적으로 '평형'에 의해 조절되는 '동화' 및 '조절'이라는 교수학습원리가 작용한다. 그리고 이 과정에서 다시 경험적 추상화와 성찰적 추상화라는 두 원리가 관여하게 된다.

기본 원리: 동화, 조절, 평형

논리적 사고방식의 구성 과정에서는 기본적으로 '평형'에 의해 조절되는 '동화' 및 '조절'이라는 기제가 관여한다. 우선 동화(assimilation)란 외부 요소가 개인의 내적 구조로 통합되는 것이다. 예를 들어, 개, 고양이 등 주변의 가축 동물들을 열거하며 포유류의 특징 세 가지를 규명함으로써 포유류의 개념을 형성하는 경우이다. 즉, 가용한 도식들(schemata)로 이루어지는 현존 인지구조 안에서 정보를 처리하는 것을 말한다. 조절(accomodation)이란 인지구조가 없거나 현존 인지구조가 새로운 정보를 동화하지 못하게 될 때 현존 인지구조 자체가 수정되는 것이다. 예를 들어, 이미 포유류의 개념을 갖고 있는 학생에게 포유류의 특징을 지닌 어류인 고래를 언급하며 포유류의 개념을 정교화하는 경우를 들 수 있다. 즉, 조절은 학습자의 내적 구조의 조정과 사고의 질적인 변환 두 가지를 포함하며, 논리적 사고방식 구성에 있어서 결정적 역할을 한다고 할 수 있다. 그리고 평형(equilibrium)이란 단순한 힘의 균형이 아닌 인지갈등 또는 인지불평형을 극복하기 위한 역동적 행동 조절 과정이라고 할 수 있는데, 물론 동화 및 조절도 결국 이러한 평형화 기제의 일환이라고 볼 수 있다.

논리적 사고방식의 구성 원리: 경험적 추상화, 성찰적 추상화

개인적 구성주의 학습이론에서는 기본적으로 교과를 구성하는 사실이나 개념 같은 내용을 다루지 않는다. 그렇다고 해서 이러한 관점이 교육에서 교과개념을 배제한다는 것을 의미하는 것은 아니다. 이 이론의 초점은 삶의 과정에서 다양한 지식 경험을 통해 사고나 추론 기능이 변화되는 것에 있다. 따라서 지식 경험으로서의 모든 내용이 당연히 교과로 포함될 수 있고 그렇게 되어야 한다. 중요한 것은 이들에 의한 교수학습의 목표는 논리적 사고방식의 구성에 있다는 것이다.

논리적 사고방식의 구성은 지식 경험의 종류 또는 지식의 구성 방법에 따라 물리적 경험 및 논리수학적 경험 두 차원에서 이루어진다. 먼저 인간이 사물의 물리적 특성을 추상화하는 경우가 있는데, 이를 '물리적 경험(physical experience)'이라고 한다. 예를 들어, 어린아이가 딸랑이 소리에 귀 기울인다든가 양탄자의 부드러움에 주목하는 경우 등을 들 수 있다. 여기서 학습자의 새로운 지식의 원천은 외부에 있는 대상물이며, 그 과정은 대상물의 물리적 특성을 추상화하는 것이다. 그러므로 Piaget는 이러한 지식 경험의 종류를 외인적 지식(exogenous knowledge) 또는 경험적 추상화(empirical abstraction) 과정이라고 하였다.

새로운 지식의 원천이 학습자 자신의 사고 과정인 경우가 있는데, 이것은 '논리수학적 경험(logico-mathematical experience)'이라고 한다. 예컨대, 고등단계 차원에서 자신의 사고과정을 재조직하는 조절과 같은 활동을 들 수 있다. 여기서는 현재 행동에 대해 성찰하고 이를 바탕으로 좀 더 논리적 차원에서 재조직하는 활동이 포함되는데, 이러한 과정을 성찰적 추상화(reflective abstraction)라고 한다. 또한 이것은 지식의 원천이 학습자의 내부, 즉 학습자 자신의 활동이므로 내인적 지식(endogenous knowledge)이라고도 한다.

물리적 및 논리수학적 지식 경험을 통한 논리적 사고방식의 구성 과정은 어린아이로부터 시작하여 성장하면서 지속적으로 일어나는데, 경험적 추상화 및 성찰적 추상화가 작용하는 상대적 비중에 따라 사고 또는 행동의 특징들이 다른 네 가지 방식(〈표 12-1〉 참조)으로 발전하게 된다.

개인적 구성주의 학습: 교수학습공학 방안

개인적 구성주의 교수학습원리들에 기반할 때 교수학습공학 방안은 기본적으로 '다양한 교과지식에 대한 경험을 통해 개별 학습자의 논리적 사고방식을 구성'하는 데 초점을 맞출 필요가 있다. 그리고 여기서 교수자가 유의해야 할 것은 학습자로 하여금 논리적 사고 활동을 하도록 교수학습환경을 조성하는 것이다. 이를 통해 학습자 자신의 사고과정을 통해 동화, 조절, 평형 기능들이 유연하게 그리고 충분히 이루어지는 이른바 인지유연화(cognitive flexibility: Spiro et al., 1988)가 촉진되기 때문이다. 구체적인 교수학습공학 방안으로는, 첫째, 지식 경험을 통한 탐구교수학습과, 둘째, 논리적 사고방식의 구성에 의한 문제해결 교수학습이라는 두 맥락에서 구안해 볼 수 있다.

우선, 수학교육에서 논리수학적 지식을 경험을 통한 탐구교수학습 사례를 들면 다음과 같다(Lampert, 1990: Gredler, 2009에서 재인용).

- **기본 전제**: '수학을 한다(doing mathematics)'는 것은 교사가 정한 정답을 찾는 활동이 아니다. 수학은 다양한 관계를 검토하고 반대 사례를 통해 검증해 보는 '의식적인 추론'을 통해 발달한다.
- **내용**: '지수'
- **목표**: 관찰되는 수의 유형을 탐구함으로써 미지수의 특성을 알 수 있다. 그리고 수학 지식에 대한 학술 담론에 참여할 수 있는 태도와 기능을 습득할 수 있다.
- **선수 활동**: 수학적 담론 및 상호교류 규칙은 이미 수업에서 활용되었다. 문제가 주어지면 학생들은 추론을 하고, 이름과 함께 칠판에 적게 된다. 학생들이 자신의 추론을 수정하고자 할 때는 "제 생각을 수정하겠습니다."라고 말하도록 배웠다. 그리고 예상 답안을 제안할 때는 이에 대한 근거도 제시해야 한다. 모든 학생은 계산기로 1부터 100의 제곱까지 제곱한 제곱근표를 가지고 있다.
- **지식의 구성**: 교사는 학생들로 하여금 가지고 있는 제곱근표에 제시된 숫자의 끝자리 수를 자세히 살펴 일정한 유형이 있는지 발견해 보도록 한다. 학생들은 45분씩 3차시 동안 이러한 과제를 적극적으로 수행한다. 이 수업의 핵심은 '계산기 없이 답안을 도출하는 데 사용할 수 있는 전략을 고안해 내는 과정에 매우 중요한 수학적 내용들이 있을 뿐만 아니라 지수가 작용하는 방식과 그 배경에 있는 기본 원리에 대한 논쟁에 참여할 수 있게 된다는 것이다.'

여기서 알 수 있는 바와 같이, 수학에 대한 학문적 담론을 하는 동안 교사의 역할은 먼저 학생에게 왜 그렇게 생각하는지 물어보고, 다른 학생들의 추론과 무엇이 다른지 그리고 자신이 내린 결론을 수정해 보라고 알려 주는 것이다. 이는 달리 표현하면, 유의미한 학습을 위해서는 다른 사례를 기반으로 미래의 새로운 상황에 활용하기 위해 사례기반 추론(case-based reasoning; Riesbeck, 1996)이 일어나도록 한다는 것을 의미한다. 이런 수업의 목적은 학생으로 하여금 단순히 자신이 내린 답안을 수정해 보라고 하는 것에 있지 않고, 그 근거를 말해 보게 함으로써 그 학생이 내린 예상이 어떻게 오류를 유발하는지 이해시키기 위한 것이다. 다시 말하면, 학생들과 교사가 단순히 지식을 서로 교환하는 것이 아니라 교사-학생 간의 관계를 기존 방식과는 완전히 다른 방식을 취함으로써 결국 수학의 기본 원리를 이해시키는 데 목적이 있다.

둘째로, 개인적 구성주의 교수학습원리들에 따른 논리적 사고방식의 구성은 원칙적으로 상당 기간이 소요되지만, 단중기적으로 그 효과를 볼 수 있는 방안도 구안할 수 있다. 실례로, StarLogo와 같은 교육용 소프트웨어에 의한 조작적 사고 활동을 통해 학습자의 논리적 사고와 문제해결력을 증진시킬 수 있다. StarLogo는 1990년대 중반에 미국 Massachusetts 공과대학교(MIT) 미디어 연구개발팀(MIT Media Lab)이 앞서 1967년 같은 대학교 인공지능연구소가 Piaget의 이론에 근거하여 초등학교 학생들도 컴퓨터 프로그래밍을 할 수 있도록 비교적 쉬운 형태의 언어로 개발한 Logo[2]라는 소프트웨어를 더욱 발전시킨 것이다. 이는 삼차원 그래픽 환경을 기반으로 누구나 게임이나 모의실험 같은 컴퓨터 프로그램을 비교적 용이하게 제작할 수 있어 특히 아동 및 청소년들이 보다 재미있게 컴퓨터 소프트웨어에 접할 수 있는 통로 역할을 하고 있다(이명근, 2016). StarLogo의 기본 원리는 과거의 주로 행동주의 교수학습이론에 기초한 컴퓨터 활용 교육(Computer-Assisted Instruction: CAI)의 접근방식과는 분명한 차이를 보인다. 즉, 다음 [그림 12-2]에서 보는 바와 같이 벽돌쌓기 방식의 쉬운 컴퓨터 저작(프로그래밍)[3]으로 거북(turtle)이라고 불리는 작은 상징물을 이용하여 학습자 스

2 우리나라 7차 교육과정에도 포함된 바 있으며, 이와 관련하여 Tutor라는 교육용 소프트웨어로 개발되어 보급된 적이 있다.

3 일반 사람들에게는 컴퓨터 프로그래밍 언어가 매우 어렵고 익숙해지는 데 상당 기간이 소요되므로, 일반 사람들도 책을 저술 또는 저작하듯이 의도하는 내용을 쉽게 컴퓨터

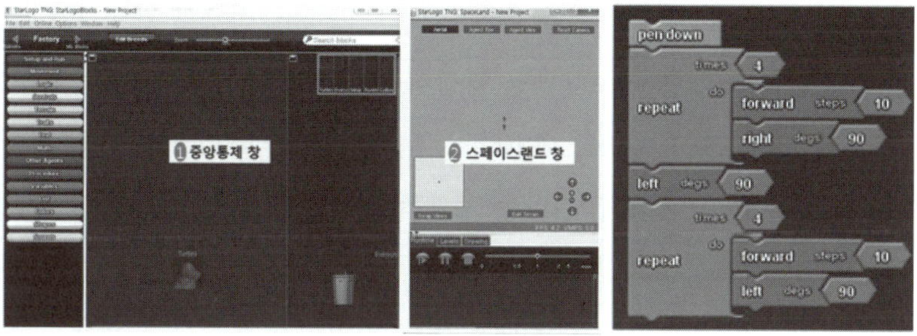

[그림 12-2] StarLogo에 의한 저작 화면

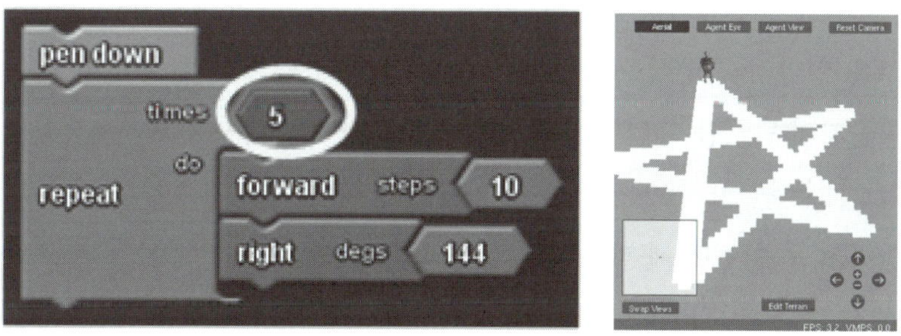

[그림 12-3] StarLogo에 의한 '별' 모양 저작

스로 자신의 생각을 컴퓨터상의 가상의 탐구환경(microworld)에서 구현하는 가운데 논리적 사고기능을 자연스럽게 키울 수 있도록 한다. 예를 들어, 컴퓨터 화면에 별을 구현하기 위해서는 별의 각 꼭지각 크기는 36도라는 수학적 지식에 근거하여 거북이가 별 모양을 그리기 위해서는 144도 회전해야 되고, 5개의 변으로 이루어진 별을 그리기 위해 숫자 블록 5를 결합시켜 완성한다([그림 12-3 참조]).

StarLogo활용 교수학습환경에서는 실수도 학습 실패의 결과가 아니라 재도전 및 개선의 요인으로 작용하여 소위 '아하!' 경험을 하는 가

화면에 구현할 수 있도록 한다는 차원에서 프로그래밍 대신 저작(authoring)이라는 용어를 씀.

운데 계속적으로 탐구동기를 유지하게 되고, 궁극적으로 개별 학습자가 자신만의 독특한 프로그램을 창출하는 것이 가능하다(Harper, 1989; O'Shea & Self, 1983: 이명근, 2016에서 재인용). 뿐만 아니라 저작 과정에서 구상, 설계, 시행, 수정이라는 체계적 문제해결을 하는 가운데 논리적 사고방식의 구성뿐만 아니라 코로나19 바이러스의 감염상황에 대한 시뮬레이션 프로그램 개발과 같은 창의적이고 복잡한 문제해결 능력도 함양할 수 있게 된다.

이상에서와 같이 개인적 구성주의 학습이론에 대한 교수학습공학 방안은 일방적 전달식(transmission) 교수학습을 철저히 배격하고, 대신 학습자의 탐구를 촉진하는 데 초점을 맞춘다. 즉, 전통적 교육에서처럼 학습내용을 절대적인 진리로 그리고 추상적 언어로 가르치는 것을 지양하고, 수학이나 과학과 같은 교과교육도 결국 학습자 스스로의 조작적 사고 활동으로 구성되고 이루어져야 한다는 것을 강조한다.

이론적 평가

구성주의 학습이론의 기본 전제는 '인간 학습은 단순히 전달되는(transmitted) 것이 아니라 구성된다(constructed)'는 것이다. Piaget의 개인적 구성주의 학습이론도 이러한 전제에서 출발하여 전통적인 직접 교수법의 단점을 분명히 하였을 뿐만 아니라 나아가 당시 선언적으로 강조되기만 하였던 이른바 발견학습의 구체적 방안으로 탐구 교수학습에 의한 지식 경험이라는 구체적 방안을 시사하였다고 볼 수 있다. 그리고 무엇보다도 모든 교수학습의 기반 또는 이의 가능 여부를 결정하는 토대로서 논리적 사고방식의 구성이라는 교육의 목표를 분명히 함으로써 다른 이론들과는 궤를 달리하는 이론으로 그 가치를 인정하지 않을 수 없다.

그러나 Piaget의 개인적 구성주의 학습이론은 엄밀히 말해 학습이론이 아니라는 식으로 논의되기도 한다. 즉, 논리적 사고의 발달이라는 토대 위에 학습이 이루어지는 것을 전제로 하므로, 결국 논리적 사고의 구성에만 초점이 있지 일반적인 지식의 구성 측면은 기본적으로 배제된 이론이기 때문이다. 다시 말해, 논리적 사고의 구성에만 매몰되어 지식의 구성은 물리적·논리수학적 지식 경험 속에서 자연적으로 이루어진다는 것이다. 이러한 측면에서 개인적 구성주의 학습이론을 외부 환경, 즉 객관적 실재를 전제하는 인식론이라고 비평하기도 한다(Gredler, 2009). 이렇게 볼 때 앞서 제시된 탐구 교수학습에 의한 지식 경험 촉진 방안도 정확히 지식의 구성 방안은 아니다. 그리고 설사 지식구성 방안이라고 하더라도 이것이 논리적 사고방식의 구성과 어떻게 연결되는지에 대한 점에서는 모호하다. 이러한 한계점은 지식의 구성과 인지기능의 구성까지 모두 포괄하는 또 다른 통찰력 있는 이론이 요청되는 대목이라고 할 수 있다.

13장 사회문화적 구성주의 학습이론의 교수학습공학

Lev S. Vygotsky(1896~1934)는 당시 러시아 제국에 속하였던 벨라루스의 오르샤(Orsha)시에서 출생하였는데, 우연이지만 출생년도가 J. Piaget와 일치하는 점이 주목된다. 그는 모스크바(Mockbá) 대학교와 샤니아브스키(Sharnyavsky) 인민대학을 졸업한 후 러시아 공산혁명이 일어나자 귀향하여 고멜(Gomel) 사범대학에서 심리학 연구소를 운영하며 심리학자로서 본격적인 연구를 시작하였다. 그러나 열정적인 저술과 연구활동에 몰두하던 중 안타깝게도 38세에 결핵으로 요절하였다. 그의 저작물 대부분은 스탈린 정권 시기에 반체제 문서로 간주되어 출판이 금지되었었지만, 1960년대에 이르러 미국을 비롯한 서구사회에 번역되어 소개되기 시작하여 오늘날 전 세계의 여러 학자로부터 주목을 받게 되었다. 그는 발달과 관련하여 교수학습을 탐구하고, 특히 사회문화적 차원에서 다뤄야 한다는 것을 역설하였는데, 여기서 우리는 학습이라는 주제도 발달과 사회문화라는 포괄적 관점에서 다룰 필요가 있다는 중요한 통찰을 얻게 된다.

'사회문화적 구성주의 학습'이론

Vygotsky는 교수학습의 문제는 학습과 발달의 관계를 고려하지 않고서는 해결할 수 없다고 전제하며, 이와 관련하여 당시의 관점을 세 가지로 정리한 바 있다(Vygotsky, 1978). 첫째, 발달과정은 학습과는 독립적이라는 관점으로 Piaget의 인지발달이론이 대표적이다. 즉, 학습은 발달의 뒤를 따르되 단순히 발달을 이용할 뿐이라는 것이다. 둘째, 학습이 곧 발달이라는 입장으로 이 책의 II부 전반부에서 논의한 조건화 이론들이 대표적이다. 다시 말해, 조건화 이론들의 학습 과정은 발달 과정과 분리할 수 없을 정도로 완전히 합쳐진다는 것이다. 셋째, 절충적인 입장으로 대표적인 K. Koffka의 견해를 들 수 있다. 즉, 학습과 발달은 본질적으로 상이하지만 서로 영향을 주고받는 관계로 두 개의 동심원으로 설명되는데, 작은 원은 학습 과정이고 큰 원은 학습에 의해 촉진되는 발달 과정이라는 것이다.

학습과 발달의 관계에 대한 Vygotsky 자신의 견해는 이상의 세 가지 관점과는 완전히 다른 입장을 취하는데, 바로 학습이 발달을 주도한다는 것이다. 즉, 모방과 학습이 오히려 새로운 발달수준으로 이끌어 간다는 것이다. 따라서 교수학습, 즉 교육이란 발달에 앞서고 이끄는 것이어야 하며, 여기서 바로 Vygotsky의 사회문화적 구성주의 학습이론의 핵심이라고 할 수 있는 '인접 발달수준(Zone of Proximal Development: ZPD)'의 개념이 대두된다. 다시 말해, 좋은 교수학습은 학습자의 현재 발달수준에서 단순히 인지 발달의 틀을 제공하는 것이 아니라 잠재적 발달 수준을 감안하여 사회문화적 지식과 고등 인지기능의 구성을 촉진하게 된다.

이러한 맥락에서 사회문화적 구성주의 학습이론에서는 인간 학습의 본질을 '인접 발달수준(ZPD)에서의 사회문화적 지식과 고등 인지기능(higher mental functions)의 구성'으로 본다. 그런데 인간의 고등 인지기능은 인지과제를 수행하는 데 상징체계를 활용하는 과정에서부터 발달하게 되는데, 특히 동시대에 살았던 I. Pavlov의 고전 조건화 학습이론에서처럼 원초적 인지기능 같은 것과는 확연히 다르다는 것이다. 즉, 사회문화적 지식과 고등 인지기능의 구성과정은 구체적으로 '기호사용의 법칙(law of sign use)'과 '발생학적 발달의 법칙(general law of genetic development)' 두 가지 원리로 설명된다(Gredler, 2009). 우선 기호사용의 법칙이란 인간의 고등 인지기능은 기호 또는 상징이 정신(mind)을 외부세계로 확장하는 기제로 사용하면서 발달한다는 원리를 의미한다. 이는 사고의 외적 수단(언어, 셈, 쓰기)의 습득과 이 상징들을 자신의 사고를 형성하고 조정하는 데 활용하는 과정을 거친다. 발생학적 발달의 법칙이란 인간의 고등 인지기능 발달과정에서 모든 기능은 두 가지 국면으로 나타나는데, 첫째는 다른 사람들과 상호작용하는 가운데 발달하고, 둘째는 이 고등 인지기능을 이른바 내면화함으로써 그 사람의 내부에서 나타난다는 것이다.

이와 같은 고등 인지기능 발달의 원리를 근거로 Vygotsky는 교육의 목표는 결국 고등 인지기능의 구성이며, 이는 그의 독창적 개념인 인접 발달수준에 의해 가능하다고 보았다. 따라서 교수학습, 즉 교육이란 인접 발달수준에서의 사회문화적 경험을 하게 하며 고등 인지기능의 구성을 촉진하는 데 초점을 두어야 한다. 달리 표현하면, 고등 인지기능의 구성을 위해서는 학습자에게 한 단계 높은 수준의 학습과제를 부과하고 지적인 성인이나 유능한 또래와의 협동학습을 통해 내면화하도록 하는 교수학습이 필수적이다. 물론 이 협동과정에서 학습자가 한 단계 향상할 수 있도록 다양한 유형의 인지디딤판(scaffolding)을 제공하는 것이 중요하다(Wood, Bruner & Ross, 1976). 이상과 같은 사회문화적 구성주의 학습이론을 하나의 개념도로 나타내면 다음과 같다.

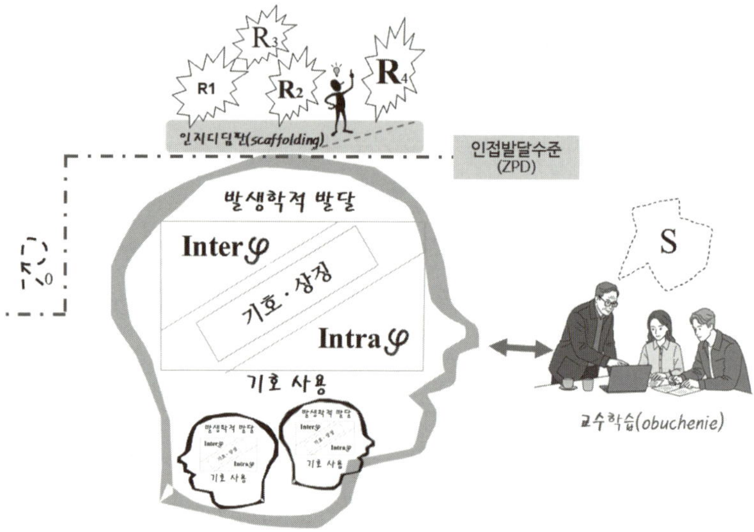

[그림 13-1] 사회문화적 구성주의 학습이론의 개념도

* 주1) 인지디딤판(scaffolding): 원래 Vygotsky의 개념이 아니고 Wood, Bruner & Ross(1976)에 의해 도입된 것이지만 이 이론의 핵심 개념의 하나이므로 여기에 포함됨

* 주2) obuchenie: 러시아어로, 뒤에서 다시 논의하였듯 흔히 서구학자들이 learning으로 번역한 바 있지만, 원래 Vygotsky가 의도한 바는 학습도 교수도 아닌 후자(교수)에 조금 더 비중이 있는 '교수학습'으로 보아야 함

* 주3) Inter𝓛, 각각 Intra𝓛: 각각 inter psychology(사회적 국면)와 intra psychology(심리적 국면)임

여기서 알 수 있는 바와 같이 사회문화적 구성주의 학습이론이란 학습자가 인접 발달수준에서 유능한 타자와 상호작용을 하는 가운데 새로운 사회문화적 지식과 고등 인지기능들을 구성하게 된다는 것이다. 이는 흔히 발달이론에서 주장하듯이 발달을 이용하거나 또는 발달 단계에 따라 학습을 한다는 것이 아니라 오히려 발달을 선도하는 좋은 교수학습을 의미한다.

사회문화적 구성주의 학습: 교수학습원리

Vygotsky는 이른 나이에 요절하여 이론을 완성하지 못한 채 주로 광범위한 통찰과 아이디어만을 남겨, 이로부터 체계적이고 구체적인 실천 방안을 제공받기는 쉽지 않다. 그럼에도 사회문화적 구성주의 학습이론은 교수학습 현장에 몇 가지 중요한 원리를 시사한다. 즉, 사회문화적 구성주의 교수학습에서의 중요한 요소는, 첫째, 학습자의 인접 발달수준 설정, 둘째, 발생학적 인지발달의 법칙 활용, 셋째, 학습자의 고등 인지기능 구성 등이다.

학습자의 인접 발달수준 설정

기존 학습이론들의 공통적인 한계는 모방이나 관찰이 아닌 개인의 독자적인 활동에서 나타나는 실제 발달수준에만 치중하였다는 것이다. 그러나 사회문화적 구성주의 학습이론에서는 아동이 독자적으로 문제를 해결할 수 있는 실제 발달수준과 성인의 지도나 유능한 또래와의 공동활동으로 문제를 해결할 수 있는 수준 간의 차이로 정의(Vygotsky, 1978)되는 인접 발달수준이 교수학습의 중점대상이 된다. 물론 일반적으로 심리학 차원에서는 핵심 개념이 아니라는 식으로 언급되기도 하지만(Gredler, 2009), 교수학습공학 차원에서 볼 때는 사회문화적 구성주의 학습이론의 거의 유일한 핵심 개념이라고도 할 수 있다. 이 인접 발달수준의 개념은 Vygotsky가 독자적으로 문제해결을 하는 같은 연령의 아동의 경우에도 잠재적 발달수준은 다양한 차이가 있다는 점에 착안한 데서 비롯된 것이다. 달리 표현하면, 학습자가 현재 혼자 실질적으로 할 수 있는 수준보다 한 단계 높은 잠재적 발달수준의 사회문화적 경험을 통해 고등 인지기능의 발달을 촉진해야 하며, 이것이 바로 교수학습의 역할이다.

발생학적 인지발달의 법칙 활용

인간의 고등 인지기능은 우선 다른 사람들과 상호작용하는 가운데 발달하고, 이어 내면화함으로써 그 사람의 내부에서 나타나게 된다. 실례로, 말(speech)은 원래 의사전달을 위한 수단으로 발달한 것인데 후에 내적 대화의 형태, 즉 사고의 수단이 된다. 이처럼 고등 인지기능의 구성을 위해서는 이른바 사회적 국면(inter psychology)에서 심리적 국면(intra psychology)으로의 전환을 유도하는 교수학습이 중요한데, 이를 위해서는 구체적으로 교사나 지적인 성인이 학생과 함께 인지적 과제를 하는 공동활동이 필수적이다. 예를 들어, 학생은 교사의 행동을 관찰·모방하며, 특히 상호작용 과정에서의 핵심 행동들을 연습하고, 교사들은 용어의 개념과 사고 도구로써 말하는 법에 대해 학습하는 것을 도와주어야 한다. 그리고 도움을 주는 과정에서 교사나 이상형으로서의 성인은 다양한 인지전략(예, scaffolding[1])을 적절히 활용할 필요가 있다. 또한 상호책임감을 전제하는 가운데 때때로 교수자와 학습자의 역할을 교체하며 양방향 교수학습을 전개하는 것도 유용하다.

이러한 교수학습 상호작용과 관련하여 특히 Vygotsky는 교수학습을

1 이는 원래 Vygotsky의 용어가 아니고 Wood, Bruner, & Ross(1976)에 의해 도입된 것이다. 물론 이들의 논문에도 Vygotsky에 대한 언급은 전혀 없지만 우연히 그의 인접 발달수준에 정확히 일치하는 내용을 담고 있어 아마도 후대 학자들이 이 둘을 연계시킨 것인데, 그 이후로 여러 다른 학자들이 Vygotsky가 사용한 용어로 언급하는 경우가 있어 유의할 필요가 있다.

의미하는 용어로 obuchenie를 사용한 바 있는데, 그동안 이 용어를 영어권의 학자들이 단순히 학습(learning)으로 번역하여 그의 의도를 충분히 살리지 못한 것으로 알려져 있다. 즉, 원래 그가 obuchenie에 의해 의도하였던 것은 협동활동에서의 교수자와 학습자 양쪽 모두를 포함하는 것이므로, 학습(learning)도 아니고 교수(instruction)도 아닌 후자에 조금 더 비중이 있는 '**교수**학습'이라고 보아야 한다(Cole, 2009; Eun, 2010).

학습자의 고등 인지기능 구성

사회문화적 구성주의 교수학습의 목적은 단순히 지식의 형성이나 전달이 아니라 고등 인지기능의 구성이며, 따라서 모든 교과교육의 목표는 여기에 초점이 맞춰져야 한다. 이때 교과개념이 중추적 역할을 하며, 이것도 이른바 언어적 사고(verbal act of thought)를 통해 이루어진다. 이것은 숙달된 언어의 구조가 아동이 사고하는 기본 구조가 되기 때문이며, 이는 구체적으로 글쓰기 교육으로 구현할 수 있다(Gredler, 2009). 글쓰기 교육은 깊은 생각과 분석을 요구하게 되고, 학생이 사고과정을 의식적으로 인식하고 통제하는 인지기능의 발달을 촉진하게 되기 때문이다. 실례로, 오늘날 대학의 교양 교육과정으로 글쓰기가 강조되는데, 이는 개인의 사회문화적 경험을 통해 숙고와 분석, 의식적 자각과 자신의 사고 과정을 제어하는 훈련을 하는 것이다. 또한 대학원 교육과정에서도 최종 단계로 학위논문 작성을 하게 되는 것도 그 예이다. 즉, 선행연구들에 대한 분석이나 문헌연구를 통해 새로운 학술사회의 지식과 의미를 구성하고, 이에 따라 인지과정의 본질적인 변화를 경험함으로써 가장 고차원적인 인지기능 형성과 발달을 위해 기능하는 것으로, 앞으로도 유지되어야 할 중요한 학술적 제도라고 할 수 있다.

사회문화적 구성주의 학습: 교수학습공학 방안

사회문화적 구성주의 학습이론의 본질에 근거할 때 진정한 이해와 학습은 그것이 발생하는 맥락에 따라 다르므로 모든 상황에 적용되는 일률적 교수학습공학 방안은 원칙적으로 불가능하다. 그럼에도 앞에서 언급한 사회문화적 구성주의 교수학습원리들을 감안할 때 도출할 수 있는 맥락에 적합한 교수학습공학 방안들은 여전히 가능하다.

사회문화적 구성주의 교수학습원리들을 토대로 하는 교수학습공학 방안은 기본적으로 '학습자로 하여금 그의 인접 발달수준에 맞는 학습과제로 사회문화적 지식과 고등 인지기능을 구성'하는 것이라고 할 수 있다. 즉, 현재 수준보다 약간 버거운 내용으로 교수자와 동료들을 포함한 유능한 타자와의 사회적 교수학습 과정을 통해 한 단계 성장하도록 하는 것이다. 그리고 여기서 특히 중요한 것은 유능한 타자로부터 관찰학습 또는 인지도제를 하도록 할 필요가 있는데, 이때 인지디딤판(scaffolding)이라는 일종의 인지전략이 활용될 수 있다.

우선 일반 교과교육에서의 교수학습공학 방안의 예시로, 초등학교 5학년 도덕시간과 국어시간에 할 수 있는 토론게임을 들 수 있다. 여기에서는 '효'라는 도덕교과 개념이 중추적 역할을 하는 가운데, 학생들은 매우 능동적인 학습자로서 흥미로워하며 학습의 주도권을 잡고 스스로 학습을 진행하게 된다. 교사의 역할은 학습자의 인지발달 수준에 적합한 토론 주제를 선정하여 문제제기를 하고, 토론의 흐름이 엉뚱한 방향으로 흐르지 않는지를 주의 깊게 관찰하고 바로잡아 주는 것이다. 이러한 토론게임의 전반적인 개요를 기술하면 다음과 같다.

"심청이는 효녀인가?"

학생들에게 이런 질문을 던지고, 잠시 생각하게 한 뒤 학생 전체를 '가' 모둠과 '나' 모둠으로 나누고, 5명의 학생은 배심원으로 정한다. '가' 모둠은 무조건 찬성 의견, '나' 모둠은 무조건 반대 의견을 제시하라고 한다. 그리고 각 모둠에서 주장과 근거 제시를 하며 자기 모둠 의견의 정당성을 피력하게 하고, 배심원은 두 모둠의 의견을 듣고 주장과 근거 제시가 잘된 모둠에게 점수를 줘서 승자를 가린다. 점수는 주장과 근거 제시의 타당성과 발표 횟수에 준하여 주는데 한 명이 여러 번 발표하는 것보다는 여러 명이 발표하는 것에 더 많은 점수가 가도록 정한다.

토론이 시작되면 각 모둠의 잘하는 학생 위주로 공방이 벌어지지만 차츰 못하는 학생도 게임에 이기기 위해 발표하는 횟수가 늘어간다. 그들은 남의 발표를 듣고 배우며 발표력과 논리력을 차츰 향상시켜 나간다. 상대 모둠과 경쟁하고, 자기 모둠과 협동하기도 하며 상호작용을 통해 학습한다.

이 토론게임은 Vygotsky가 강조한, 유능한 또래와의 상호작용, 달리 표현하면 사회문화적 발달의 측면에서 매우 효과적인 수업 방법이다. 우선 사회문화적 구성주의 학습이론에 의하면, 학생들에게 인접 발달 수준에 해당되는 질문을 던져야 한다. 앞의 토론게임에서 만약 교사가 똑같은 문제제기를 초등학교 1학년이나 2학년 교실에 가서 한다면 그것은 전혀 효과적이지 않을 것이다. 왜냐하면 학생들은 엉뚱한 발언을 하거나 아예 관심을 갖지 않을 것이기 때문이다. 즉, 1학년에게 심청이가 효녀인가라는 문제는 너무 어려운 토론 주제이다. 다시 말해, 너무 어려워서 해결할 엄두가 나지 않는 문제나 또는 반대로 너무 쉬워서 해결하고 싶은 동기가 유발되지 않는 문제도 학생들의 고등 인지기능을 개발하는 데 적합하지 않다. 그리고 인간의 사회문화적 발달이란 단지 다량의 지식으로 이루어지는 것이 아니라 유능한 또래와 상호작용하는 가운데 개인 간 영역에서 심리 내적 영역으로 내면화될 때 일어난다. 아울러 중요한 것은 유능한 타자와의 상호작용 속에서 자신을 제대로 표현하는 법, 수용하는 법을 익히고 발달시켜 가는 과정에서 각자 다양한 고등 인지기능을 구성하게 된다.

다른 예시로는 이른바 중학생의 고등 인지기능을 구성하는 데 초점을 둔 교수학습공학 방안으로 '상호교수학습(reciprocal teaching)' (Pallinscar & Brown, 1984)을 들 수 있다. 이는 Vygotsky의 사회문화적 구성주의 학습이론의 핵심 교수학습원리를 '상호작용(social context) + 인지디딤판(expert scaffolding)'으로 파악하고, 이에 따라 강독능력이 부진한 중학생의 강독 능력을 향상시키기 위해 개발된 것이다. 이 상호교수학습의 전반적인 개요는 다음과 같다.

- **교재**

평균 1,500단어로 구성된 13개의 독사, 태양 에너지, 잉카문명, 번개, 식충식물 등의 다양한 주제의 서술문과 400~475단어로 구성된 45개 단문

- **교수학습 및 절차**
  - 소집단의 학생들을 1명의 교사가 지도
  - 강독촉진 방식: 조용히 읽으며 자신의 말로 표현(요약-질문-명료화-예측)
  - 절차: 교사와 학생이 같이 조용히 읽음 → 교사가 특정 부분을 요약, 질문, 명료화, 예측을 시범 보임(관찰학습) → 역할을 바꾸며 전개(상호 관찰학습 및 되알리기 제공 역할) → 점차 유능한 대화 주도자로 변해 감
- **교사의 인지디딤판 전략**
  - 유도: "선생님이 어떤 질문을 할 것이라고 생각하였니?"
  - 지시: "요약은 간단하게, 세부적일 필요없다."

- 활동 수정: "질문하기가 어려우면 일단 요약해 볼래?"
- 칭찬과 구체적 되알리기 제공
  (이어 교사의 다양한 시범 이어짐)

이와 같이 상호교수학습은 학습자의 인접 발달수준에 맞춰 설정된 강독 과제의 완수를 위해 상호책임감을 전제하고 참여하는 교사와 학생 간의 심층 상호작용이 그 본질이다. 즉, 이 과정에서 학습자는 독해 촉진 전략과 독해조절 전략을 내면화함으로써 비교적 짧은 기간 동안에 상당한 강독 능력의 향상효과를 보게 된다. 그리고 상호교수학습 과정에서 교수자는 단순히 학습자를 도와주는 것이 아니라 학습자 스스로는 할 수 없는 과제를 수행해 내고 완성하도록 이끌어 주는 기제로 다양한 인지디딤판을 적극적으로 활용하는 것이 특히 중요하다.

끝으로, 오늘날 대학원 교육의 백미로 제도화된 학위논문 지도과정도 사회문화적 구성주의 교수학습원리들을 토대로 하는 대표적 교수학습공학 방안이라고 볼 수 있다. 즉, 논문작성 과정은 기본적으로 학위논문이라는 과제를 성공적으로 수행하려는 대학원생의 노력에 책임지고 지도하는 지도교수의 간헐적 인지디딤판이 제공되며 완성되어 가는 과정이다. 그리고 이 과정에서 대학원생 입장에서는 선행연구들에 대한 분석이나 문헌연구를 통해 새로운 학술사회의 지식과 의미를 구성하고, 이에 따라 인지과정의 본질적인 변화를 가져오게 되고, 그럼으로써 단순히 선행연구들의 내용이나 문헌들을 베끼거나 요약 정리하는 것이 아니라 자신만의 논리적 학술글쓰기를 하게 된다. 이는 인간의 고등 인지기능 형성과 발달을 위한 가장 고차원적인 교육기능을 하는 것으로 앞으로도 최소한 인문과학 및 사회과학 분야의 고등교육에서는 지속가능해야만 하는 제도라고 할 수 있다.

이론적 평가

개인적 구성주의 학습이론(J. Piaget)과 함께 사회문화적 구성주의 학습이론은 엄밀히 말해 학습이론이 아니라고 논의되기도 하는데, 이러한 오해는 이를 발달심리학이라는 시각에서만 보려고 하였던 점에서 연유된 것으로 보인다. 또한 사회문화적 구성주의 학습이론이 그동안 명확하지 않고 혼란스럽게 설명되어 왔던 것도 이와 같이 하나의 관점으로만 이해하려고 하였기 때문이라고 할 수 있다.

그만큼 학습이론으로서의 사회문화적 구성주의 이론은 지금까지 다른 이론들과는 전혀 다른 새롭고 독특한 관점을 제시한다. 구체적으로, 이론의 명칭에서 보듯이 관찰학습 이론(A. Bandura)에서부터 다루기 시작하였던 이른바 '사회적(social)'이라는 관점, 즉 '사람들 간의 상호작용'에 '사회문화적 영향'까지 포괄한 통찰이 새롭고 독창적일 뿐만 아니라 정교함까지 갖추었다고 할 수 있다. 이러한 맥락에서 Vygotsky를 심리학계의 Mozart라고 평가하기도 한다. 또한 인접 발달수준의 개념은 이 이론만의 독창적인 교수학습공학 관점이며, 실제 교수학습 현장에 시사하는 바가 의미심장하고 매우 유용한 개념이다. 이런 면에서 사회문화적 구성주의 학습이론은 20세기 후반부에 교육심리학계를 풍미하였던 개인적 구성주의 학습이론의 한계를 극복한 대안 이론으로서도 주목을 받아 왔다.

Ⅲ부

내려 봄

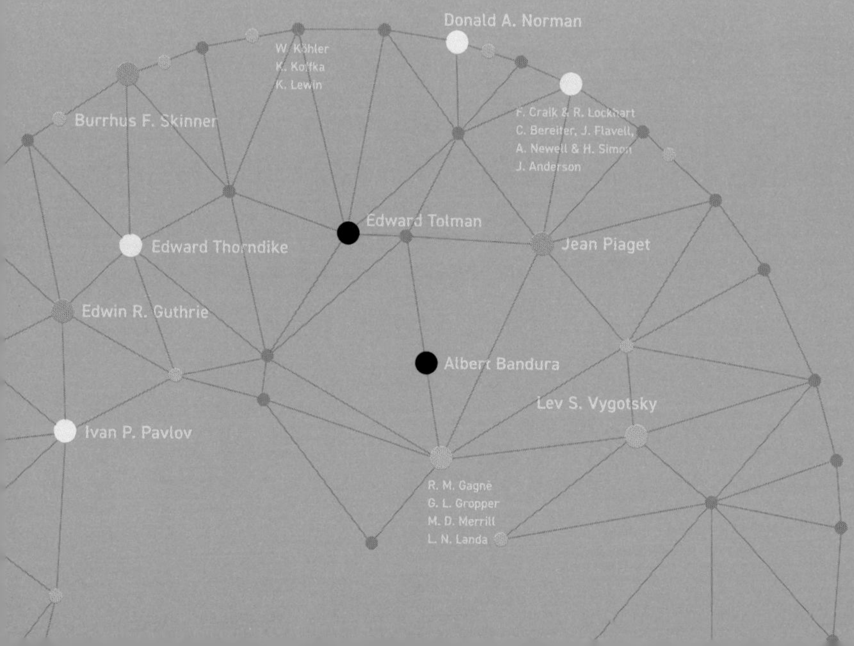
Donald A. Norman
W. Köhler
K. Koffka
K. Lewin
F. Craik & R. Lockhart
C. Bereiter, J. Flavell,
A. Newell & H. Simon
J. Anderson
Burrhus F. Skinner
Edward Tolman
Edward Thorndike
Jean Piaget
Edwin R. Guthrie
Albert Bandura
Lev S. Vygotsky
Ivan P. Pavlov
R. M. Gagnè
G. L. Gropper
M. D. Merrill
L. N. Landa

앞서 II부에서는 현존 학습이론들에 대한 치밀한 '헤쳐 봄'을 통해 학습이론별 교수학습공학을 강구하였다. 구체적으로 이는 기존 학습이론들의 본질을 명확히 재규명하고, 이를 토대로 핵심 교수학습원리를 도출한 다음, 실제 교수학습 현장에 대한 체제적 적용 방안을 모색하는 것이었다. 이제 교수학습공학 탐구활동의 둘째 단계로서의 '학습이론 유형별 교수학습공학'을 도모할 필요가 있다. 이는 앞서 강구한 학습이론별 교수학습공학 방안들을 행동주의, 인지주의, 구성주의와 같은 유형별로 융합하는 체제접근을 하는 것이다. 즉, 유형별 학습이론들의 교수학습원리들을 조망하고 연계하여 유형별 교수학습이론을 도출한 다음, 이로부터 교수학습 현장에 최적화된 적용체제를 수립하여 유형별 교수학습공학 방안을 처방함으로써 진정한 의미에서의 체제접근을 하게 된다. 이러한 접근은 유형별 학습이론들에 대한 조망인지, 달리 말하면 위에서부터 전반적으로 '내려 봄'으로써 유형별 학습이론들의 교수학습공학 방안들의 유기적 관계를 파악하고, 포괄적 관점을 유지하는 가운데 다양한 교수학습 문제에 대한 일종의 융합 교수학습공학 방안을 수립하여 처방하는 것이다. 유형별 학습이론들의 교수학습공학 방안들에 대한 '내려 봄'은 유기적 관계는 물론 정체성을 파악하게 할 뿐만 아니라 현재와 같은 교육사적 · 문화사적 대전환기에 동향까지 내다볼 수 있게 한다. 비유로, 기원전 300년경에 그려진 것으로 알려진 페루의 Nazca 지상화는 기하학적 무늬가 300개 이상이고, 이 중 큰 그림은 최대 300미터에 달하여 위로부터 내려 보는 것이 아니고서는 그 형태를 파악하기가 불가능하다.

14장 교수학습공학과 교수설계

교수학습공학 탐구활동의 2단계로서 '학습이론 유형별 교수학습공학'은 1980년대부터 대두된 교수설계이론(instructional design theories)으로부터 비롯되었다고 할 수 있다. 앞서 2장에서 논의한 바와 같이, 이는 당시 전통 교육학 및 관련 분야의 교수이론 또는 교수모형들이 처음부터 배태하고 있던 원론적이고 단면적인 한계를 극복하기 위해 교수학습 과정의 제 요소들의 유기적 관계를 포함하여 체제접근을 하는 것이 그 본질이다. 교수설계이론은 특히 전통적 집단교육(group instruction)의 효과성에 대한 의문과 함께 개별화 교수(individualized instruction) 등으로의 대안을 모색하고, 컴퓨터 등 다양한 매체를 포함하여 교수학습의 혁신을 주장하던 학자들의 탐구주제였다. 결국 40여 년 전부터 시작된 이러한 탐구활동이 오늘날 교수학습공학이라는 전문 학술분야로 진화하고 있는 형국이다.

'교수설계이론'이란?

교수설계이론의 개념은 기본적으로 교수학습 과정의 구성요소들의 유기적 관계를 분석함으로써 명확히 파악할 수 있다. 교수설계이론에 대해 본격적으로 다룬 최초 문헌(Reigeluth, 1983)에는 물리학 분야에서의 원리(principle)의 구성요소를 원용하여 교수학습 과정의 구성요소 및 관계를 다음과 같이 규명한 바 있다.

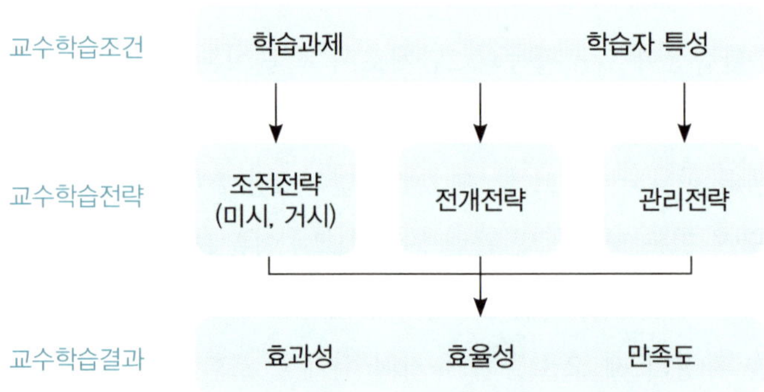

[그림 14-1] **교수학습 과정의 구성요소 및 관계**

* 출처: C. M. Reigeluth(1983), p. 19에서 일부 용어는 의역을 한 것임(예, 2열의 제목 '교수학습전략'은 원래 instructional methods라고 하였지만, 출처 편집서의 편집자 Reigeluth가 4년 후 각 교수설계 이론가들로 하여금 각자의 이론에 따라 설계한 예시들을 다시 제출하게 하여 편집한 Reigeluth(1987a)의 p. 2에서 설명하기도 하였지만 또 논리적 의미를 생각해 볼 때 '교수학습전략'이라고 함).

교수설계이론은 기본적으로 '어떤 방법을 사용할 것인가'와 '언제 사용할 것인가'라는 두 가지 요소를 포함하는데, 이는 각각 방법(methods)과 상황(situations)으로 이 두 요소를 통합할 때 이론이 된다. 여기서 '방법'이란 전략요소(strategy components), 즉 내용조직, 교수학습 전개, 교수학습 관리 등을 의미하고, 특정 전략의 적용 시기는 교수학습결과(instructional outcomes), 예를 들어 효과성, 효율성, 만족도 등을 검토하여 결정된다(Reigeluth, 1983, 1987a). 그러나 같은 전략이라 하더라도 학습과제의 본질, 학습자의 특성 등에 따른 상이한 교수학습 조건(instructional conditions) 아래서는 그 결과가 달라지게 된다. 그러므로, 이러한 '교수학습조건' 및 '교수학습결과'가 바로 언제 전략을 사용할 것인가를 결정하게 된다. 달리 말하면, 특정 상황에서 교수설계를 하는 경우에 교수학습조건과 교수학습결과를 미리 분석함으로써 교수학습전략에 대한 처방을 내릴 수가 있고, 이것이 바로 교수설계이론을 이루게 된다는 것이다. 즉, 교수설계이론은 [그림 14-2]에서와 같이 교수학습조건 및 교수학습결과에 대한 분석을 토대로 한 교수학습전략 요소들에 대한 처방이라고 할 수 있다.

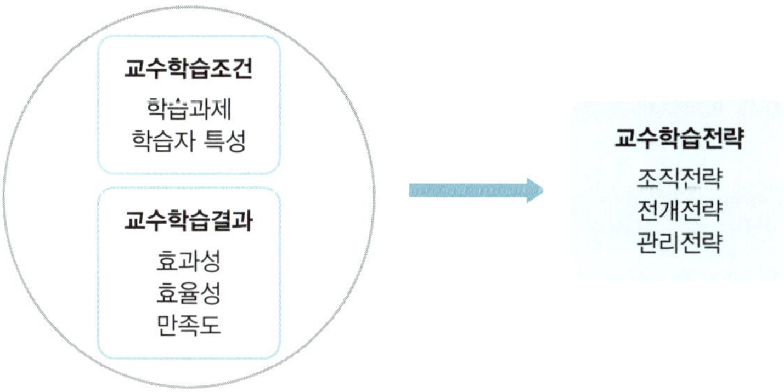

[그림 14-2] 교수설계이론의 개념도

이러한 교수설계이론의 개념에 부합하는 전형적인 이론으로 '교수학습조건 설계이론'을 들 수 있다. 이는 인지주의를 표방한다고 주장하지만 엄밀하게 보면 당시 유행하기 시작한 정보처리 학습이론(information-processing theory)의 관점을 도입한 R. Gagnè(1965)[1]의

1 Robert M. Gagnè(1916~2002)는 1940년 미국 Brown 대학교에서 박사학위를 취득한

교수학습이론과 L. Briggs와 R. Reiser 같은 학자들의 매체활용에 관한 관점을 결합하여 수립된 것(Aronson & Briggs, 1983; Gagnè & Briggs, 1979; Gagnè, Briggs, & Wager, 1988)으로 하나의 개념도로 표현하면 [그림 14-3]과 같다.

여기서 알 수 있는 바와 같이, 교수학습의 내적 조건을 구성하는 기본 요소로서의 인간의 다섯 학습결과(5 learning outcomes: 지적 기능, 인지전략, 언어정보, 태도, 운동기능)[2]와 교수학습의 외적 조건으로서의 아홉 외적 교수절차(9 external events of instruction)가 교수학습 과정의 내적 및 외적 조건을 이루는 근간이 된다. 그러므로 이에 따른 교수설계는 우선 학습자의 정보처리 과정을 감안하고, 다섯 가지 학습결과를 전제로 한 교수학습 내용에 대한 학습과제 분석을 통해 교수목표들을 설정한다. 그리고 설정된 교수목표들을 학습위계(learning hierarchy)의 원리에 따라 계열화(sequencing)하고, 해당 교수목표들에 대해 아홉 외적 교수절차를 배열하여 전개하되 적합한 매체를 활용하도록 교수설계를 한다. 즉, 이러한 설계에 따라 교수학습을 전개할 때 학습자 내면의 학습 과정은 촉진되고 결과적으로 효과적 학습이 이루어져 학습자의 장기기억에 새로운 학습결과(지적 기능, 인지전략, 언어정보, 태도, 운동기능)들이 축적된다는 것이다.

실례로, 초등학교 2학년 수학교과의 '시각 말하기' 단원에서 세 교수

후, 미 공군 교육훈련 부서 근무 그리고 Connecticut 대학교, Pennsylvania 주립대학교, Princeton 대학교 교수직을 거쳐 최종적으로 Florida 주립대학교 교수를 역임하였다.

2 Gagnè(1965)는 B. Bloom(1956)의 교육목표 분류, 곧 교수학습 내용 유형을 감안하되 이와는 달리 인간의 수행, 즉 일상생활의 관점에서 인간의 학습결과인 이 다섯 가지를 제안하였다. 이 가운데 '지적 기능'은 다시 '식별, 구체적 개념, 추상적 개념, 규칙, 문제해결'로 세분화되므로 결국 인간의 학습결과는 총 아홉 가지가 된다. 이는 교수설계에 적합한 교수학습 내용의 유형 분류를 새롭게 시도한 것이다.

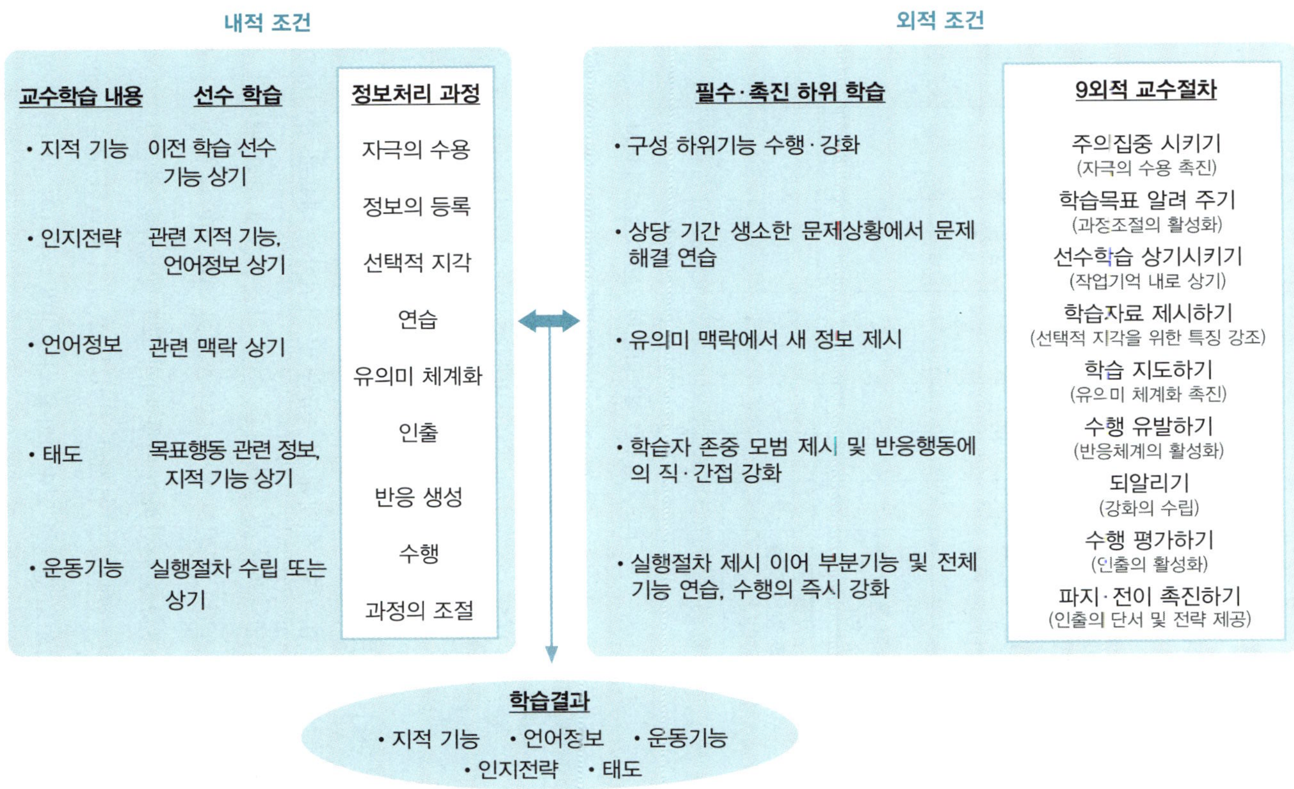

[그림 14-3] '고수학습조건 설계이론'의 개념도

학습 내용을 토대로 내적 및 외적 조건을 감안하여 설정한 세 교수목표에 따라 아홉 외적 교수절차를 설계한 결과를 구체적으로 예시하면 [그림 14-4]와 같다.

③ 시계를 보고, '몇 시'로 시각을 말할 수 있다.						4, 5, 6, 7	8	9
② 시계를 보고, 시침과 분침을 각각 구분할 수 있다.	3	1	2		4, 5, 6, 7			
① 일상생활 속의 여러 가지 구체물 중, 시계를 찾을 수 있다.				4, 5, 6, 7				
㉠ 두 개의 구체물 중에서 긴 것과 짧은 것을 식별할 수 있다.	9							
교 수 활 동	ㄱ	ㄴ	ㄷ	ㄹ	ㅁ	ㅂ	ㅅ	ㅇ

[그림 14-4] '교수학습조건 설계이론'에 의한 교수설계 예시

* 주) 종렬로 네 교수목표(지난 시간에 이미 다룬 ㉠ 목표+이제 다루게 될 ①~③목표)와 제일 아래 횡렬의 수업진행 시간 순 교수활동들(ㄱ~ㅇ)이 교차하는 부분에 아홉 외적 교수절차를 배정하여 설계한 것이며, 이 중 '점선 원 9'는 특히 ② 교수목표에 대한 외적 교수절차(선수학습 상기시키기)를 배정한 것이 자동적으로 지난 시간에 공부한 ㉠에 대해서는 재복습하는 것이 되어 결국 '⑨ 파지 및 전이 촉진하기'가 되지만 이때 실제로는 그것을 다룬 것은 아니라는 점에서 점선으로 표시한 것임.

여기서 보는 바와 같이, '시각 말하기' 교수학습을 위해 필요한 세 지적 기능(식별, 개념, 규칙)에 대해 선수학습 및 하위학습 내용을 규명하고 각각에 대한 교수목표를 설정한 다음, 이를 학습위계에 따라 배열한 것을 알 수 있다(①~③). 이어서 이 세 교수목표와 이전 시간에 학습한 선수학습 관련 목표(㉠)를 감안하여 아홉 외적 교수절차들을 배열함으로써 수업 전체의 교수활동들을 설계한 것이다. 그리고 이러한 교수설계에 따라 실제 수업으로 진행한 교수절차를 나타내면 다음 〈표 14-1〉과 같다.

〈표 14-1〉 **'교수학습조건 설계이론'에 따른 교수절차 예시**

교수활동	교수절차	매체
ㄱ	각각 길고 짧은 두 개의 연필과 화살표 제시하기 • 어떤 것이 더 길까? • 이것의 길이는 어때요? (③ 선수학습 상기시키기)	• 길이가 서로 다른 연필 두 자루, 화살표 두 개
ㄴ	시계가 그려진 학교 안내장을 보여 주고 질문하기 • 이것은 무엇일까요? • 어떤 내용인가요? (① 주의집중 시키기)	
ㄷ	여러 가지 구체물 중, 시계를 찾을 수 있다. 시계를 보고, 시침과 분침을 각각 구별할 수 있다. 시계를 보고, '몇 시'로 시각을 말할 수 있다. (② 학습목표 알려 주기)	
ㄹ	다양한 종류의 시계(구체물, 삽화자료)를 보여 주기 • 이것이 시계예요. • 시계는 어떤 일을 할까요? '시계찾기' 학습지 제시하기 • 그림을 보고 '시계'를 찾아 동그라미로 표시해 주세요 (④ 학습자료 제시하기 ⑤ 학습 지도하기 ⑥ 수행 유발하기 ⑦ 되알리기)	• 다양한 종류의 시계, 학습지(시계는 전자시계와 바늘시계 포함)
ㅁ	시계의 구성요소 소개하기 • 시계는 숫자와 바늘로 구성되어 있어요. • 어떤 바늘이 더 긴가요? • 긴 바늘을 뭐라고 하나요? 학생에게 개별 질문 던지기 (④ 학습자료 제시하기 ⑤ 학습 지도하기 ⑥ 수행 유발하기 ⑦ 되알리기)	• 모형시계(길다–빨강, 짧다–파랑 관련 인식)
ㅂ	시침이 숫자 12에 가 있으면, '정각 몇 시'임을 알려 주기 • 시침이 어떤 숫자에 있나요? • 이건 몇 시일까요? '시각읽기' 학습지 제시하기 (④ 학습자료 제시하기 ⑤ 학습 지도하기 ⑥ 수행 유발하기 ⑦ 되알리기)	• 모형시계, 학습지
ㅅ	오늘 배운 내용을 토대로 평가 학습지 제시하기 (⑧ 수행 평가하기)	• 평가 학습지
ㅇ	다음 시간에 학습할 내용 '몇 시 30분' 알려 주기 • 이것은 몇 시일까? (⑨ 파지·전이 촉진하기) (본시 내용과 차시 내용의 관계에 대해 언급)	• 학습자료(모형시계)

교수학습조건 설계이론은 모든 교과영역 및 교수학습 상황에 적용 가능한 범용성과 이론적 기초와 논리적 전개의 견고함에서 두드러지는 이론으로 높은 평가를 받는다. 그리고 이러한 점에서 학교교육은 물론 기업교육과 군 교육훈련 등 다양한 분야에서 폭넓게 활용되고 있다.

교수설계이론은 관점에 따라 다양하게 분류될 수 있다. 우선 흔히 회자되는 것처럼 각 교수설계이론의 이론적 배경에 따라 행동주의, 인지주의, 구성주의 이론 등으로 분류할 수 있다. 혹은 교수설계이론의 개념적 특성에 비추어 각 이론이 일반적 교수상황에 적용될 수 있는지 아니면 특정 학습과제를 지향하는지에 따라 일반적(general-presentation) 교수설계이론과 과제지향적(task-specific) 교수설계이론으로 분류할 수도 있다(Richey, 1986).[3] 지금까지 주창된 교수설계이론들은 취급되는 교과영역 및 교수학습 상황에 관계없이 적용될 수 있는 일반적 교수설계이론(예, 교수학습조건 설계이론)이 주를 이룬다. 또한 동기유발 설계이론(Keller, 1983; Keller & Kopp, 1987)처럼 학습동기의 유발에 특화된 교수설계이론, 정교화 설계이론(Reigeluth & Stein, 1983; Reigeluth, 1987b) 같이 일반 교수설계이론이면서도 교재설계에 특화하여 활용할 수 있는 다목적 교수설계이론도 있다. 아울러 최근에는 4차 산업혁명의 혁명적 기술들을 활용하며 새로운 교수학습공학 차원에서 다양한 방식으로 진화하고 있다.

그러나 교수학습공학 탐구주제로서의 교수설계이론에 대해 국내외적으로 여전히 그 개념이나 정의에 있어서 오해나 혼동을 하는 경우가 적지 않다. 이는 교수설계, 교수이론, 교육훈련 프로그램 개발 등 유사

---

3 Richey는 교수설계이론을 학습이론 및 교수이론에 근거한 절차적 교수설계모형(procedural models of instructional design)으로 언급하면서, 이를 '일반적 모형'과 '과제지향 모형'으로 분류한 바 있다.

한 개념들이 혼용되면서 발생한 개념적 오해와 혼동에서 기인한다. 실례로, 교수설계이론을 개념적 교수설계 모형(J. Carroll, J. Bruner 등의 교수이론), 체제이론에 의한 절차적 교수설계 모형 및 교수학습이론에 의한 절차적 교수설계 모형(R. Gagnè & J. Briggs, M. Merrill 등의 교수설계이론), 커뮤니케이션 이론에 의한 절차적 교수설계 모형(P. Marsh, E. Wright, & J. Pyatte 등의 메시지 설계 이론) 등으로 유형화한 경우가 대표적이다(Richey, 1986). 이러한 상황은 과거 국내 문헌을 보더라도 유사하였으며, 그래서 그동안 용어 사용에 있어서 교수이론, 수업이론, 수업모형, 수업설계이론, 교수체제개발, 교수개발, 교수설계이론 등 혼란스러웠다는 것을 알 수 있다(이명근, 2002).

교수설계이론(Instructional Design Theories)은 특히 교수학습체제 개발(Instructional Systems Development)이라는 개념과 구분할 필요가 있다. 교수설계이론은 한마디로 특성 학습내용을 통해 특정 학습자 집단의 바람직한 학습성과를 초래하기 위한 처방에 관한 이론이다. 즉, 차시(lessons)와 같은 단위 교수학습 과정의 제 요소들로 이루어지는 교수전략들의 처방을 하는 것이라고 규정할 수 있다. 반면에 교수학습체제 개발은 차시와 같은 단위 교수학습 과정의 범위를 넘어 특정 기관이나 상황의 교수학습 문제를 해결하기 위해 글자 그대로 교수학습체제(instructional systems)의 개발, 예를 들어 '금연 교육프로그램'과 같은 특정 교육훈련 프로그램의 개발[4]을 의미한다(李明根, 1993; Merrill & ID2

4 이 교육훈련 프로그램의 개발 절차가 대체로 분석(Analysis), 설계(Design), 개발(Development), 시행(Implementation), 평가(Evaluation) 등 다섯 단계로 이루어져, 미국 학자들은 이 개념을 언급할 때 이들의 첫 글자들로 조합한 ADDIE라는 용어를 주로 사용한다. 이는 그들에게 친근한 주변 아이의 이름(Eddie, 우리의 경우 '철수')을 연상시키기 때문인데, 우리가 이를 따라 사용하는 것은 무의미하므로 Instructional Systems Development의 약자 ISD를 사용할 것을 제안한다.

Research Group, 1996). 물론 금연 교육프로그램과 같이 1~2시간 분량의 단기 교육훈련 프로그램은 그 규모가 작기 때문에 결과적으로 차시 교수설계와 같아지게 된다. 그리고 교수학습체제 개발, 즉 '교육훈련 프로그램 개발'은 그 과정에서 자연적으로 교수설계를 포함하게 된다. 달리 말하면, 교수설계이론은 구체적 교수학습 상황의 세부 청사진을 만드는 것으로 교육훈련 프로그램 개발의 기본이 된다.

교수설계, 교수학습 설계 그리고 교수학습환경

일반적인 교수설계이론의 개념에 부합하는 전형적인 이론으로서 앞 절에서 논의한 교수학습조건 설계이론의 구조를 하나의 표로 요약하여 정리하면 〈표 14-2〉와 같다.

여기서 파악되는 주요 특징 가운데 하나는 전형적인 교수설계는 기본적으로 학습과제 분석으로부터 시작한다는 것이다. 이는 상이한 학습결과는 상이한 교수학습조건을 필요로 한다는 Gagnè의 주장(Gagnè, 1965)을 전제한 것이다. '교수학습조건 설계이론'에서도 B. Bloom의 교육목표 분류(교수학습 내용 유형: Bloom et al., 1956)를 감안하되 이와는

〈표 14-2〉 '교수학습조건 교수설계이론'의 구조

	학습과제·조건 분석	설계전략	교수설계
교수학습조건 설계이론 (Aronson & Briggs, 1983)	• 5(9) 학습결과 • 내·외적 조건	• 계열화(학습위계) • 9교수절차	• 교수목표 위계+9교수절차

* 주) 5(9) 학습결과: 앞 절에서 언급한 바와 같이 기본적으로 인간의 학습결과 차원에서 교수학습 내용은 기본적으로 다섯 가지(지적 기능, 인지전략, 언어정보, 태도, 운동기능)로 분류되는데, 이 가운데 지적 기능은 다시 '식별, 구체적 개념, 추상적 개념, 규칙, 문제 해결'로 세분화되므로 결국 교수학습 내용의 유형은 총 아홉 가지임을 의미함.

달리 인간의 수행, 곧 일상생활에서의 관점에서 다섯 가지 인간의 학습 결과에 따른 학습과제 분석이 첫 번째 교수설계 절차이다. 물론 Gagnè나 Bloom 등이 교수학습 내용을 일차원적으로 분류한 것과는 달리 '내용(content)'의 차원에서는 사실(fact), 개념(concept), 절차(procedure), 원리(principle)로, 그리고 학습자의 '수행(performance)' 차원에서는 기억(remember), 적용(use), 발견(find)으로 이차원적인 분류를 시도한 경우(Merrill, 1983)도 있다.[5]

일차원 또는 이차원적으로든 교수학습 내용을 분류하여 학습과제 분석을 할 때 중요한 것은, 전형적인 교수설계는 학습내용을 먼저 결정하고 이에 따라 교수목표를 설정한 다음, 적합한 교수전략을 수립하여 처방한다는 것이다. 이처럼 '내용 + 교수전략'으로 전개되는 '내용 위주'의 교수설계이론은 특히 교육현장에서의 '교수학습 후 효과'라는 즉시적이고 실용적인 목적을 충족하기 위해 고안된 것이다. 이는 당시 다인수 교수학습 상황에서의 강의식 지도법으로 대표되는 학교교육을 전제로 할 수밖에 없었고, 특히 이론 수립 과정에서 전통적인 지도법의 기본 절차인 '지도-연습-평가'의 틀에 매몰될 수밖에 없었기 때문이라고 볼 수 있다. 실제로, 교수학습조건 설계이론의 아홉 외적 교수절차는 이 '지도-연습-평가'를 아홉 절차로 세분화한 것이 분명하다. 그러나 학습과제를 분석하여 교수설계를 한다고 해도 진정한 학습효과를 보장하는 충분조건이 될 수는 없다. 이런 점에서 1970년대 후반부터 C. Reigeluth, M. Merrill과 함께 교수설계이론 개발에 참여하였던 B. Wilson은 기존의 교수설계이론의 가치는 초보 설계자나 컴퓨터활

5 Bloom의 동료 및 후학들도 Bloom 등(1956)의 교육목표 분류의 한계점을 지적하고, 지식과 인지과정의 두 차원을 감안한 이차원 분류체계로 수정하여 제시한 바(Anderson, & Krathwohl, 2001) 있다.

용 교수학습(Computer-Based Instruction: CBI)과 같은 자동화된 교수체제 설계에나 유용하다고 한계점을 지적한 바 있다(Wilson, 1996). 더욱이 지식에 대한 모든 표상은 원천적으로 한계를 지니며(Eisner, 1994), 학습과제 분석을 위해서는 지식분류에 대한 합의가 이루어져야 하는데 현재 분류법이 최소 스무 가지나 된다(Anderson & Krathwohl, 2001)는 것도 문제이다.

물론 이러한 '내용 위주'의 접근과는 달리 교수학습 내용 전달 과정에서 자연적으로 내포되는 인지과정까지 규명하여 이를 교수설계의 핵심으로 하는 이론들도 제기된 바 있다. 대표적으로 교수학습 단위요소 전개이론(component display theory: Merrill, 1983)과 인지기제 교수학습 설계이론(algo-heuristic theory of instruction: Landa, 1983)을 들 수 있는데,[6] 기본적으로 이러한 설계이론들은 그동안 학습내용을 전달하는 과정에서 저절로 또는 우연히 이루어지는 것으로 간주한 인지과정까지 직접 다룰 때만이 진정한 학습이 이루어진다는 믿음을 전제로 하는 것이다. 물론 여기서 단순히 교수설계이론이 아니라 교수학습 설계이론으로 '학습'을 추가한 것은 인지과정에 초점을 맞추는, 즉 학습자의 학습에 방점을 두는 교수설계라는 차원에서다. 달리 표현하여 전자인 내용 위주의 교수설계이론을 1.0세대 교수설계이론이라고 한다면, 후자의 인지과정 위주의 교수학습 설계이론은 1.1세대 교수설계이론이라고 할 수 있다.

최근에는 초지능, 초연결 기술로 대표되는 4차 산업혁명의 혁신적 기술들이 교육현장에 대거 도입되는 가운데 교수학습환경(learning

6 이 외에도 같은 맥락에서 탐구교수 설계이론(Collins & Stevens, 1983), 문제해결절차 교수설계이론(Scandura, 1983) 등도 제안된 바 있다.

environments: Jonassen & Land, 2012 참고)이라는 2.0세대 교수설계 패러다임으로 진화하고 있다. 여기서 교수학습환경이란 용어는 단순히 물리적 환경이나 분위기가 아니고, 학습자의 실질적인 학습성과에 초점을 두고 교수자와 학습자를 포함한 유기적인 교수학습활동을 기반으로 하는 교수학습공학적 처방이다. 이는 미리 설계된 교수학습 경로를 처방하는 기존의 교수설계로는 교수학습의 효과성이 보장되지 않으므로, 보다 유연하고 유용한 교수학습환경을 구축하여 학습자의 학습성과를 담보하는 데 방점을 둔다는 차원이다. 물론 교수학습환경 이론은 원래 21세기라는 새로운 세기로 접어들며 새로운 교수학습 패러다임으로서 구성주의(constructivism)를 도모하던 일종의 세기말적 운동(예, Wilson, 1996)의 일환으로 출발한 것이다. 그리고 다음 [그림 14-5]에서와 같이, 21세기로 접어들면서부터 당시 3차 산업혁명의 총아인 ICT를 도입하고, 이어 지속적으로 이를 활용하는 수준이 고도화되면서 새로운 교수설계 패러다임으로 자리매김하고 있다. 최근 들어서는 인공지능과 같은 혁신적인 기술을 적극적으로 도입하며, 행동주의, 인지주의, 구성주의와 같은 학습이론 유형별 교수학습공학의 경계를 넘나드는 융복합적 접근을 통해 복잡한 교수학습 문제에 대한 해결을 모색하고 있다.

이상에서와 같이 '교수설계이론 - 교수학습 설계이론 - 교수학습환경 이론'으로 이어지는 교수설계 패러다임의 진화에 대한 탐구활동이 바로 이 책 전체를 통해 궁극적으로 추구하는 교수학습공학 탐구의 2단계인 '학습이론 유형별 교수학습공학'이다. 즉, 앞서 II부에서 다룬 교수학습공학 탐구의 1단계인 '학습이론별 교수학습공학'에 이어, 이 교수학습공학 방안들을 다시 전반적으로 '내려 봄'으로써 그 유기적 관계를 명확히 파악하고, 포괄적 관점을 유지하는 가운데 행동주의, 인지주의,

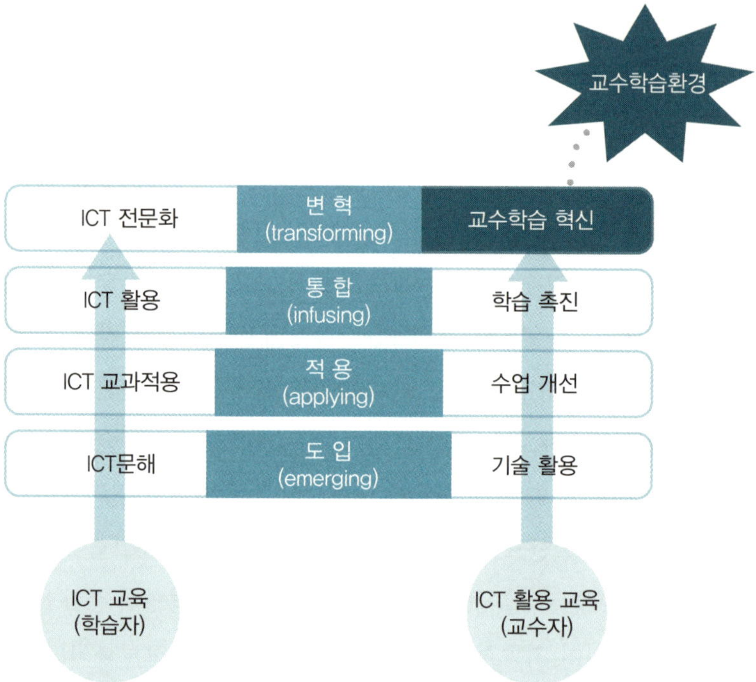

[그림 14-5] 교수학습환경 이론 대두

* 출처: Anderson(2010), p. 33의 그림을 여기 논의에 맞게 일부 의역 및 추가 수정한 것임.

구성주의와 같은 '학습이론 유형별 교수학습공학' 방안, 곧 일종의 융합 교수학습공학 방안을 도출하는 것이다. 이에 대해서는 다음 장에서부터 구체적으로 논의한다.

15장 행동주의 교수학습이론과 교수학습공학

교수학습공학 탐구활동의 2단계인 '학습이론 유형별 교수학습공학'은 교수설계이론으로부터 비롯되었다는 것을 전 장에서 밝힌 바 있다. 또한 앞서 논의한 바와 같이 소위 행동주의 학습이론이라는 것은 한마디로 조건화 이론이다. 이 조건화 이론들의 교수학습원리들을 전반적으로 '내려 봄'으로써 그 유기적 관계를 파악하고 행동주의 교수학습이론을 도출한 다음, 이로부터 교수학습 현장에 적용하는 적용체제를 수립하여 처방하는 것이 바로 행동주의 교수학습공학 방안이다. 이 행동주의 교수학습공학 방안으로서의 전형적인 교수설계이론에는 G. L. Gropper[1]가 주창한 이론이 유일하다고 할 수 있다.

1 G. L. Gropper는 미국 Harvard 대학교에서 사회관계학을 전공(1948)한 후, UC Berkeley 대학교에서 심리학 석사(1953), 그리고 Pittsburgh 대학교에서 심리학 박사학위를 취득(1956)한 후 Digital Equipment사의 교육서비스 개발 및 출판부의 교육훈련 전문가로 활동하였다.

행동주의 교수학습이론과 교수설계

이 책의 II부 '헤쳐 봄'을 통해 살펴본 바와 같이, 행동주의 학습이론에 근거한 대표적인 교수학습공학 방안으로는 결합 조건화 학습이론(E. Thorndike)에 의한 '행동적 목표 활용 교수학습'과 인접 조건화 학습이론(E. Guthrie)에 의한 '목표반응에의 인접배열 교수학습', 그리고 작동 조건화 학습이론(B. Skinner)에 의한 '프로그램화 교수학습'을 들 수 있다(이 책의 4, 5, 6장 참조). 이러한 행동주의 학습이론별 교수학습공학 방안을 넘어서서 이 책의 궁극적 주제인 학습이론 유형별 교수학습공학 방안의 하나인 행동주의 교수학습이론에 따른 교수학습공학 방안은 무엇인가? 다시 말해, 행동주의 학습이론들의 교수학습원리들을 조망하고 연계하여 행동주의 교수학습이론을 도출하고, 이로부터 교수학습 현장에 적용하는 적용체제는 어떻게 수립할 수 있는가?

사실 그동안 행동주의 이론에 관한 논의는 무성하였어도 행동주의 교수설계이론의 전형은 찾아보기 쉽지 않다. 아마도 그 이유는 행동주의는 곧 고전 조건화 학습이론(I. Pavlov)이고, 이른바 'S-R'로 도식화되는 조건반사식 학습이 지극히 단순 논리이기 때문에 더 이상 논할 것이 없다는 식이었거나, 아니면 동물학습에서 흔히 볼 수 있는 이 조건반사 학습 자체에 거부감을 느껴 교수설계이론으로 발전시킬 필요가 아예 없다고 치부하였기 때문이라고 보인다. 분명한 것은 행동주의 이론은 곧 Pavlov의 조건반사로 동일시할 수는 없으며, 흔히 그렇듯 이 개념에만 매몰되는 것은 일종의 착시이고 이론의 본질을 오해하는 것이다. 이는 20세기 초 현대 학습이론 수립을 주도한 대표적 학자 Thorndike와 Skinner 등이 Pavlov의 조건반사 관점을 극복하기 위해 각각 결합 조건화 학습이론(4장)과 작동 조건화 학습이론(6장)을 통해 강조한 내용들을 보면 알 수 있다.

사실 행동주의라는 용어 자체가 이론들의 내용이나 의미를 지칭한 것이 아니라 앞서 1장에서 논의한 바와 같이 애초 이 분야를 태동시킨 독일 실험심리학의 연구방법론이었던 내성법(introspection)의 한계를 극복하고자 채택한 연구방법론에서 명명된 것이다. 실례로, 행동주의 이론의 창시자라고 할 수 있는 John B. Watson(1878~1958)이 객관적이고 과학적인 심리학은 관찰가능한 주제, 곧 행동(behavior)을 다루어야 한다고 역설한 바 있다(Watson, 1924). 그리고 이를 계기로 관찰가능한 행동의 탐구라는 과학적 심리학, 바로 행동주의(behaviorism)라는 미국의 학습심리학이 태동하게 된 것이다. 그런데 여기서 행동을 다룬다는 것은 결국 학습을 환경(environmental events) 차원에서 설명한다는 것으로 이해(Schunk, 2020)해야지 '행동'이라는 용어에만 집착해서는 이론들의 정체성이 모호해진다. 왜냐하면 행동주의 이론뿐만 아니라 다른 모든 학습이론도 당연히 인간의 행동을 다루기 때문이다. 따라서 지금까지 행동주의 학습이론이라고 불려 오던 대부분의 이론은 조건화 이론(conditioning theory)이라고 재규명할 필요가 있다. 이는 20세기 초 현대 학습이론들의 수립과정을 보더라도 결합 조건화 학습이론(E. Thorndike), 인접 조건화 학습이론(E. Guthrie), 작동 조건화 학습이론(B. Skinner)의 흐름으로 이어진 것을 볼 때 분명해진다.

이 조건화 이론들, 즉 행동주의 학습이론들의 본질을 조망하고 연계하여 행동주의 교수학습이론을 도출한다고 할 때, 그것은 '내용 제시(자극)와 목표 반응의 다양한 결합과 그리고 이에 대한 강화'라고 할 수 있다. 그리고 이 교수학습이론에 따른 행동주의 교수학습공학 방안으로서의 교수설계이론은 G. L. Gropper가 수립한 행동주의 교수설계이론이 그 전형이다. 그는 행동주의 학습이론들의 핵심 교수학습원리들을 통합하여 행동주의 교수학습이론을 수립하고, 이를 토대로 C. Reigeluth가 1983년에 편집한 책 『Instructional design theories and models: An overview of their current status』를 통해 처음으로 행동주의 교수설계이론을 발표하였다(Gropper, 1983b).

행동주의 교수설계이론

행동주의 교수학습이론에서는 기본적으로 자극(학습 내용)이 반복적으로 제시되면서 이에 목표 반응이 조건화(conditioning), 즉 형성되는데, 이때 목표 반응은 그 자극의 통제(stimulus control) 아래 있게 된다는 것이다. 다시 말해, 어떤 학습자료가 제공될 때 이에 대한 학습자의 목표 반응을 수행하도록 하는 자극 통제는 행동주의 교수설계의 본질이라고 할 수 있다. 이 자극통제의 수립을 위해서는 두 가지 학습조건이 요청되는데, 하나는 자극에 대해 적합한 반응을 하기 위한 연습(practice)이고 다른 하나는 이에 따른 강화(reinforcement)이다. 그리고 자극통제의 수립을 위해서는 전제조건으로 네 가지 기본 기능, 즉 구성기능(component skills)이 갖추어져야 하는데, 이의 유형과 의미는 〈표 15-1〉과 같다.

이 네 가지 기본기능을 포함하여 행동주의 교수설계에 있어서 주요 요소 및 그들의 관계는 [그림 15-1]과 같다. 여기서 알 수 있는 바와 같이, 행동주의 교수설계의 전반적 절차는 '교수목표 설정 → 교수조건 분석 → 교수전략 규명 → 교수전략과 교수조건의 배합'의 순서로 이루어진다(이명근, 2002; Gropper, 1983b, 1987). 우선 목표반응으로서의 교

〈표 15-1〉 **자극통제의 수립을 위한 기본기능**

식별 (discrimination)	특정자극에 대해 적합한 반응을 하려면, 자극들을 '식별'할 수 있는 능력이 필요하다. 이는 특히 차별 강화(differential reinforcement)에 의해 촉진된다.
일반화 (generalization)	여러 유형의 자극 유목(class) 가운데 같은 유목에 속하는 사례들은 같은 반응으로 통제되어야 한다. 따라서 원래의 자극과 유사한 다른 자극에 대해서도 똑같은 방식으로 반응할 수 있는 일반화 능력이 필요하다.
결합 (association)	단지 식별하고 일반화하는 것만으로는 학습이 완성되지 않는다. 특정 반응을 형성하는 데 적합한 근거로서의 자극과 결합되어야 한다.
연쇄 (chaining)	실제적으로 행동은 연속적으로 연결되는 S-R단위들의 중다로 구성된다. 학습을 위한 자극통제 요건은 이 S-R단위들에도 그대로 적용된다.

수목표(objectives)를 설정하기 위해서는 다음과 같은 다섯 가지 유형을 따른다.[2]

- **사실의 기억**
- **개념정의**
- **규칙 · 원리**[3]
- **절차**[4]
- **문제해결**[5]

---

2 교수목표 설정의 구체적 방식은 결합 조건화 이론(E. Thorndike)의 교수학습공학 방안에서 논의한 행동적 목표(behavioral objectives)이다.

3 설명(explanations)이라고도 표현하였지만 규칙(rule)이나 원리(principle)를 의미한다고 보아야 한다.

4 규칙 또는 절차적 규칙이라고도 표현하였지만 결국 절차(procedures)를 의미하는 것으로 파악된다.

5 규칙 또는 절차의 확대로서, 비구조적 규칙이 주어지거나 학습자 스스로 창출하는 것을 의미한다.

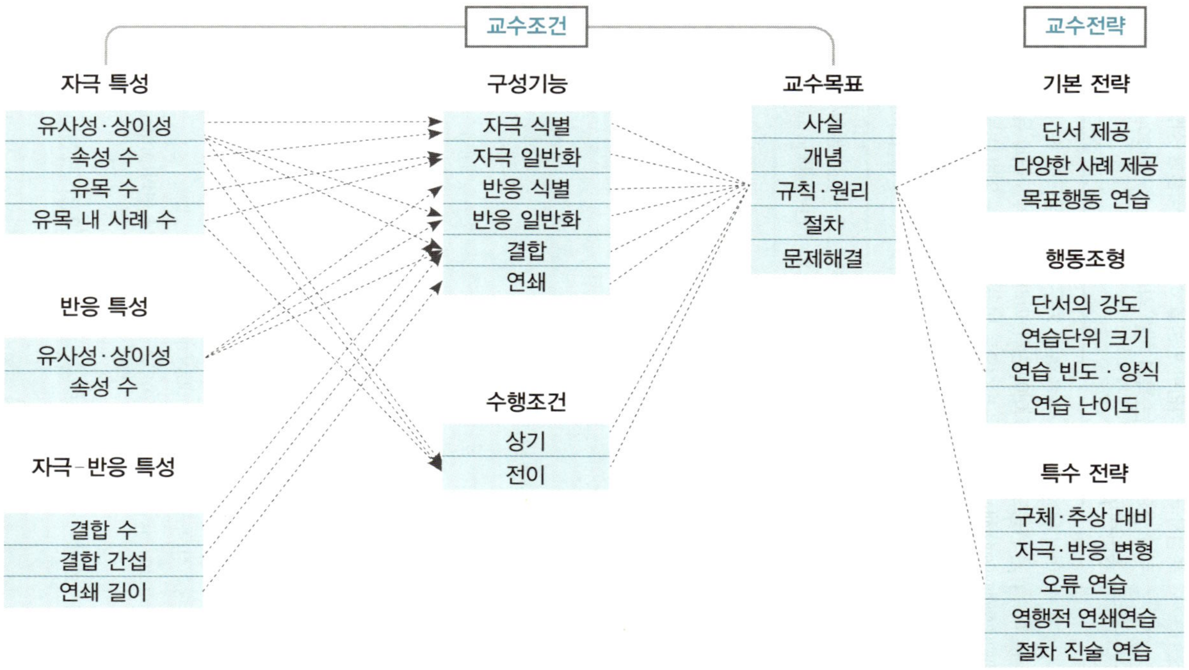

[그림 15-1] 행동주의 교수설계이론의 개념도

* 출처: Gropper(1983b), p. 113을 참조하되 일부 용어 및 내용의 순서는 Gropper(1987)와도 대조하여 논리에 맞게 수정 또는 변경함.

물론 이 유형과 관련하여서는 이 이론이 발표된 두 문헌(Gropper, 1983b, 1987)에서 약간 차이가 있지만 내용 전반을 면밀히 검토해 보면 이와 같이 다섯 가지로 분류된다는 것을 알 수 있다. 그리고 이 목표들은 그 구성기능이나 수행조건에 있어서 상이하게 되므로 이에 대한 분석을 하게 된다.

둘째로, 교수목표를 달성하는 데 필요한 교수조건(conditions)으로서의 구성기능(component skills) 및 수행조건(performance requirements), 그리고 자극·반응의 특성(stimulus-response properties)을 분석하게 된다. 구성기능은 설정한 목표를 구성하는 기본기능으로 내용, 수, 양식, 난도 등에 따라 달라지게 되며, 이를 분석하는 것을 흔히 과제분석이라 한다. 구체적으로는 자극 식별·일반화, 반응 식별·일반화, 결합, 연쇄의 네 가지를 규명한다([그림 15-1]의 2열 상단 참조). 수행조건 분석은 교수학습 후에 상기(recall)를 위해 파지(retention)되고 또 다른 상황에 전이(transfer)될 수 있어야 한다는 차원에서 분석한다. 그리고 자극 및 반응 특성 분석은 자극과 반응의 유사성·상이성, 속성의 수, 유목의 수, 유목 내 자극 수 등이 구성기능(식별, 일반화, 결합, 연쇄)을 다양하게 하고, 아울러 상기와 전이에 영향을 주기 때문에 수행한다. 이는 특히 학습자가 새로운 내용을 학습할 때 쉽거나 어렵다고 느끼는 원인은 바로 포함되는 학습자료의 특성 때문이므로 이들을 여러 측면에서 고려해야 한다는 것이다. 이 구성기능, 수행조건, 자극 및 반응 특성에 대한 분석의 실례를 들면 [그림 15-2]에서와 같다. 이는 6학년 과학 교과의 현미경 사용법이라는 '절차' 교수목표에 대해 행동주의 교수설

1차시: 현미경 사용법

개요[6]

본시 내용은 학습자에게 현미경 사용법을 가르치는 것이다. 다음은 이 목표를 달성하기 위한 교수조건과 이를 위해 선정된 교수전략을 요약한 것이다.

교수조건	교수전략
• 현미경을 사용하는 데 요구되는 각 단계를 수행하기(절차)	• 시연(절차목록) 제공하고 이어 학습자 연습(기본전략)
• 전 단계를 순서대로 수행하기	• (상동)
• 각 단계 및 전 단계에 대한 수행의 정확한 결과를 인지하기	• 정확한 결과의 특징을 단계목록과 함께 제공 • 시연을 점감하면서 어떠한 단서도 없이 연습(행동조형)
• 전 단계를 보조자료 없이 수행하기	
• 학습한 것을 전혀 새로운 현미경에 적용하기	• 다른 종류의 현미경으로 연습(기본전략)

<교수조건>
- 현미경 조작을 하는 데 관계되는 모든 단계를 수행하는 것(**연쇄**)은 이 학습자들에게는 꽤 긴 연쇄라고 판단된다.
- 단계목록을 한 번 읽는 것으로 이 연쇄를 학습하는 것은 현 학습자들에게는 너무 어렵다고 판단된다.

<교수전략>
- 전 단계에 대한 연습에 이어 단계목록이 제시되는 **기본전략**을 사용한다.
- 기본전략에 덧붙여 **행동조형** 전략을 사용한다. 즉, 학습자는 단계목록을 다양한 경우에 계속적으로 사용하게 되는데, 실습 끝부분에서는 전혀 사용되지 않는다(**점감**).

〈도입〉[7]
아주 작은 것을 크게 보기 위해 현미경을 사용할 수 있다. 특히 육안으로 볼 수 없는 것을 보려면 현미경의 사용이 필수적이다. 현미경의 특수 렌즈는 박테리아 같은 작은 사물을 볼 수 있게 해 준다. 현미경 없이는 그와 같은 것들을 전혀 볼 수 없게 된다.

〈목표〉
여기서는 먼저 현미경 사용법을 알려 준다. 그러고 나서 현미경 사용법을 실습하게 된다.
- 물체를 보기 위해 현미경을 사용할 수 있다.
- 상이한 종류의 렌즈를 가지고 물체를 볼 때 일어나는 현상들을 관찰할 수 있다.

〈학습요점〉[8]
여기서는 특히 다음의 내용들을 살펴보시오.
- 현미경을 작동할 때 어떤 단계들을 수행해야 하는가?
- 그 단계들을 어떤 순서로 사용해야 하는가?
- 그 단계들을 올바른 방식으로 사용하였다는 것을 어떻게 알 수 있는가?

〈학습과제〉
- 다음에 있는 단계목록을 읽어 보시오.
- 이어서 실습을 해 보시오.

[그림 15-2] 행동주의 교수설계이론의 과학교과 적용 사례

* 출처: Gropper(1983b), pp. 59-77에서 여기 논의와 관련된 내용만 발췌한 것임.

계를 한 것이다. 여기서 보는 바와 같이, 우선 자극-반응 특성 분석[9]에 의해 현미경 조작을 하는 데 관계되는 단계들을 수행하는 구성기능(연쇄)을 규명하고, 아울러 단계목록을 한 번 읽는 것으로 이 연쇄를 학습하는 것이 학습자들에게는 어렵다고 판단한 경우이다.

셋째로, 분석된 교수조건에 적합한 교수전략(treatment)을 규명한다. 교수전략의 핵심은 목표반응 학습을 위한 연습, 즉 일련의 연습과제와 이에 대한 강화제공을 어떻게 전개하느냐이다. 구체적인 교수전략과 처방의 유형을 예시를 들어 제시하면 〈표 15-2〉와 같다. 여기서 교수전략은 각각 단독으로만 사용되는 것이 아니라 대체로 조합하여 사용하게 된다. 실례로, [그림 15-2]의 개요 상자 아래 교수전략 설계에 대해 설명한 부분을 보면 기본전략과 행동조형 전략을 조합하여 사용한 경우임을 알 수 있다.

끝으로, 앞에서 분석된 교수조건과 규명된 교수전략을 배합함으로써 행동주의 교수설계는 완성된다. 구체적으로 어떤 교수조건이냐에 따라 교수전략 처방의 우선순위는 〈표 15-3〉과 같이 고려하여 배합할 수 있다.

이 외에도 기타 교수전략으로서 선행조직자, 자가교수, 정보제시, 계열화 등이 있으며(Gropper, 1987), 결국 이상의 모든 교수설계 과정을 종합할 때 행동주의 교수설계는 〈표 15-4〉와 같이 하나의 표로 정리할 수 있다.

---

6 해당 차시에 포함되는 '교수조건' 및 이를 위한 '교수전략'을 정리한 것으로, 실제 학습자에게 주어지는 것이 아니라 교수설계자를 위한 참고용이다.

7 여기서부터 실제로 학습자에게 주어지는 교수학습자료이다.

8 실제 교수학습에서 학습자에게 주어지는 것으로 교수설계자에게 해당 차시가 다루는 '구성기능'들을 알려 준다.

9 이는 [그림 15-1]의 왼쪽 1열에서와 같이 자극만의 특성(자극특성)이나 반응만의 특성(반응특성) 분석이 아닌 자극과 반응의 결합으로서의 '자극-반응 특성 분석' 차원이다.

〈표 15-2〉 **교수전략과 처방 유형 예시**

교수전략	처방 유형		
	초 기	중 기	후 기
단서의 강도	• 동물, 사물 등의 이름을 말하도록 그 동물이나 사물의 그림을 사용한다.	• 때때로 그림을 생략한 상태에서 그 그림에 해당되는 똑같은 단어를 반복수행시킨다.	• 읽기 연습 중 어떠한 그림도 제공하지 않는다.
연습단위의 크기	• 문장에 구두점을 찍기	• 문장이나 단락을 쓰기	• 짧은 수필을 쓰기
자극·반응 양식	(언어로 기술된 구체적이고 친숙한 사례, 구체적이고 친숙한 시각적인 사례, 구체적이고 친숙한 절차의 사례에서 시작하여 추상적이고 어려운 양식들을 제시)		
사례의 다양화	• 한 개의 변인만이 포함된 실험을 설계한다.	• 두 개의 변인으로 구성된 실험을 설계한다.	• 다수의 상호작용하는 변인으로 구성된 실험을 설계한다.
연습 내용	• 학생들이 쉽게 확인할 수 있도록 확대된 수행사례로서 음의 높낮이가 뚜렷한 악보를 사용한다.	• 음의 높낮이가 미미하게 차이가 있는 악보를 제시한다.	• 아주 미세한 음의 높낮이를 인식할 수 있도록 하는 준거 음표에 접근하도록 만들어진다.
연습 빈도	(반복의 빈도는 행동의 획득, 파지, 전이를 촉진시켜 주는 주요 도구임)		

* 출처: Gropper(1983b)의 pp. 126-141의 내용을 참고하여 표로 정리한 것임.

이렇게 볼 때, 행동주의 교수설계는 다섯 교수목표별 교수전략 처방이론이라고도 할 수 있다. 그런데 교수목표가 단일 목표가 아니라 중다목표일 경우에는 교수설계의 순서가 중요하게 된다. 다시 말하면, 여러 목표들이 존재할 때, 이들이 서로 위계관계를 가지는지 아니면 전혀 무관한 관계에 있어 계열화에 영향을 받지 않을 것인지를 밝힐 필요가 있

〈표 15-3〉 교수전략 처방 우선순위

	기본 전략 (효율적 교수학습)	행동조형 (기본 전략만으로 충분치 않을 때)	특수 전략 (기본 전략만으로 충분치 않을 때)
상 황	• 모든 목표의 경우	• 다단계포함 목표, 중다 의사결정, 진이문제 포함 목표 (다음 전략유형들의 다양한 조합)	• 교정교육이나 미묘한 자극식별 등 학습의 어려움 예상
교수 전략	• 단서 제공(무엇, 어떻게 지시) • 다양한 사례 제공 • 목표행동 연습 (빈도-파지, 다양-전이 보장)	• 단서의 강도 • 연습 단위 크기 • 연습 빈도·양식 • 연습 난이도	• 구체·추상 대비 • 자극·반응 변형 • 오류 연습 • 역행적 연쇄연습 • 절차 진술 연습

* 출처: Gropper(1983b)의 pp. 144-148의 내용을 참고하여 표로 정리한 것임.

다. 이와 관련하여 행동주의 교수설계이론은 면밀한 과제분석을 통해 중다목표 사이에서 상대적인 수행관계(performance relationship)의 우선순위를 분석한 후, 어떤 목표를 어떻게 제시하는 것이 보다 효과적인지를 판단해야 한다고 강조한다.

이론적 평가

행동주의 교수학습공학 방안으로서 G. L. Gropper가 주창한 행동주의 교수설계이론은 관련 학습이론들의 핵심 교수학습원리들을 조망하고 연계하여 행동주의 교수학습이론을 도출한 다음 이를 근거로 정교하고 일종의 완벽한 수준의 교수설계이론을 제시하였다고 평가

〈표 15-4〉 행동주의 교수설계

	구성기능	자극-반응 특성	기본 전략	행동조형·특수 전략
사실의 기억·적용	• 다중 자극-반응 결합 • 학습종료 후 일정 간격으로 상기	• 자극-반응결합의 수 • 기존 결합의 간섭 • 중다결합에서의 유사성	• 사실을 말해 줌 • 사실의 진술 또는 적용 연습 검토	• 많은 수의 결합 → 높은 수준의 단서 제공 • 기존 결합의 간섭 → 오류 연습
개념 정의	• 사례와 비사례 식별 • 사례의 일반화 • 정의 • 일정 기간 후의 상기 • 다른 사례에의 전이	• 사례와 비사례 간 높은 유사성, 상이성 • 식별, 일반화하기에 많은 속성을 가진 자극 • 많은 유목 수 • 크기가 큰 유목	• 개념정의 제공 • 사례와 비사례 제시 • 속성정의 목록, 원리 제공 • 개념정의와 사례제시 연습	• 특별한 유형의 단서 제공 • 사례와 비사례, 하위 사례들을 짝 지어 제공 후 인식수행 • 사례를 점차 어렵게 제시 • 개념 간 차이점을 좁혀 나가면서 사고를 섬세하게 유도
규칙·원리	('개념 정의'의 경우와 유사)			
절차	• 절차과제 간의 식별과 일반화 • 각 절차별 식별 및 일반화 • 절차의 연쇄화 • 학습 최종결과에 대한 식별 및 일반화 • 학습종료 후 상기 및 전이	• 유사과제와 식별이 어려운 경우 • 과제의 비유사성으로 인한 일반화 및 전이가 어려운 경우 • 유목 간, 유목내 다양성–식별 및 일반화의 어려움 • 긴 연쇄의 경우	• 각 절차의 확인 • 각 절차의 수행 • 규칙 제시 • 반복 연습 • 다양한 사례를 통한 반복연습	• 보조자료 및 체크리스트의 사용 • 식별 및 일반화를 위한 준거목록 • REP(Recognize–Edit–Produce) 과정 • 오류 연습 • 역행적 연쇄연습 • 차이 강조
문제해결	('절차'의 각 경우와 유사)			

* 출처: Gropper(1983b)의 pp. 148–155의 내용을 참고하여 표로 정리한 것임.

(Reigeluth, 1983)된다. 특히 그의 이론적 투철함과 논리 정연성, 치밀한 형식성과 사전계획성 그리고 명확함을 추구하려는 노력 등은 높이 평가하기에 전혀 부족함이 없다고 할 수 있다. 그렇기 때문에 Gropper 자신도 교수설계이론 및 모형들을 평가하고 비교하기 위해 계량적이고 실증주의적인 메타이론을 제시하기도 하였다(Gropper, 1983a). 실제 그는 상이한 학습조건(학습곤란도를 가중치로 하는 학습요건)에 대한 교수처치(교수전략 정도를 가중치로 하는 학습요건에 대한 교수전략)의 총합으로 교수설계의 학습 성취도를 예측함으로써 해당 이론이나 모형의 가치를 평가할 수 있는 공식을 제안한 바 있다.

그러나 나름대로의 이론적 완전성에도 불구하고 행동주의 교수설계이론은 세 가지 관점에서 여전히 이론적 한계점을 드러낸다. 첫째로, 행동주의 교수설계의 본질인 자극통제의 수립을 위한 두 가지 학습조건 중 하나인 강화(reinforcement)의 측면에서 작동 조건화 학습이론(B. Skinner)이 강조한 강화배열(reinforcement schedules)의 수준만큼 반영하지 못한 점은 특히 아쉬운 한계점이라고 할 수 있다. 강화이론으로서의 모습을 취하지 않으면 조건화 이론은 이론적 충분성을 갖추지 못하게 되기 때문이다.

둘째로, 앞서 전 장에서 논의한 교수설계이론의 본질에 비추어 볼 때 행동주의 교수설계이론의 또 다른 한계점이 대두된다. 곧, 행동주의 교수설계이론은 효과성과 효율성이 확보되면 학습자의 동기유발은 자동적으로 수반된다고 가정하는 것이다. 그러나 이것은 부분적으로만 사실일 뿐이며, 예컨대 만족도도 교수설계이론의 성과에 있어서 매우 중요한 요인이 될 수 있다. 특히 이러한 점은 J. Keller가 이른바 동기유발 교수설계이론으로 주창한 바 있다(Keller, 1983).

끝으로, 행동주의 교수설계이론은 어디까지나 교수학습조건의 한 축인 외적 조건에만 초점을 맞춘 것이고, 내적 조건을 완전히 도외시하였다는 점에서 분명한 그리고 특히 중요한 한계점이라고 할 수 있다. 이는 교수학습의 내적 조건 및 외적 조건을 두루 강조한 교수학습조건 설계이론(Aronson & Briggs, 1983; Gagnè & Briggs, 1979; Gagnè, Briggs, & Wager, 1988)과 비교하면 더욱 명확해진다.

16장 인지주의 교수학습이론과 교수학습공학

20세기 중반에 이른바 정보처리 학습이론으로 촉발된 인지주의 학습이론은 당시 행동주의 학습이론이 간과한 인간의 기억에 의한 인지과정을 탐구하는 데 집중한 이론이다. 이러한 탐구주제 전환의 영향을 받아 교수설계이론의 발전도 자연히 학습자 내면의 인지과정에 초점을 맞추는 흐름으로 전개되었다. 이 과정에서 인지주의 접근을 표방하며 교수학습조건 설계이론, 교수학습 단위요소 전개이론, 탐구교수학습 설계이론, 인지기제 교수학습 설계이론, 문제해결절차 교수학습 설계이론 등 다양한 교수설계이론이 제기된 바 있다. 그러나 인간의 인지과정을 제대로 다룬 인지주의 교수설계이론에 대해서는 보다 엄격하게 따져 볼 필요가 있다.

인지주의 교수학습이론과 교수설계

여러 가지 면에서 행동주의 학습이론과 대조되는 인지주의 학습이론은 앞서 이 책의 I부를 통해 살펴본 바와 같이 행동주의 관점이 학문적 득세를 하던 20세기 전반부에 인간의 인지 현상은 무시되거나 기껏해야 뇌 활동의 부산물이라는 관점에 따라 탐구활동 자체가 위축되었었다. 그러나 이성론의 전통 속에서 유럽 독일의 형태주의(Gestalt) 학파, 스위스의 J. Piaget(1896~1980) 등에 의해 이에 대한 탐구가 면면히 이어지는 가운데, 심지어 행동주의 학자로 분류되기도 하는 E. Tolman(1886~1959)도 자극과 반응 사이의 중재변인이라는 개념을 포함한 일종의 마중물 격 인지주의 학습이론인 신호학습 이론을 주창한 바 있다. 그리고 20세기 중반에는 인류역사상 최초로 컴퓨터가 출현하며 정보처리 학습이론(information-processing theory)으로 촉발되고, 이어 장기기억의 결과로서 지식의 형성 그리고 조망인지, 문제해결과 같은 복잡학습에 이르기까지의 인간의 인지과정을 규명하는 탐구주제로 그 범위가 확장되며 오늘에 이른 것이다.

인지주의 학습이론들의 교수학습공학 방안으로는 이 책의 II부를 통해 살펴본 바와 같이 '문제에 대한 정확한 지각을 통한 해결' '기대 수립 및 이의 확인' '정보처리(기억) 및 숙련된 수행 촉진' '다양한 지식의 장기기억화와 복잡 인지기능 형성' '관찰 행동에 대한 인지적 행동산출 과정 지도' 등 다양하게 규명된 바 있다. 이러한 학습이론별 교수학습공학 방안을 넘어서서 이 책의 궁극적 주제인 학습이론 유형별 교수학습공학의 하나로서 인지주의 교수학습이론에 따른 교수학습공학 방안은 무엇인가? 다시 말해, 인지주의 학습이론들의 교수학습원리들을 조망·연계하여 인지주의 교수학습이론을 도출하고, 이로부터 교수학습 현장에 적용하는 적용체제는 어떻게 수립할 수 있는가?

우선, 인지주의 학습이론들의 교수학습원리들을 융합하여 인지주의 교수학습이론을 도출한다고 할 때, 인지주의 학습이론의 효시라고도 할 수 있는 신호학습 이론(E. Tolman)이나 형태주의 학습이론(Gestalt

학파)은 인지주의 관점을 선도한 일종의 초기 수준의 마중물 이론이므로 인지주의 이론으로서의 충분성이 결여되어 제외할 필요가 있다. 곧, 정보처리 학습이론과 이어 20세기 중후반부터 발달한 인지주의 학습이론이 기본적으로 이 융합의 대상이다. 그리고 다른 학습이론들과는 달리 개인 간의 학습이론이라는 차원에서 독특한 관찰학습 이론의 교수학습원리까지 포괄하는 인지주의 교수학습이론은 '다양한 지식 유형의 장기기억화 및 인지기능의 형성과 뒤이은 되알리기(feedback)'라고 할 수 있다. 물론 이 장기기억화 과정에는 당연히 관찰학습 이론의 교수학습공학 방안인 관찰 행동에 대한 인지적 행동산출 과정 지도가 포함된다. 그리고 여기서 강조하는 되알리기는 다름 아닌 교수학습 후 '교수자의 되알리기'에 의해 다양한 지식 유형의 장기기억화와 인지기능의 형성을 보장하게 하는 일종의 '교수자에 의한 형성평가'이다. 이는 행동주의 교수설계이론에 있어서 필수 요소인 '강화(reinforcement)'와 교수설계에 있어서 같은 기능을 하는 것이라고 볼 수 있다. 물론 여기서는 그 특성이 내재적(intrinsic)이고, 행동주의 교수설계이론에서의 강화는 외재적(extrinsic)이라는 점에서 본질적인 차이가 있다.

그동안 인지주의 교수설계와 관련하여서는 대표적으로 정보처리 학습이론 관점을 도입하여 수립된 이론으로 '교수학습조건(conditions of learning) 설계이론'이 회자되어 왔다(Aronson & Briggs, 1983; Gagnè & Briggs, 1979; Gagnè, Briggs, & Wager, 1988 참조). 앞서 14장에서 살펴본 바와 같이, 교수학습조건 설계이론은 인간의 다섯 가지 학습결과(언어정보, 지적 기능, 인지전략, 태도, 운동기능)별로 교수학습의 내적 및 외적 조건을 규명하는 것으로부터 시작한다. 그리고 학습위계의 원리에 따라 교수과정을 계열화한 다음, 아홉 외적 교수절차(9 external events of instruction)를 배열하되 교수활동별로 적절한 매체를 활용하며 교수설계를 한다는 것이다. 여기서 특히 외적 조건 충족의 일환으로서 아홉 외적 교수절차는 정보처리 학습이론에 근거하여 도출된 개념이다 (Gagnè, 1974 참조).

인지주의 교수학습공학 탐구의 흐름 속에서 수립된 교수학습조건 설계이론은 당시로서는 전통적 교수학습 방식을 넘어서는 교수설계(instructional design)라는 혁신적인 시도였으나 인지주의 교수설계이론으로서의 대표성을 인정받기에는 결정적인 한계를 드러낸다. 왜냐하면 이 이론이 학습자의 내적 정보처리 과정이나 장기기억의 결과로서 지식의 유형을 반영함으로 인해 인지주의를 표방하지만, 엄밀하게 볼 때 결국 인지주의 학습이론의 본질인 인간의 인지과정을 핵심 교수과정에서 간과하였기 때문이다. 즉, 이 교수설계이론의 마지막 단계인 아홉 외적 교수절차가 강의식 지도법의 기본 절차인 '지도 – 연습 – 평가'의 틀을 그대로 따르며 세분화한 것에 불과한 것이라는 것을 알 수 있다. 아마도 이는 당시 다인수 교수학습 상황에서의 강의식 지도법으로 대표되는 학교교육을 전제로 할 수밖에 없었고, 특히 이론 수립과정에서 전통적 교수학습 방식인 강의식 지도법의 기본 틀을 벗어날 수 없었기 때문이라고 볼 수 있다.

이러한 맥락에서 인지주의 교수학습이론에 따른 교수학습공학 방안으로서의 인지주의 교수설계이론은 M. D. Merrill[1]의 교수학습 단위요소 전개이론(component display theory)과 L. N. Landa[2]의 인지기제 교

1 M. D. Merrill(1937~)은 미국 Illinois 대학교에서 1964년 박사학위를 취득한 후, Vanderbilt 대학교 등 다수의 미국 대학의 교수를 거쳐 최종적으로는 Florida 주립대학교 교수를 역임하였고, 현재 Utah 대학교 명예교수로 활동하고 있다.

2 L. N. Landa(1927~1999)는 구 소련 출신 학자로, 모스크바 심리학 연구원에서 박사학위를 취득하고 같은 곳에서 교수 및 원장을 역임한 후, 미국으로 이주하여 자신의 이론을 연구하는 연구소와 기업을 운영하였다.

수학습 설계이론(algo-heuristic theory of instruction)이 그 전형이라고 할 수 있다. 이 두 설계이론은 당시 본격 탐구되기 시작한 지식의 장기 기억화 그리고 이어서 인지기능의 형성으로 확대되기 시작한 인지주의 학습이론의 탐구주제에 초점을 맞춘 교수설계이론이다. 그러므로 인지주의 교수설계이론이라는 용어는 이제 '학습'을 추가하여 '교수학습 설계이론'으로 재규정할 필요가 있다. 이는 특히 15장에서 논의된 행동주의 '교수설계이론'에서 결여된 학습에서의 인지과정을 강조하는 차원에서 엄밀해질 필요가 있기 때문이다.

인지주의 교수학습 설계이론

인지주의 교수학습 설계이론의 전형으로서 교수학습 단위요소 전개이론(component display theory)은 인지적 영역(cognitive domain)의 교수학습 내용에 대한 교수과정의 구체적 전개에 초점을 둔 미시적 수준[3]의 교수설계이론(micro theory)이다(Merrill, 1983, 1987; Merrill & Twitchell, 1994). 원래 교수학습 단위요소 전개이론은 교수설계이론 자체의 수립보다는 컴퓨터 활용 교육(Computer-Assisted Instruction: CAI)이나 인쇄자료 등의 설계를 위한 이론으로 개발되면서 교수설계이론으로 발전한 것으로 알려져 있다. 그리고 인지기제 교수학습 설계이론(algo-heuristic theory of instruction)은 「학습자의 추론방법의 형성」에

3 여기서 미시적이라는 의미는 다른 교수설계이론에 비해서 그렇다는 상대적인 개념이다. 예컨대, Reigeluth(1983, 1987b)의 정교화 설계이론은 다른 이론들에 비하면 미시적 수준의 교수설계이론이지만 교수학습 단위요소 전개이론에 비하면 상대적으로 거시적인 이론이다.

관한 L. N. Landa의 1955년 박사학위 논문을 토대로 1966년에 『교수학습의 알고리즘화』라는 저서로 출간[4]되면서 알려지게 된 이론(Landa, 1974)이다.

교수학습 단위요소 전개이론

교수학습 단위요소 전개이론은 우선 교수설계의 첫 단계로, 당시까지 모든 이론이 교수학습 내용을 일차원적으로 분석(예, Bloom et al., 1956; Gagnè, 1965)한 것과는 달리 다음 그림에서와 같이 내용 및 수행의 두 차원을 고려한 이른바 교수학습 단위요소(component)들을 규명한다([그림 16-1] 참조). 즉, 첫 번째 내용의 차원에서는 사실(fact), 개념(concept), 절차(procedure), 원리(principle)의 네 가지로, 그리고 두 번째 학습자의 수행(performance)의 차원에서는 기억(remember), 적용(use), 발견(find)의 세 가지로 분류한다.

여기서 네 가지로 구분되는 내용과 세 가지로 구분되는 수행의 두 차원을 같이 고려하면 구체적으로 10개의 교수학습 단위요소로 규명된다. 여기서 교수학습 단위요소의 수는 원래 3×4이므로 12개이지만, 일

[그림 16-1] 교수학습 단위요소

* 출처: M. D. Merrill (1983), p. 286.

4 러시아 판은 1966년, 독일어 판으로는 1969년에 출간된 것이다.

반성과 추상성을 결여하는 사실의 특성 그리고 교수학습 상황이라는 것을 감안할 때 사실의 적용 및 발견은 해당되지 않으므로 결국 10개가 된다. 물론 이 10개의 교수학습 단위요소로 규명한다는 것은 일반적으로는 학습과제 또는 교수목표로 설정하는 것을 의미한다.

이상과 같이 일차원적 학습내용이 아닌 이차원적 교수학습 단위요소로 규명한 다음에는 교수과정의 기본적인 전개방식(display)으로서 일련의 지도방식과 교수과정의 설계원리를 따라 설계를 한다. 다시 말하면, 주 지도방식(primary presentation form)과 보조 지도방식(secondary presentation form), 그리고 교수과정의 설계원리인 일치성 원리(consistency)와 적절성 원리(adequacy)에 따라 교수설계를 한다는 것이다.

주 지도방식

주 지도방식은 교수과정 전개의 가장 기본적인 방식으로, 다음 [그림 16-2]에서와 같이 교수학습 내용의 표현방식과 학습자의 반응을 고려한 전개방식의 두 차원을 구성하는 요소들의 조합에 의해 결정된다.

우선 교수학습 단위요소 전개이론이 대상으로 하는 모든 인지적 영역의 교수학습 내용들은 일반성(generality) 아니면 사례(instance)의 두 가지 방식으로 표현된다. 그리고 일반성으로 혹은 사례로 표현된 교수

	설명식 (E)	질문식 (I)
일반성 (G)	일반성의 설명 (EG)	일반성의 질문 (IG)
사례 (eg)	사례의 설명 (Eeg)	사례의 질문 (Ieg)

[그림 16-2] 교수학습 단위요소 전개이론의 주 지도방식

* 출처: M. D. Merrill(1983), p. 306의 내용을 이론 취지에 맞게 일부 용어를 수정 · 변경한 것임.

학습 내용은 설명식(expository) 또는 질문식(inquisitory)으로 전개할 수 있다. 여기서 설명식이란 말로 전달하거나 제시하거나 보여 주는 것 등을 의미하고, 질문식이란 질문에 대답하도록 하거나 소기의 수행을 하도록 하는 것을 의미한다. 이러한 교수학습 내용의 표현방식과 학습자의 반응을 고려한 전개방식의 두 차원을 구성하는 일반성, 사례, 설명식, 질문식 등의 요소들의 조합으로 이루어지는 주 지도방식의 유형은 [그림 16-2]에서와 같이 다시 네 가지로 분류된다. 다시 말하면, 주 지도방식에는 크게 일반성의 설명(EG), 사례의 설명(Eeg), 일반성의 질문(IG), 사례의 질문(Ieg) 등 네 가지 방식으로 나뉘어진다.

보조 지도방식

보조 지도방식(secondary presentation form)은 주 지도방식에 따른 학습자의 정보처리를 촉진하거나 또는 배경과 같은 일종의 흥미거리를 제공하는 방식들을 말한다. 이 보조 지도방식에는 대표적으로 여섯 가지가 있는데, 각각의 의미와 교수학습 단위요소 전개이론에서 표현하는 방식은 〈표 16-1〉과 같다. 이 보조 지도방식들은 말 그대로 앞서 언급한 네 가지 주 지도방식을 보조하여 활용되는데, 이러한 경우들을 기호로 표현하면 [그림 16-3]과 같다. 여기서 보는 바와 같이 모든 보조 지도방식이 모든 주 지도방식과 함께 활용되는 것은 아니고, 특정 주 지도방식에 있어서는 특정 보조 지도방식이 활용되지만 다른 주 지도방식에는 활용되지 않는다는 것을 알 수 있다.

일치성 원리

일치성 원리(consistency)는 교수과정의 주요 전개방식으로서의 주 지도방식을 앞서 논의한 바 있는 교수학습 단위요소 분석의 두 차원인

〈표 16-1〉 보조 지도방식

보조 지도방식	의미	기호
배경 (context)	• 주 지도방식에 의해 전개되는 내용의 관련 상황이나 역사적 배경의 제공	c
선수정보 (prerequisite)	• 다루어지는 내용과 관련하여 학습자가 미리 알아야 하는 정보의 제공	p
기억법 (mnemonic)	• 학습자가 내용을 암기하도록 도와주는 정보나 방법의 제공	mn
주의집중기제 (mathemagenic help)	• 주의집중기제나 도움말 등의 제공	h
재표현 (representation)	• 재진술, 상황 전환, 도표 등 상이한 방식으로 표현	r
되알리기 (feedback)	• 정답(correct answer: ca)의 직접 제공 또는 간접 제공(right, wrong: rw), 도움말과 함께(help: h) 되알리기를 제공, 또는 실제 적용(use: u)해 보아서 되알리기를 제공	FB′ca FB′rw FB′h FB′u

	EG	Eeg	Ieg	IG
배경(c)	EG′**c**	Eeg′**c**	Ieg′**c**	IG′**c**
선수정보(p)	EG′**p**	·	·	·
기억법(mn)	EG′**mn**	Eeg′**mn**	·	·
주의집중기제(h)	EG′**h**	Eeg′**h**	Ieg′**h**	IG′**h**
재표현(r)	EG′**r**	Eeg′**r**	Ieg′**r**	IG′**r**
되알리기(FB)	X	X	Ieg′**FBca** Ieg′**FBh** Ieg′**FBrw**	IG′**FBca** IG′**FBh** IG′**FBu**

[그림 16-3] 주 지도방식에 따른 보조 지도방식의 활용

* 출처: Merrill(1983), p. 307과 Merrill & Twitchell(1994), pp. 151-152의 내용을 참고하되 이론 취지에 맞게 일부 수정(예, Eeg′p 없앰)한 것임.

* 주) ×: 해당 사항이 없음을 의미함.

·: 해당 사항이 있을 수 있지만 실제 사례가 명확하지 않아 원 저자가 비워둔 것으로 판단하여 저자가 ·으로 표시함.

교수학습 내용 및 학습자의 수행에 따라서, 즉 일치하여 전개해야 한다는 것을 의미한다. 이를 하나의 표로 종합하여 나타내면 〈표 16-2〉와 같게 된다. 이는 교수학습 내용 및 학습자 수행을 반영하는 주 지도방식의 전개 원리로서 필요한 지도방식이 제공될 때 학습자의 성취 및 교수학습의 효과성은 증대되고, 적합한 지도방식이 전개되지 않으면 효과성은 감소한다는 것을 강조하는 것이라고 할 수 있다.

적절성 원리

적절성 원리(adequacy)는 교수학습 내용 및 학습자 수행에 따라 지도방식들 간의 적절한 관련성 수립을 해야 한다는 것을 의미하며, 주 지도방식에 대한 보완적인 기능을 하는 보조 지도방식의 경우처럼 교수과정의 두 번째 설계원리로서의 적절성 원리는 일치성 원리를 보완하는 것이라고 할 수 있다. 즉, 일치성 원리에 따른 교수과정의 전개라는 필요조건의 충족에도 불구하고 충분조건까지 갖추기 위해서는 바로 여기서 논의하는 적절성 원리가 반영되지 않으면 안된다는 것이다.

적절성 원리는 두 가지로 이루어지는데, 먼저 일치성에 의한 주 지도방식의 전개를 보완하기 위해 교수과정 전개과정(지도-연습-평가)에서 보조 지도방식을 적절히 활용하는 것이다. 즉, 〈표 16-3〉에서처럼 보조 지도방식의 적절한 활용[5]은 곧 학습자의 성취 및 학습의 효율성을 증대시키게 된다.

5 표에는 수행의 수준('수행수준')만을 고려한 것으로 나타나 있지만, 실제적으로는 수행 및 내용에 따른 보조 지도방식의 적절성 원리를 의도한 것으로 보아야 한다. 즉, 발견, 적용, 일반성의 기억 수준에서는 개념, 절차, 원리의 내용에 대한 발견, 적용, 기억을 포함하는 것이고, 사례의 기억 수준의 경우에는 이러한 세 내용(개념, 절차, 원리)에다 사실에 대한 기억까지 포괄하여 의미하는 것이다.

〈표 16-2〉 교수학습 내용 및 수행수준과 주 지도방식 간의 일치성 원리

교수과정 / 내용·수행		지도: 일반성의 설명(EG)	지도: 사례의 설명(Eeg)	연습 (=평가): 사례의 질문(Ieg)	연습 (=평가): 일반성의 질문(IG)	주 지도방식의 전개
사실 (기억)		X	쌍 사물–명칭(소재) 사건–명칭(소재) 상징–명칭(소재)	명칭(소재) 사물 사건 상징 (명칭,지적?)	X	Eeg + Ieg+ Ieg
개념	발견	X	X	유형탐색 새로운 사물, 사건, 상징 (우형?) +	정의고안 (새로운 정의?)	Iegs.N + IG.N + Iegs.N + IG.N
개념	적용	정의 명칭 상위개념 속성 및 관계 +	사례 명칭 사물, 사건, 상징 모든 속성, 표상	분류 사물, 사건, 상징 모든 속성, 표상 (명칭, 규명?)	X	EG + Eegs + Iegs.N + Iegs.N
개념	일반성의 기억	정의 명칭 상위개념 속성 및 관계 +	사례 명칭 사물, 사건, 상징 모든 속성, 표상	X	정의 진술 명칭 기술 (정의?)	EG + Eeg + IG.P + IG.P
개념	사례의 기억	X	사례 명칭 사물, 사건, 상징 모든 속성, 표상	명칭 사물, 사건, 상징 모든 속성, 표상 (명칭?)	X	Eeg + Ieg + Ieg

(표 계속)

내용·수행 \ 교수과정		지도: 일반성의 설명(EG)	지도: 사례의 설명(Eeg)	연습 (=평가): 사례의 질문(Ieg)	연습 (=평가): 일반성의 질문(IG)	주 지도방식의 전개
절차	발견	X	X	절차탐색 목표, 실물 (절차?) +	절차고안 (새로운 절차?)	Iegs.N + IG.N + Iegs.N + IG.N
절차	적용	활동 목표–명칭 단계, 순서, 의사결정, 계열 +	시연 단계, 의사결정, 표상	시연 실물, 자료, 가상 자료 (실행?)	X	EG + Eegs + Iegs.N + Iegs.N
절차	일반성의 기억	활동 목표–명칭 단계, 순서, 의사결정, 계열 +	시연 단계, 의사결정, 표상	X	단계진술 목표–명칭 기술, 반응형식 (진술, 그리기?)	EG + Eeg + IG.P + IG.P
절차	사례의 기억	X	시연 목표–명칭 단계, 의사결정, 표상	시연 실물, 자료, 가상 자료 (실행?)	X	Eeg + Ieg + Ieg

(표 계속)

내용·수행 \ 교수과정		지도		연습 (=평가)		주 지도방식의 전개
		일반성의 설명(EG)	사례의 설명(Eeg)	사례의 질문(Ieg)	일반성의 질문(IG)	
원리	발견	X	X	<u>문제탐색</u> 상황 (해결책?) +	<u>원리발견</u> (새로운 명제?)	Iegs.N + IG.N + Iegs.N + IG.N
	적용	<u>명제</u> 명칭 사건 개념 관계 +	<u>설명</u> 명칭 상황 진행	<u>예측</u> 명칭 상황 (예측?)	X	EG + Eegs + Iegs.N + Iegs.N
	일반성의 기억	<u>명제</u> 명칭 사건 개념 관계 +	<u>설명</u> 명칭 상황 진행	X	<u>명제의 진술</u> 명칭 기술 (명제진술?)	EG + Eeg+ IG.P + IG.P
	사례의 기억	X	<u>설명</u> 명칭 상황 진행	<u>설명</u> 명칭 상황 (설명?)	X	Eeg + Ieg + Ieg

〈표 16-3〉 보조 지도방식의 적절한 활용

수행수준	지도		연습		평가	
	EG	Eeg	Ieg	IG	Ieg	IG
발견	X	X	·	IG′FBu	·	IG′FBu
적용	EG′h,p,r	Eeg′h,r	Ieg′r,FBca,h	X	Ieg′r,FBca,h	X
일반성의 기억	EG′mn	Eeg′h	X	IG′FBca,h	X	IG′FBca,h
사례의 기억	X	Eeg′mn	Ieg′FBca,h	X	Ieg′FBca,h	X

* 주) Merrill & Twitchell(1994), pp. 164-175의 내용을 분석하여 표로 정리한 것임.

적절성 원리의 두 번째는 주 지도방식의 구성요소들(예, 사례 수나 주의집중기제, 되알리기 같은 보조지도방식, 그리고 학습자 제어 등) 간의 적절한 관련성 수립(interdisplay relationships)에 의해서도 이루어진다. 〈표 16-4〉는 바로 교수과정의 전개에 있어서 수행과 내용[6]에 따른 주 지도방식의 구성요소들 간의 적절한 배열의 원리들을 예시한 것이다.

이상에서 논의된 일치성 원리와 적절성 원리들을 종합하면 교수학습 단위요소 전개이론은 결국 교수학습 단위요소별 교수설계로 귀결되는데, 이를 하나의 표로 종합하면 〈표 16-5〉와 같다. 여기서 알 수 있는 바와 같이 교수학습 단위요소 전개이론은 한마디로 교수학습 내용 및 학습자 수행에 따른 총 13가지 교수과정의 전개전략들로 이루어진다. 그리고 이 교수과정의 전개전략들은 일치성 원리 및 적절성 원리를 반영하여 교수학습의 효과성과 효율성을 촉진하게 된다.

6 여기서도 표에서는 수행의 수준('수행수준')만을 고려한 것으로 나타나 있지만 앞의 경우와 마찬가지로 실제적으로는 수행 및 내용에 따른 주 지도방식의 구성요소들 간의 적절한 배열의 원리를 의도한 것이라고 보아야 한다.

〈표 16-4〉 주 지도방식의 구성요소들 간 적절성

수행수준	지도	연습	평가
발견	X	다양성, 지연, 학습자 제어	다양성, 지연, 학습자 제어
적용	결부, 점감, 난이도, 묶음, 다양성, 분리, 학습자 제어, 사례 수	결부X, 점감, 난이도, 계열화, 다양성, 분리, 학습자 제어, 사례 수	(좌동) + 지연, 준거, 주의집중기제X, 되알리기X
일반성의 기억	묶음, 분리, 학습자 제어	지연, 준거, 사례 수, 분리, 학습자 제어	지연, 준거, 사례 수, 분리, 학습자 제어
사례의 기억	묶음, 무선, 분리, 학습자 제어	지연·비지연, 사례 수, 준거, 무선, 분리, 학습자 제어	지연·비지연, 사례 수, 준거, 무선, 분리, 학습자 제어

* 주 1) Merrill & Twitchell(1994), pp. 164-175의 내용을 분석하여 표로 정리한 것임.
* 주 2) '사례의 기억'에서 '(무선: random)'의 의미는 사실이나 개념에만 해당되며, 이와는 달리 순서가 있는 절차나 원리의 경우는 이 원리가 해당되지 않음.

인지기제 교수학습 설계이론

인지기제 교수학습 설계이론[7]은 전통적인 교수학습의 치명적인 한계점에 대한 문제의식에서 출발하였다. 즉, 전통적인 교수학습은 한마디로 인지과정은 가르치지 않고 내용 위주의 지식전달만을 하는 데 있다는 것이다. 그렇기 때문에 특히 복잡한 학습내용의 경우에 전이는커녕 파지, 즉 장기기억도 되지 않아 인출도 어렵게 된다(Landa, 1983). 교수학습의 효과, 즉 장기기억은 물론 새로운 문제상황으로의 전이를 위해

7 algo-heuristic theory of instruction: 물론 여기서 L. Landa는 '교수이론(theory of instruction)'으로 표현하였지만 당시 교수설계(instructional design)의 개념이 없었으므로 그렇게 명명할 수밖에 없었을 것이라고 생각된다. 그러나 이 이론은 엄연히 교수설계이론, 여기서는 정확히 교수학습 설계이론이라고 해야 한다.

〈표 16-5〉 교수학습 단위요소 전개이론의 교수설계 원리(13 교수과정 전개전략)

단위요소		일치성 원리		적절성 원리	
사실(기억)		Eeg + leg+ leg	Eeg: 쌍 leg: 명명(지적)하기	Eeg: mn leg: FB'ca	Eeg(지도): 묶음 leg(연습 · 평가): 비지연, 준거(100%), 사례수(1) 전반: 무선, 분리, 학습자 제어
개념	발견	legs.N + IG.N+ legs.N + IG.N	legs.N: 유형탐색 IG.N: 정의고안	IG.N: FB'u	legs.N(연습 · 평가): 다양성, 지연 전반: 학습자 제어
개념	적용	EG + Eegs+ legs.N + legs.N	EG: 정의 Eegs: 사례 legs.N: (새로운 사례) 분류하기	EG: h, p, r Eegs: h, r legs: r, FB'ca+h	EG + Eegs(지도): 결부, 점감, 난이도 legs.N(연습): 결부×, 점감(되알리기), 난이도(무선) legs.N(평가): 결부×, 되알리기×, 도움말×, 지연, 준거(연동) 전반: 다양성, 분리, 학습자 제어, 사례수 안배
개념	일반성의 기억	EG + Eeg+ IG.P + IG.P	EG: 정의 Eeg: 사례 IG.P:정의 진술하기	EG: mn Eeg: h G: FB'ca+h	EG + Eegs(지도): 묶음 IG.P(연습 · 평가): 지연(短), 준거(高), 사례수(최소2) 전반: 분리, 학습자 제어
개념	사례의 기억	Eeg + leg+ leg	Eeg: 사례 leg: (동일사례)명명하기	leg: FB'ca	Eeg(지도): 묶음 leg(연습 · 평가): 비지연, 준거(100%), 사례수(1) 전반: 무선, 분리, 학습자 제어
절차	발견	legs.N + IG.N +legs.N + IG.N	legs.N: 절차탐색 IG.N: 절차고안	IG.N: FB'u	legs.N(연습 · 평가): 다양성, 지연 전반: 학습자 제어

(표 계속)

단위요소		일치성 원리			적절성 원리
절차	적용	EG + Eegs + Iegs.N +Iegs.N	EG: 활동 Eegs: 시연 Iegs.N: 시연하기	EG: h, p, r Eegs: h, r Iegs: r, FB'ca+h	EG + Eegs(지도): 묶음, 결부, 점감, 난이도 Iegs.N(연습): 결부×, 점감(되알리기) Iegs.N(평가): 묶음×, 결부×, 지연, 주의집중기제×, 되알리기×, 준거(高) 전반: 다양성, 분리, 학습자 제어, 사례수 안배
	일반성의 기억	EG + Eeg+ IG.P + IG.P	EG: 활동 Eeg: 시연(참조사례) IG.P: 단계 진술하기	EG: mn Eeg: h IG.P: FB'ca+h	EG+Eeg(지도): 묶음 IG.P(연습 · 평가): 지연(短), 준거(高), 사례수(최소2) 전반: 분리, 학습자 제어
	사례의 기억	Eeg + Ieg+ Ieg	Eeg: 시연 Ieg: (동일사례)시연하기	Ieg: FB'ca+h	Eeg(지도): 묶음 Ieg(연습 · 평가): 지연(短), 준거(100%), 사례수(1) 전반: 분리, 학습자 제어
원리	발견	Iegs.N +IG.N + Iegs.N+ IG.N	Iegs.N: 문제탐색 IG.N: 원리발견	IG.N: FB'u	Iegs.N(연습 · 평가): 다양성, 지연 전반: 학습자 제어
	적용	EG + Eegs + Iegs.N+ Iegs.N	EG: 명제 Eegs: 설명 Iegs.N: (새로운 상황) 예측	EG: h, p, r Eegs: h, r Iegs: r, FB'ca+h	EG+Eegs(지도): 묶음, 결부, 점감, 난이도 Iegs.N(연습): 결부×, 계열화, 점감(되알리기) Iegs.N(평가): 묶음×, 결부×, 지연, 주의집중기제×, 되알리기× 전반: 다양성, 분리, 학습자 제어, 사례수 안배
	일반성의 기억	EG + Eeg + IG.P + IG.P	EG: 명제 Eeg: 설명(참조사례) IG.P: 관련성 진술하기	EG: mn Eeg: h IG.P: FB'ca+h	EG+Eeg(지도): 묶음 IG.P(연습 · 평가): 지연(短), 준거(高), 사례수(최소2) 전반: 분리, 학습자 제어
	사례의 기억	Eeg + Ieg+ Ieg	Eeg: 설명 Ieg: (동일사례)설명	Ieg: FB'ca+h	Eeg(지도): 묶음 Ieg(연습 · 평가): 지연(短), 준거(100%), 사례수(1) 전반: 분리, 학습자 제어

* 주) Merrill(1983, 1987); Merrill & Twitchell(1994)의 전반적 내용을 종합하여 하나의 표로 정리한 것임.

서는 학습자가 어떤 문제를 해결하는 데 있어서 일련의 기본적 인지조작들로 구성되는 과정을 교수자가 일관적으로 산출하여 교수학습 과정에서 학습자에 의해 모호하지 않게 수행되는 기본적인 인지조작으로 분석하게 된다. 이러한 분석을 통해 절차적 과정(algorithmic processes) 또는 발견적 과정(heuristic processes)으로 규명되며, 이는 다시 [그림 16-4]와 같이 각각 절차적 처방(prescriptive algorithmic model) 또는 발견적 처방(prescriptive heuristic model)으로 규명하여 교수설계를 하게 된다.

인지기제 교수학습 설계를 하는 데 있어서는 다른 교수설계이론들과 마찬가지로 우선 가르칠 지식의 분석에서부터 시작한다. 그런데, 10장에서 논의한 바와 같이 인지주의 학습이론에서는 장기기억의 결과로서의 지식을 규명하고 분류하는 데 있어 학자들마다 상이한 방식을 취하고 있음을 알 수 있다. 인지기제 교수학습 설계이론에서 전제하는 지식의 분석 역시 Landa의 독특한 관점을 따르는데 그림으로 표시하면 [그림 16-5]와 같다. 여기에서 알 수 있는 바와 같이, 인지기제 교수학습 설계이론은 지식을 기능, 능력, 인성으로 변환하며, 기능 및 능력 그리고 이들을 실현하는 수행의 근간이 되고, 단순히 지식의 획득뿐만 아니라 문제해결 및 어떤 활동의 수행에 적용되는 조작(operations) 및 과정(processes)을 규명하여 이를 교수학습에 효과적으로 구현하는 것이다.

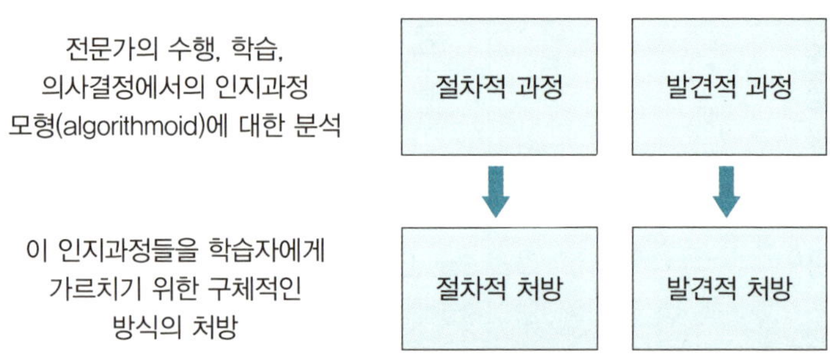

[그림 16-4] 절차적 처방 및 발견적 처방

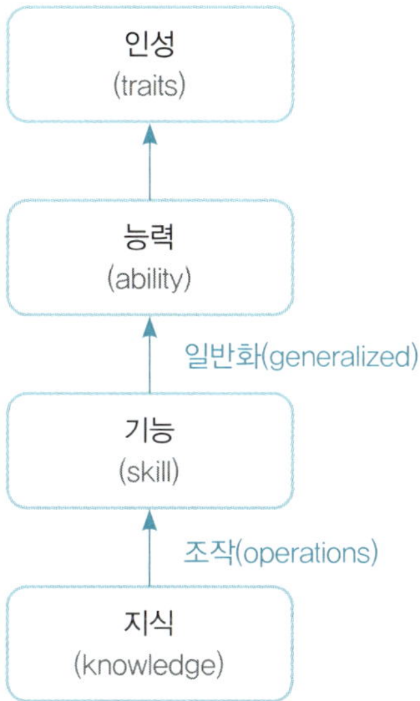

[그림 16-5] 지식의 분석

* 출처: Landa(1983), pp. 167, 171-172의 내용을 요약하여 그림으로 표시한 것임.

이를 Landa의 용어로 표현하면, 인지기제 교수학습 설계의 출발은 지식의 분석으로부터 시작하되 인지과정으로서의 조작(인지조작)을 기본적 수준(elementariness)으로 (과제)분석하여 다시 구성함으로써 설계한다는 것이다. 예를 들면, '상황을 분석하다' '관련요인을 규명하다'와 같은 활동을 구성하는 기본조작(elementary operations)들에 대한 규명으로부터 다시 구성하게 된다. 즉, 장기기억은 물론 새로운 문제상황으로의 전이를 위해 특히 학습자가 어떤 문제를 해결하는 데 있어서 일련의 기본적 인지조작들인 인지기제를 수립하는 것이 중요하다.

인지기제 교수학습 설계 과정에서 설계원리 또한 독특하다고 할 수 있는데, 주로 교수학습 과정에서의 정의, 당위문, 경험적 명제, 교수학습 규칙 등 다양한 교수학습 명제들(instructional propositions)의 구조화된 집합으로 표현된다. 이를 정리하면 [그림 16-6]과 같다.

(전략)

2. 기제[처방] 대 시연을 통한 과정의 교수학습

〈경험적 명제 1〉 기존의 절차적–발견적 조작 및 과정을 활성화하거나 새로운 절차적–발견적 조작 및 과정을 형성하는 확실한 두 가지 방법은 조작의 기제[처방]와 시연이다(조작을 숙달하는 데 있어서 연습 또한 필요함).

〈경험적 명제 2〉 관찰가능한 운동조작은 기제[처방] 또는 시연에 의해 가르칠 수 있지만, 관찰 불가능한 인지조작은 운동조작적 내용인 경우를 제외하고는 처방에 의해서만 활성화 및 형성될 수 있다.

〈경험적 명제 3〉 학습자의 심리적 특성에 따라 조작 및 과정의 시연을 통해 더 쉽고 빠르게 학습하는 경우가 있고, 또는 기제[처방]를 통해 더 쉽고 빠르게 학습하기도 하며, 시연 및 기제[처방]를 함께 사용하는 경우에 또는 시연이나 기제[처방] 어느 것이든 무관하게 잘 학습하는 경우도 있다.

〈당위문〉 기제[처방]에 의해서는 효과가 없고 시연에 의해서는 효과적으로 학습하는 학습자의 경우, 어렵다 하더라도 기제[처방]를 통해 학습하는 능력을 발달시켜 주는 것이 중요하다.

〈교수학습규칙 1〉 시연과 기제[처방] 모두를 통해 조작을 가르칠 수 있고, 학습자가 시연을 통해 더 쉽게 배우며, 교수자가 기제[처방]를 통해 더욱 잘 학습하게 하는 것이 목적이 아니라면, 시연이 주 방법으로 사용되어야 한다.

〈교수학습규칙 2〉 시연과 기제[처방] 모두를 통해 조작의 활성화 및 형성이 가능하고, 학습자가 기제[처방]를 통해 더 쉽게 학습하며, 교수자가 시연을 통해 더욱 잘 학습하게 하는 것이 목적이 아니라면, 기제[처방]가 주 방법으로 사용되어야 한다.

*이상은 '개별 학습자의 심리 특성 파악' 및 '개별 특성에 맞는 개별화 교수의 수행가능성'을 전제하는 것인데, 이를 충족하지 못하는 경우는 다음 세 교수학습규칙이 적용됨:

〈교수학습규칙 1〉 개별 학습자의 심리특성은 파악되지 않지만 개별화 교수가 가능한 경우에는 기제[처방] 및 시연 두 방법을 차례로 사용하여 어느 것이 학습자에게 더 바람직한지 규명한다.

〈교수학습규칙 2〉 개별 학습자의 심리특성은 파악되나 개별화 교수가 불가능한 경우에는 가능한 기제[처방] 및 시연 두 방법을 함께 사용하되, 시연이 불가능한 경우에는 기제[처방]를 사용한다.

(그림 계속)

〈교수학습규칙 3〉 개별 학습자의 심리특성이 파악되지 않고 개별화 교수도 불가능한 경우에도 가능한 기제[처방] 및 시연 두 방법을 함께 사용하되, 시연이 불가능한 경우에는 기제[처방]를 사용한다.

3. 기성의 절차적 · 발견적 과정 · 기제[처방]의 교수학습 대 학습자 스스로의 개발

〈당위문〉 학습자로 하여금 절차적 – 발견적 과정을 개발하도록 하거나 적어도 특정 과정을 개발하도록 하는 것은 기성의 과정을 제공하거나 단지 사용법을 가르치는 것보다 훨씬 교육적으로 가치가 있다.

〈경험적 명제〉 절차적 – 발견적 과정을 학습자가 스스로 개발하는 것은 기성의 과정을 학습하거나 숙달하는 것보다 일반적으로 훨씬 더 어렵고 시간이 더 걸린다.

〈결론 1〉 발견적 전략만 사용하는 교수는 실제적으로 불가능하다.

〈결론 2〉 학습자에게 절차적–발견적 과정을 개발하는 방법을 가르치거나 이를 특정 사례를 통해 개발하도록 할 때는 수행 및 학습, 기능, 능력 등을 효율적으로 개발하기 위해 학습하고 적용해야 하는 기성의 과정들을 제시하면서 다른 사례에 연계되어야 한다.

4. 절차적 · 발견적 과정 · 기제[처방]에 대한 전반적 대 단계적 교수학습

〈경험적 명제 1〉 절차적 – 발견적 과정이 너무 길어서 전체적으로 가르치는 것이 비효과적이거나 불가능하다면, 단계적 접근법(조작별로)을 사용한다.

〈경험적 명제 2〉 절차적 – 발견적 과정의 길이는 상대적이어서 개별 학습자의 심리 특성에 따라 달라진다.

〈경험적 명제 3〉 각 단계의 크기는 개별 학습자에 따라 어떤 조작이 기본적인 조작인지 그리고 한 번에 얼마나 많은 기본 조작들을 학습할 수 있는지에 달려 있다.

〈경험적 명제 4〉 기본적 수준(elementariness)의 기준은 실험적으로 결정될 수밖에 없다.

〈교수학습규칙 1〉 학습자에게 절차적–발견적 과정을 효과적으로 가르치기 위해서는 각 과정을 개별 학습자에게 기본적인 조작들로 분석한다.

〈교수학습규칙 2〉 학습자에게 절차적–발견적 과정을 효과적으로 가르치기 위해서는 학습자가 한 번에 학습할 수 있는 일련의 조작들의 길이를 규명한다.

(후략)

[그림 16–6] **인지기제 교수학습 설계원리**[8]

* 출처: Landa(1983), pp. 190–204에서 여기 논의에 맞게 발췌한 것임.

이상에서와 같이 인지기제 교수학습 설계의 전반적 절차는 '지식분석에 의한 교수학습목표 설정 → 인지과정 규명 → 인지기제 수립 → 절차적·발견적 교수학습 개발 및 수행'의 순서로 이루어진다고 할 수 있다. 이와 관련하여 구체적 사례로 과학교과에서 볼록렌즈와 오목렌즈를 구분하는 데 적용한 경우(Landa, 1987)를 예시하면 [그림 16–7]과 같다.

1. 볼록렌즈의 유형

[A] **1) 볼록렌즈의 여러 유형에 대한 지시적 특징을 규명하고 이에 따른 인지기제 수립**

교사: 볼록렌즈의 여러 유형 중에 광학장치에서 흔히 사용되는 세 가지 형태는 다음과 같습니다. 이들의 차이를 드러내는 특징은 무엇인가요?

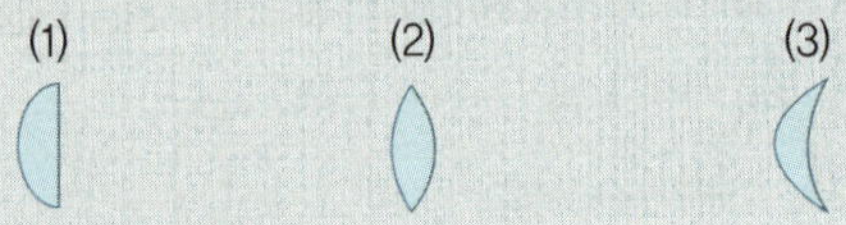

학생: (1)은 하나의 평평한 면을 가지고 있습니다.
교사: 그러한 렌즈를 무엇이라 할까요?
학생: 평평한 볼록렌즈요?
교사: 얼추 맞습니다. 그러한 렌즈를 반구면 렌즈라고 합니다. 앞서 간단히 설정한 인지기제와 관련해서 이를 좀 더 확장해 볼까요? (중략)
교사: 이제, 다른 두 유형을 구분하는 지시적 특성을 살펴보도록 합시다. 이 둘을 서로 구분하게 하는 것은 무엇인가요?
학생: 하나는 두 면이 다 볼록하고, 다른 것은 한 면은 볼록하고, 다른 한 면은 오목합니다.
교사: 두 면이 다 볼록한 렌즈를 무엇이라 할 수 있을까요?

(그림 계속)

8 원래 Landa가 이 이론을 처음 제안할 때(1983)의 교수학습 설계 원리는 5개였는데, 4년 뒤(1987)에는 이 중 4개를 채택하고 새로운 3개를 추가하는 등 이론의 불안정성을 드러내, 여기서는 두 제안 가운데 다른 것들은 생략하고 공통적으로 들어 있는 것 중 비교적 명료한 3개만을 예시한 것이다.

학생: 볼록볼록렌즈요?

교사: 그래요. 보다 정확히 말하면 양면 볼록렌즈입니다. 그렇다면 한 면이 오목하고 다른 한 면이 볼록한 렌즈는 무엇이라고 할까요? 자, 그럼 볼록렌즈의 유형을 그림으로 제시하고, 이어서 양면 볼록렌즈와 오목 볼록렌즈를 구분하기 위한 인지기제를 써 볼까요?(학생들이 교사의 도움을 받으며 확장 인지기제를 써 본다).

2) 인지기제 구분조작 연습

[B] 교사: 이제 상이한 볼록렌즈들을 구분하는 인지기제를 연습해 봅시다. 여기서는 다른 유형의 렌즈들을 보여 줄 텐데, 인지기제에 따라 구분하고 이름을 붙여 봅시다. (중략)

학생들이 인지기제에 따라 구분하기를 완전학습할 때까지 교사는 이 과정을 반복한다. 이어지는 교수학습에서는 인지기제에 기술된 인지과정들을 내면화하고 자동화하는 것을 하도록 한다.

[A] <교수학습목표> 학생들에게 볼록렌즈의 다양한 유형의 지시적 특징을 확인하게 하고 그에 상응하는 인지기제를 써 보게 한다.

[B] <교수학습목표> 학생들로 하여금 인지기제를 사용하여 볼록렌즈의 유형을 규명하는 실제적인 연습을 하게 한다.

2. 오목렌즈의 유형
(볼록렌즈에 대한 교수학습 과정과 동일)

3. 어떤 유형의 렌즈도 인식할 수 있는 포괄적 인지기제 수립 및 연습

[A] ① 교사: 우리는 볼록, 오목렌즈에 관해 각각의 인지기제를 알게 되었습니다. 이제 그것들을 하나의 포괄적인 인지기제로 만들어 봅시다. 어떻게 될까요?

학생: 아마도 이와 같을 것입니다.

(그림 계속)

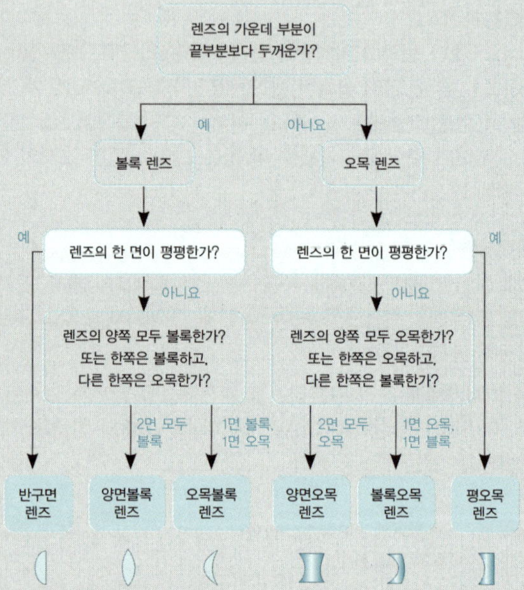

[B] ② 교사: 이제 이 인지기제를 여러 유형의 렌즈들을 구분하는 데 적용해 봅시다.

여기서 사용된 교수전략은 볼록렌즈와 오목렌즈를 규명하기 위한 각각의 인지기제를 내면화하고 자동화하는 데 사용된 것과 동일하다. 각각의 인지기제들이 이미 내면화, 자동화되었으므로 하나의 단일 과정으로 포괄하는 데 특별히 문제가 없다.

[A] <교수학습목표> 볼록, 오목렌즈의 구분을 위한 각각의 인지기제를 포괄하여 상이한 렌즈들을 구분하기 위한 포괄적 인지기제를 수립한다.

[B] <교수학습목표> 전체 구분과정들을 내면화하고 자동화하기 위해 포괄적 인지기제를 가지고 연습한다.

[그림 16-7] 인지기제 교수학습 설계이론의 과학교과 적용 사례

* 출처: Landa(1987), pp. 139-150의 내용을 여기 논의에 맞게 변경하여 정리하고, 해당 부분마다 교수설계 의도를 해설(필기체)한 것임.

이상에서와 같이, 과학교과의 렌즈 관련 단원에서 볼록렌즈와 오목렌즈의 대비되는 특성에서 출발하여 여러 유형의 렌즈들에 대한 특성까지 파악하는 흐름도 형식의 인지기제를 통해 교수학습의 과정을 다음과 같이 크게 세 단계로 설계한 것을 알 수 있다.

- 첫째, 지식분석에 의한 교수학습목표의 설정:
  - "렌즈들의 유형을 학습하고 구분할 수 있는 개념, 기능, 능력을 함양한다."
- 둘째, 인지과정 규명:
  - 어떤 지식, 인지조작들이 형성되어야 하는가
  - 렌즈의 유형에 대한 효과적인 개념형성을 위해 어떻게 진행해야 하는가?
  - 주어진 렌즈가 여섯 가지 중 어떤 유형에 속하는지를 결성할 수 있는 능력을 어떻게 함양할 수 있는가?
- 셋째, 인지기제 수립 및 교수학습:
  - 논리적으로 적합하고, 경제적인 지시특성(indicativc features)의 규명
  - 이 조작들의 구성 및 구조에 대한 명확한 규명(모형수립)
  - 렌즈유형의 구분조작(identification operations)에 대한 절차적 인지기제
  - 순차적, 의식적에서 즉각적, 무의식적 인지조작(algorithmoid)으로의 전환

지금까지 살펴본 '절차적' 인지기제 교수학습 설계와는 달리 '발견적' 인지기제 교수학습 설계와 관련하여서는 앞서 [그림 16-6]의 '인지기제 교수학습 설계원리 3'의 '결론 1'에서와 같이 이론적으로만 가능하고, 순수 발견적 교수학습은 실제적으로는 불가능하다고 규정하고 있다. 즉, 모든 교수학습 과제는 절차적(algorithmic)이거나 아니면 준절

차적(semi-algorithmic), 혹은 준발견적(semi-heuristic)이라는 것이다. 따라서 발견적 인지기제 교수학습 설계에 준하는 '준발견적' 인지기제 교수학습 설계에 관한 예시를 들면 [그림 16-8]과 같다. 이는 러시아 학생들에게 어문법에 대해 교수학습 설계를 한 경우이다.

1단계

〈목표〉 '문법에 맞는 논술' 문제를 해결하기 위해 학습자로 하여금 유사해 보이지만 상이한 문법현상들을 식별하는 능력의 중요성을 깨닫도록 한다.

〈조건〉 거의 비슷한 교육 배경을 지닌 학생들로 구성된 학급이므로, 각 학생들의 심리 특성에 맞는 개별화 교수학습으로 설계할 필요가 없다.

〈교수학습〉

① 문법에 맞는 논술을 위한, 문법현상에 대한 정확한 규명의 중요성을 설명한다.
② 문법현상에 대한 규명능력의 결여가 어떻게 그릇된 논술로 인도하는지를 사례를 통해 시범 보인다.

2단계

〈목표〉

① 학생들로 하여금 문법현상의 정확한 규명은 일반 현상에 대한 규명능력의 한 특정 사례이고, 현상규명 능력은 그 지시 특성들에 대한 지식에 달려 있음을 인식하게 한다
② 학생들로 하여금 규명과정에 관련되는 요인에 대한 전문용어를 학습하도록 한다.

〈교수학습〉

① 문법현상에 대한 규명절차는 원칙적으로 다른 현상에 대한 규명절차와 다르지 않음을 설명한다.
② 학생들을 문제해결을 위해 대상을 규명해야 하는 일상적 상황에 직면하게 한다.
③ 학생들로 하여금 규명능력에 관련되는 요인을 인식하도록 질문한다.
④ 이 요인들에 대한 전문용어들을 배우도록 한다.

(그림 계속)

3단계

〈목표〉

① 학생들로 하여금 대상을 인식하도록 해 주는 특성들을 선정하도록 한다.
② 학생들에게 적합한 지시 특성과 부적합한 지시 특성의 개념을 발달시킨다.
③ 학생들에게 충분 및 불충분 지시 특성의 개념을 알게 한다.
④ 지시 특성이 추론을 하는 데 충분조건인지 또는 대상이 어떤 부류에 속하는지의 여부를 규명하는 데 사용되는 인지조작들에 대해 알게 한다.

〈교수학습〉

① 학생들에게 대상을 인식하기 위해 어떤 지시 특성을 지적할 수 있는지를 질문한다.
② 학생들이 지적한 특성들이 분명히 인식가능한 것인지 질문한다.
③ 학생들이 지적한 특성들이 대상을 인식하기에 충분한 것인지 질문한다.
④ 학생들의 대답을 평가하고, 설정된 목표에 따라 발달시켜야 하는 개념들을 형성하도록 논평한다.

[그림 16-8] **준발견적 인지기제 교수학습 설계 예시**

* 출처: Landa(1983), pp. 204-207의 내용을 요약 · 정리한 것임.

여기에서 알 수 있는 바와 같이 준발견적 인지기제는 그동안 교육학 분야에서 언급해 왔던 유도발견(guided discovery)과 같은 개념이므로 준발견적 인지기제 교수학습 설계는 결국 유도발견 교수학습 설계라고 할 수 있다.

이론적 평가

인지주의 교수학습이론에 따른 교수학습공학 방안의 하나로서 '교수학습 단위요소 전개이론'은 다양한 유형의 지식 및 인지기능의 장기기억화라는 인지주의 교수학습이론의 본질에 근거하여 학습성과를 극대화하기 위한 최적의 교수학습공학 방안을 제시한 이론이라고 할 수 있다. 특히 지식의 효과적 장기기억화를 위해 내용 중심의 일차원적 접근에 매몰돼 있던 다른 교수설계이론들과는 달리 학습자의 수행, 즉 인지과정까지 고려한 이차원적 학습과제 분석을 고안하여 반영한 최초의 교수설계이론으로서 결코 간과할 수 없는 중요한 이론으로 평가되어야 한다. 이러한 획기적인 시도로 인해 교수학습 단위요소 전개이론은 그동안 컴퓨터 활용 교육프로그램 설계를 비롯한 다양한 교수설계 상황에서 기본 이론 틀로서 적용되어 왔다.

'인지기제 교수학습 설계이론'도 학습자 내면의 인지과정인 인지기제라는 인지주의 교수학습이론의 핵심 본질을 직접 다룬 선구적 이론이라는 점에서 또한 높이 평가할 수 있는 이론이다. 이는 행동주의 교수학습이론과 같은 기존 이론들이 어차피 인지과정은 다루기 불가능하므로 내용, 즉 지식을 전달하는 과정에서 저절로 이루어진다고 간주하며 의도적으로 외면했다는 사실을 상기하면 특히 그렇다. 뿐만 아니라 교수학습 설계과정에서 독창적인 지식분석을 토대로 인지기제를 통한 기능·능력의 함양이라는 독창적이고 혁신적인 교수학습 목표를 창안함으로써 교수설계이론으로서의 충분성도 갖추었다는 점도 간과할 수 없다.

물론 이 두 이론 외에도 인지주의 교수학습이론에 근거한 이론으로서 탐구교수학습 설계이론(Collins & Stevens, 1983)과 문제해결절차 교수학습 설계이론(Scandura, 1983) 등도 회자된 바 있다. 그러나 이 이론들은 인지과정 자체만을 기술적으로 다루고, 그것의 토대가 되는 지식의 분석은 결여되었다는 점에서 특히 체제접근 차원의 인지주의 설계이론의 전형으로 분류하기에는 부족한 면이 있어 정교한 교수이론에

불과한 이론이라고만 치부할 수 있다.[9]

이와 같이 기본적으로 학습자의 인지과정에 초점을 맞추었다고 해서 교수설계이론의 충분조건이 충족된다는 것은 아니라는 점에 유의할 필요가 있다. 다시 말해, 인지기제나 인지절차에 초점을 맞춘 교수설계라고 해서 모든 교수학습에 효과적으로 적용되어 학습효과가 보장되지는 않는다. 더욱이 행동주의 교수설계이론은 물론이고 인지주의 교수학습 설계이론과 같이 미리 설계된 학습경로를 따르는 교수학습은 이른바 객관주의(objectivism) 틀에 매몰돼 있다는 치명적인 비판을 피할 수 없다. 예컨대, 학습자의 구성능력을 발휘할 수 없는 교수학습 설계는 오늘날 교수학습공학 탐구에 있어 설 자리가 없게 된다.

9 '4요소 문제해결 전략 교수학습 설계(4C/ID)이론'(van Merriënboer et al., 1992, 2002)의 경우도 같은 맥락인데, 이론 수립 10년 기간 그리고 그 이후 다른 논문(van Merriënboer et al., 2006)에 이르기까지 대폭 수정 및 변경하는 등 불안정한 이론으로 판단되어 논의에서 제외한다.

17장 구성주의 교수학습이론과 교수학습공학

미리 설계된 학습경로를 따르도록 하는 이른바 객관주의 틀에 매몰돼 있던 기존 교수설계이론에 대한 통렬한 비판과 더불어 21세기라는 새로운 세기로 접어들며 새로운 교수학습 패러다임으로서 구성주의를 도모하던 일종의 세기말적 학술연구 운동이 구성주의 교수학습이론에 대한 관심을 불러일으킨 바 있다. 그리고 당시 3차 산업혁명의 총아인 ICT를 전폭적으로 도입하고, 이어 지속적으로 이를 활용하는 수준이 고도화되면서 구성주의 교수학습환경 이론이 대두되고 그동안 강조되어 왔다. 최근에는 혁신적인 4차 산업혁명 기술을 전격적으로 도입하며 다시 다양한 교수학습환경 모형으로 진화하는 형국이다.

구성주의 교수학습이론과 '교수설계'?

기본적으로 학습자의 인지과정을 무시한 행동주의 교수설계이론의 치명적인 한계점을 극복하기 위해 제시된 인지주의 교수학습 설계이론이라고 해서 교수설계이론의 취지를 모두 충족하는 것은 아니다. 즉,

인지기제나 인지절차에 초점을 둔 교수설계라고 해서 모든 교수학습에 효과적으로 적용되어 그 효과가 보장되는 것이 아니다. 중요한 것은 지식의 본질에 대한 인식론적 접근이다. 예컨대, 지금까지 시도된 교수설계이론의 첫 절차인 학습과제 분류는 학습자에게 지식을 어떻게 효과적으로 전수하느냐에 초점을 맞춘 전달식(transmission) 교수설계를 전제로 한 것이었다. 이는 특히 선수지식(예, 사실이나 개념)이나 반복적으로 사용되는 규칙적 기능(recurrent skills)을 요구하는 정형(well-structured) 학습과제에 적합한 것이다. 반면에 비규칙적 기능(non-recurrent skills)을 주로 포함하는 이른바 비정형(ill-structured) 학습과제에 대해서는 전혀 새로운 교수설계를 필요로 한다. 그럼에도 지금까지는 이러한 지식의 본질적인 특성을 원천적으로 무시한 채 일단 지식의 분류에 치중하고 여기에 일률적인 접근을 시도한 것이다. 이는 모든 지식을 비현실적으로 단순화하고 이를 정형화하여 미리 정해진 학습경로를 따라 전달하는 데 치중함으로써 진정한 교수학습 효과를 원천적으로 포기하는 것이나 마찬가지였다.

그러므로 비정형 학습과제를 포함하는 진정한 의미에서의 효과적인 교수학습을 위해서는 교수설계에 대한 재개념화가 필요하다. 먼저 단순 지식, 즉 정형 학습과제의 경우는 학교나 훈련 상황에서 흔히 접하게 되는 보통의 문제해결 과정에서 습득되는 것으로 제한된 범위의 개념, 규칙, 원리 등을 적용하면 해결되는 지식이다(Jonassen, 1997). 따라서 이에 대한 교수학습은 대체로 선수학습의 검토를 토대로 문제해결에 대한 모형화를 통해 해결책을 모색하도록 도와주는 이른바 객관적(objectivist) 패러다임의 교수학습이 적합하다. 반면에 고등 지식, 즉 비정형 학습과제의 경우는 흔히 일상생활이나 전문 영역에서 접하게 되는 문제들이라고 할 수 있다. 이러한 문제들은 특정 교과영역에 국한되는 것이 아니므로 그 해결책 역시 예측적이거나 수렴적인 것과는 거리가 멀며, 기본적으로 학제적(interdisciplinary)이어서 특정 영역의 개념이나 원리들을 적용해서는 해결되지 않는다. 다시 말해, 비정형 문제들은 알 수 없는 측면을 포함하거나 다양한 해결책 또는 심지어 해결책이 없을 수도 있는 문제라고 할 수 있다. 따라서 이에 대한 교수학습은 〈표 17-1〉의 우측에서 보는 바와 같이 '학습자의 지식구성 과정을 전제로 교수자가 교수학습환경을 구축하고 운영하는 가운데 학습자의 자기주도적 탐구학습을 촉진'하는 교수학습이 필수적이다. 이것이 바로 이른바 구성주의(constructivism) 교수학습이론이며, 흔히 말하는 창의 교육도 바로 이를 지향하는 것이라고 할 수 있다. 달리 표현하면, 고등 지식의 구성을 위한 교수학습은 단순한 학습(learning)보다는 일종의 탐구

〈표 17-1〉 **정형 및 비정형 학습과제의 교수학습**

정형 학습과제	비정형 학습과제	
	교수자	학습자
• 선수학습요소(사실, 개념, 규칙, 원리)에 대한 검토	• 문제 상황 제시 • 문제의 한계 규명 • 사례의 탐색, 선정, 개발	• 문제도식 및 상황적 한계규명 • 핵심대상의 다양한 의견, 관점 규명
• 문제에 대한 개념적(인과) 모형 제시	• 지식영역 구성 촉진 학습자에게 제시 지식자원 제공	• 다양한 해결안 창출
• 사례를 통한 문제해결 모형화	• 논리구성 촉진	• 논리구성 및 신념에 근거한 해결안의 유용성 평가
• 연습문제 제시		
• 해결책 모색 도와줌		• 문제도식 및 해결안의 검토
• 문제분석과 해결책 비교검토	• 해결책 평가	• 해결안 실행 및 검토 • 해결안 조정

* 출처: Jonassen(1997)의 핵심 논지를 요약하여 표로 정리한 것임.

(study)가 되어야 한다(Black & McClintock, 1996)는 것이다.

이와 같이 구성주의 교수학습이론 관점에서 볼 때 진정한 학습은 결코 미리 정해진 경로를 따라 교수학습을 지도하는 기존의 교수설계이론으로 보장되지 않는다. 다시 말해, 구성주의 교수학습에서는 '교수설계'라는 용어 자체가 무의미해지므로, 대신에 '교수학습환경(learning environments: 예, Jonassen & Land, 2012 참고)'이라는 새로운 교수설계 패러다임을 도입할 필요가 있다. 원래 교수학습환경 이론은 25년 전 21세기로 접어들며 새로운 교수학습 패러다임으로서 구성주의를 도모하던 일종의 세기말적 연구운동(예, Wilson, 1996)의 일환으로 대두된 것이다. 이는 미리 설계된 교수학습 경로를 처방하는 기존의 교수설계 이론으로는 교수학습의 효과성이 보장되지 않으므로, 보다 유연하고 유용한 교수학습환경을 구축하여 학습자의 학습성과를 담보하는 데 방점을 둔다는 것이었다. 여기서 교수학습환경이란 용어는 단순히 물리적 환경이나 교수학습 분위기가 아니라 학습자의 실질적인 학습성과에 초점을 두고 교수자와 학습자를 포함한 유기적인 교수학습활동을 기반으로 하는 교수학습 처방이다. 그리고 구성주의 교수학습을 위한 교수학습환경 이론은 그 이론적 틀을 규정하는 일종의 공리로서 인지도제, 사례기반 추론, 인지유연화 등의 세 교수학습원리를 포함한다.

우선 교수학습환경 이론은 기본적으로 과거 전통사회 수공업 분야의 도제제도를 근간으로 한 인지도제(cognitive apprenticeship)를 강조하게 된다(Collins et al., 1989; Collins, 2006). 이 인지도제기반 교수학습은 무엇보다도 실제적 과업을 중시한다. 예컨대, 평가받기 위해 교사에게 제출하기 위한 것이 아닌 해당 청중을 위한 수필 쓰기라든가, 기존 개념에 의해서는 설명되지 않는 물리학적 현상의 탐색이라든가, 혹은 단번에 해결되지 않는 수학문제의 풀이 등과 같은 실제적 과업을 포함한다. 또한 인지도제는 활용되는 맥락과는 무관하게 부분 요소들의 반복적 수행만을 강조하는 것이 아니라 과업의 실제 맥락을 중시한다. 예를 들어, 인지도제는 비록 짧은 수필을 쓴다든가 짧은 본문을 독해하기는 하지만 어휘연습이나 반대어 또는 동의어 찾기 같은 것을 수행하지는 않는다. 이보다는 특정 주제에 관한 논쟁을 분석한다든가 토론에 참여하게 함으로써 유용한 정보를 파악하도록 하는, 즉 맥락에 의존하는 과업을 강조한다. 그리고 인지도제에서는 학습하고자 하는 과업과 같은 과업을 다른 사람들이 수행하는 것을 관찰하는 기회가 주어진다. 이러한 관찰은 그들의 수행과 비교함으로써 효과적 수행에 대한 기준을 제공한다. 물론 여기서는 수공업이 아닌 인지과제인 경우이므로 관찰을 위해서는 내면적 인지산출 활동이 겉으로 드러나도록 하는 방안이 주의 깊게 고려되어야 한다.[1]

둘째, 구성주의 교수학습환경 이론에서는 사례기반 추론(case-based reasoning)을 강조하게 된다(Riesback, 1996). 이는 새로운 학습을 위해서는 풍부한 사례를 기반으로 학습자 스스로 새로운 사례를 획득하여 이를 미래의 상황에 활용하기 위해 검색(index)하는 과정을 포함한다. 그리고 이를 통해 새로운 사례에 적용을 한 다음 새로운 의미를 지닌 사례가 의미 있게 체계화되었다가 적절한 미래 상황에서 다시 유용하게 활용되는 환경을 말한다. 사례기반 추론을 토대로 하는 교수학습은 구체적으로는 다음과 같이 네 가지 원리로 이루어진다.

- 다양한 사례학습을 위해 광범위한 실제 사례기반 제공

1 이와 관련하여서는 11장에서 논의한 관찰학습 이론(A. Bandura)의 행동산출 과정의 원리가 특히 유용하다.

- 사례에 대한 적합한 검색을 위해 학습자의 명확한 역할 및 과제 제시
- 분명한 색인을 위해 때로 실패경험을 하도록 과제 제시
- 학습자로 하여금 실패를 명확히 설명하도록 하는 과정을 거침

끝으로, 구성주의 교수학습환경 이론의 세 번째 교수학습원리는 이른바 인지유연화(cognitive flexibility)라고 할 수 있다. 이는 여러 가지 다른 개념 및 사례에 기초한 관점에서 지식을 표상하는 능력을 말하며, 나중에 지식이 사용될 때 바로 그 관점으로부터 이해나 문제해결을 위해 필요한 종합적 지식을 새롭게 구성하는 능력을 말한다(Spiro et al., 1988; Spiro & Jehng, 1990). 이는 복합적 개념이나 사례가 단 한 번으로 설명되면 다른 맥락이나 시각에서 볼 수 있는 지식의 중요한 측면을 간과하게 된다는 전제에서 출발한다. 따라서 인지유연화의 능력은 구체적으로 두 가지 요소로 형성 또는 표출될 수 있다고 보는데, 바로 다중해석과 다중표현이다. 다중해석(multiple interpretations)이란 같은 사례나 현상에 대한 타인의 다양한 해석을 접함으로써 사고의 유연성을 획득하는 것이고, 다중표현(multiple manifestations)은 같은 해석을 할 수 있는 대상의 다양한 모습을 검토함으로써 응용력을 획득하는 것이다. 이러한 다중해석 및 다중표현의 기능이 충분히 형성되었을 때 비로소 전문가들의 문제해결 과정처럼 유연한 정보처리를 통해 유의미하고 유용한 문제해결이 이루어진다는 것이다. 인지유연화를 위한 교수학습은 원칙적으로 개별 학습자의 자유롭고 융통성 있는 인지활동을 기반으로 하는 임의교수학습(random access instruction: Spiro & Jehng, 1990) 같은 것을 전제로 한다. 그러나 특히 유능한 학습자들의 경우는 같은 내용에 대한 학습을 하는 데 있어서 교수자가 주도하여 상이한 수준의 추상화 및 복합성을 단계적으로 유도하는 다층 교수학습활동(tiered activities: Tomlinson, 1999)을 통해서도 얼마든지 가능할 수 있다. 결국 앞서 언급한 사례기반 추론이나 인지도제에서도 인지유연화는 중요한 요소가 된다고 할 수 있다.

구성주의 교수학습환경 모형

구성주의 교수학습을 위한 교수학습환경 이론을 실제 교수학습 현장에 구현하는 모형은 일률적으로 말할 수는 없다. 이는 기본적으로 구성주의 학습이론의 본질에 근거할 때 진정한 이해와 학습은 그것이 발생하는 맥락에 따라 다르므로 모든 상황에 적용되는 교수학습공학 방안이 있을 수 없기 때문이다. 그러나 앞 절에서 논의한 바와 같이 구성주의 교수학습이론이 전제로 하는 지식에 대한 관섬을 감안하여 우리의 상호주관성에 바탕을 둔 유용한(viable) 교수학습환경 모형의 지향점은 도출할 수 있다. 이러한 차원에서 구성주의 교수학습환경의 구체적인 모형으로서 '실제 문제기반 교수학습환경(Problem-Based Learning: PBL)'[2]과 '시나리오 임무완수 교수학습환경(Goal-Based Scenarios: GBS)'을 들 수 있다.

실제 문제기반 교수학습환경

실제 문제기반 교수학습환경은 원래 기존의 강의식 교수법을 지양하

2 흔히 교수방법의 하나로 언급되지만, 엄밀히 그 취지나 내용을 보면 그동안 교육학에서 논의되어 왔던 교수방법이나 지도법 차원을 넘어서 교수자, 학습자, 조교 등에 의해 이루어지는 교수학습활동 체제이므로, 여기서는 교수학습환경 모형으로 규정한다.

고 실제 문제(authentic problems)를 토대로 학습자 스스로의 문제의식을 고취하여 학습이 진행될 때 가장 효과적이라는 판단에 따라 1950년대 중반 의학교육 분야에서 개발되어 다른 분야로 확산된 것이다(Savery & Duffy, 1996). 여기에서는 기본적으로 미리 교수자에 의해 학습목표가 정해져 제공되지 않는다는 것이 특징이다. 다시 말하면, 학습내용 자체를 단편화하여 일방적으로 주어지는 강의식을 지양하고 기본적으로 조교를 동원한 인지도제를 지향한다. 특히 학습 초기에 주어지는 실제 문제가 관건인데, 이는 해당 영역의 중요한 개념 및 원리들에 대한 학습을 실질적으로 촉진할 수 있어야 하고, 무엇보다도 학습자로 하여금 자신의 절실한 문제로 여기도록 개발되고 제공되어야 한다는 것이다. 실례로, 초등 4학년 학생들의 수학교육에서 실제 문제기반 교수학습환경 이론을 적용하는 경우에 활용된 실제 문제를 예시하면 다음과 같다.

그리고 이와 같은 실제 문제를 해결하기 위해 소수로 구성되는 모

민유는 새로운 집에 이사를 가게 되었습니다. 며칠 뒤 집 정리가 끝난 민유와 아버지는 마당에서 공놀이를 하기로 하였습니다.

민유: 마당에서 공놀이를 좀 해 볼까? 아버지, 저와 함께 공놀이 해요! (공을 발로 차며) 아버지, 공 받으세요!

뻥 하는 소리와 함께 공이 마당을 넘어 차가 다니는 도로까지 날아갔습니다. 민유가 조심해서 공을 살살 찼는데도 불구하고 공이 마당을 넘어 차가 다니는 도로까지 날아가 버렸습니다. 민유네 가족이 새로운 집에서 며칠 동안 생활을 해 보니 집 바깥에 울타리가 없어서 불편한 점이 많았습니다.

민유: 아버지! 우리 집 마당에 울타리를 만들어요!!!

(중략)

집의 모양을 살펴보니 직사각형 모양이었습니다. 그리고 가로의 길이를 재어 보니 50m, 세로의 길이를 재어 보니 30m였습니다. 울타리의 길이를 알아보기

> 위해서 집 둘레의 길이를 알아야 하였습니다. 민유와 아버지는 집의 울타리 모양을 어떻게 할지 고민하다가 정사각형 모양으로 만들고 싶었습니다. 그런데 정사각형 모양의 울타리 한 변의 길이를 얼마 정도로 해야 좋을지 고민이 되었습니다. 민유와 아버지의 이러한 고민을 해결하기 위해 어떻게 해야 좋을까요? 민유와 아버지가 원하는 울타리의 조건은 다음과 같습니다.
>
> 1) 울타리의 전체적인 모양은 정사각형 모양으로 할 것!
> 2) 마당에서 축구를 할 수 있을 정도로 집과 울타리 사이의 공간에 10m 이상의 여유가 있을 것!
> 3) 울타리의 높이는 고려하지 않습니다!

* 출처: 강수연(2010), pp. 52-53에서 주요 내용만 발췌함.

둠활동을 효과적으로 하기 위해서는 학습 촉진 기능을 담당하는 조교(facilitator)[3]를 교육훈련하여 활용하는 것이 특히 중요하다. 흔히 의학교육 분야에서 진행하는 실제 문제기반 교수학습환경의 일반적인 모형을 도식하면 [그림 17-1]과 같다.

여기서 알 수 있는 바와 같이 실제 문제기반 교수학습환경은, 첫째, 시작할 때 5명으로 구성되는 모둠들을 형성하도록 하고 각 모둠 당 조교를 1명 배정한다. 둘째, 각 모둠에게 어떤 특이 질환(예, 이상 감기)을 보이는 환자에 대해 이를 진단하고 근거 및 처방을 제시하라는 문제가 주어진다. 셋째, 각 모둠은 이 문제에 대해 토론하는 가운데 가설을 수립하고, 관련 정보들을 수집·규명하고, 스스로 구체적 학습목표를 설정하여 이를 진행한다. 넷째, 학습자 개인으로서는 학습자료 시스템(database), 도서관, 주변 전문가의 자문 등을 활용하면서 스스로 자

3 물론 우리나라 공교육 현장에서는 주로 교사가 돌아다니며 조교의 역할을 하는 것이 현실이지만 가능한 보조 교사를 활용하는 방안을 고려할 수 있다.

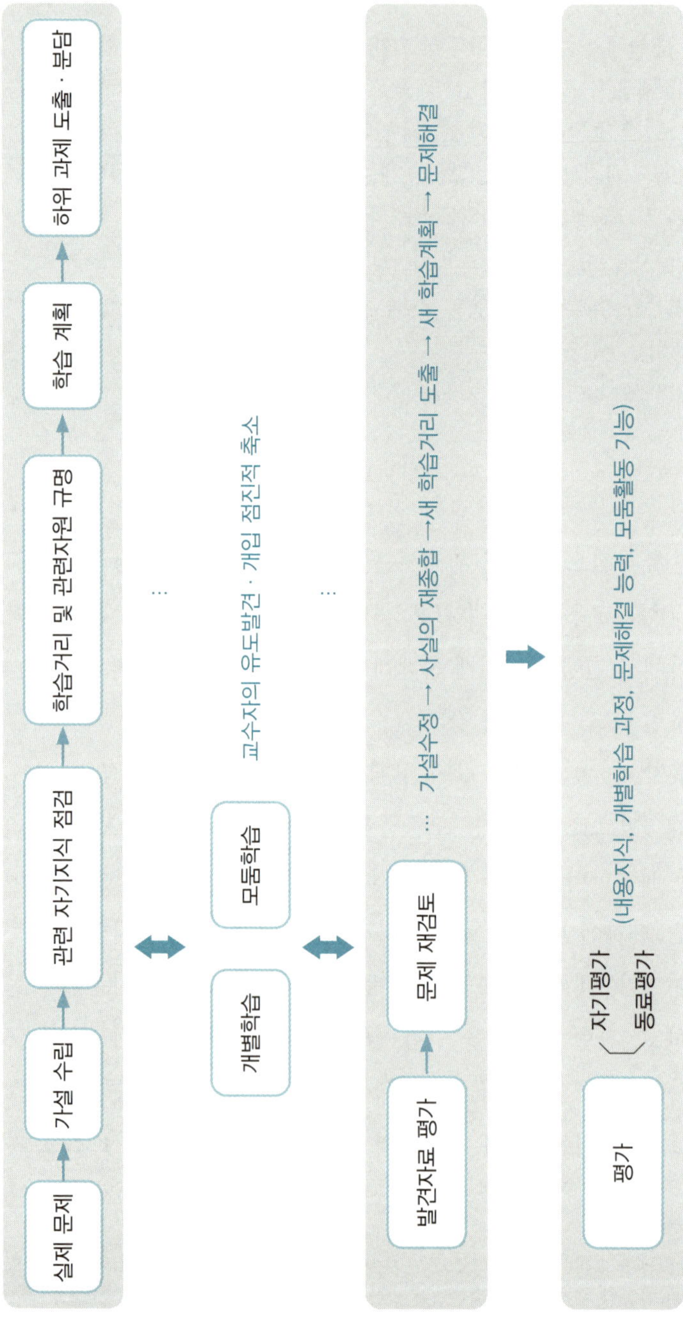

[그림 17-1] 실제 문제기반 교수학습환경 모형

기주도적 학습을 하도록 한다. 다섯째, 개별적 자기주도 학습과 아울러 간헐적으로 모둠학습을 지속한다. 여섯째, 학습이 완료되는 시점에서 동료평가와 자기평가 등을 하도록 하며, 원칙적으로 일반적인 시험도 배제하지는 않는다.

실제 문제기반 교수학습환경은 이른바 사례연구(case study)와 혼동되기도 하는데, 일반적으로 사례연구는 강의에 이어 이해를 확인하거나 돕기 위한 차원이라면, 실제 문제기반 교수학습환경은 처음부터 실제 문제를 토대로 교수학습이 수행되고 조직화된다는 것이 다르다. 또한 이른바 발견학습과도 대조되는데, 발견학습은 교수자가 처음부터 염두에 두고 있는 결과를 발견하도록 하는 것이라면, 실제 문제기반 교수학습환경에서는 학습자가 문제에 대한 주인의식을 갖고 학습하는 가운데 소위 조망인지(meta cognition)의 형성을 강조한다는 점에서 비교우위를 지닌다고 할 수 있다. 실제 문제기반 교수학습환경은 그동안 학교교육에서는 프로젝트 방법(project-based learning)[4]으로, 기업교육 분야에서는 실천학습(action learning) 등의 형태로도 활용된 바 있다.

시나리오 임무완수 교수학습환경

시나리오 임무완수 교수학습환경은 학습자에게 시뮬레이션 상황을 제시하고 이에 따른 임무를 전문가가 하는 것처럼 완수하는 가운데 효과적 학습을 하도록 하는 사례기반 실천학습(case-based learning-by-

4 원래 프로젝트 방법(project method)이란 원래 20세기 초반 W. Kilpatrick(1871~1965)이 J. Dewey의 진보주의 교육철학을 사회 환경에 적용하기 위해 당시 E. Thorndike의 결합 조건화 학습이론과 연계하여 문제해결 활동에 의한 교수학습(learning by doing) 방안으로 제안한 것이다.

doing course)이라고 할 수 있다. 이는 원래 전통적 교수법이 주로 초점을 두었던 사실적 내용 대신 실제 상황에 기반한 기능(skills)의 학습을 목적으로 개발된 것이다(Schank et al., 1993; Schank & Korcuska, 1996). 우선 시나리오 임무완수 교수학습환경에서 사용되는 전형적인 시나리오 임무의 예시를 들면 다음과 같다.

학습자는 미국 대통령의 고문으로서 어느 날 한밤중에 수석비서관으로부터 긴급 전화를 받게 된다. 현재 크라스노비아(Krasnovia)라는 나라에서 쿠데타가 발생하고 있는데 이 상황을 긴급 보도하는 CNN뉴스를 보고, 이어 집 밖에서 기다리는 리무진을 타고 백악관으로 급히 오라는 요청을 받는다. 대통령과 면담하게 된 학습자는 대통령이 다음 날 오후 기자회견에서 미국의 입장을 밝힐 예정인데, 그의 결정을 돕기 위한 보고서를 준비하라는 지시를 받는다. 보고서는 미국이 개입할지 그렇다면 어떤 방식으로 할지를 분명히 해야 하며, 그리고 여러 전문가로부터 정보를 수집하여 증거를 바탕으로 해야 한다는 전제하에서이다.

* 출처: Shank, Berman, & Macpherson (1999), p. 173.

즉, 시나리오 임무완수 교수학습환경은 우선 학습자에게 일종의 역할극을 위한 역할(트럭회사 사장, 핵연구시설의 선임연구원)이나 해결해야 할 흥미로운 문제나 또는 성취해야 할 목적이 주어지는 것으로부터 시작한다. 그리고 시뮬레이션(예, 영상화한 농업실험실, 작전지휘소, 병원)과의 상호작용을 통해 문제해결을 시도한다. 이 과정에서 학습자가 난관에 처하기도 하는데, 이때 교수자(tutor, 흔히 동영상 교수자)가 멀티미디어 자료나 그 분야의 전문가와의 동영상 인터뷰를 통해 충고, 내용 제공 등으로 학습자의 문제 상황과 유사한 경험담을 들려준다. 물론 여기서 전문가는 비평, 제시, 부연 등의 역할을 하긴 하지만 주제내용에 정통한이라는 것이 핵심이지 교육과정이나 교수전략, 평가방법, 학습

지도 등과는 대체로 무관한 사람이다. 즉, '완수해야 할 시나리오 임무 → 시뮬레이션을 통한 문제해결 → 관련 자료 및 유사 사례 제공' 등의 단계로 진행되는 가운데 효과적 학습이 일어나게 한다는 것이다. 이와 같이 시나리오 임무완수 교수학습환경은 그동안 교육학 분야에서 논의되어 왔던 교수방법이나 지도법 차원을 넘어서 구성주의 교수학습이론에 따라 교수자, 학습자, 조교 등에 의해 이루어지는 교수학습활동체제라는 것을 알 수 있다. 따라서 여기서는 교수방법이나 지도법이 아니라 구성주의 교수학습환경을 구현하는 구체적 모형의 하나로 규정할 필요가 있다.

실례로, 시나리오 임무완수 교수학습환경 이론을 적용한 농협대학교의 스마트팜 실습프로그램 예시(김일한, 2022)를 들면 우선 처음에 주어지는 시나리오 임무는 다음과 같다.

스마트팜 창업 영농인인 여러분은 자신의 스마트팜 농산물을 홍보하고자 UCC 영상을 제작하려고 합니다. 여러분은 스마트팜 창업 영농인 겸 유튜버가 되고자 스마트팜 홍보영상 기획서를 만들어 스마트팜 시설 및 원예작물 생산과정에 대한 홍보영상 제작을 준비합니다.

그리고 이를 시나리오 임무완수 교수학습환경의 일곱 기본 요소에 따라 전개한 구체적 교수학습활동을 상술하면 〈표 17-2〉와 같다.

여기서 알 수 있는 바와 같이, 시나리오 임무완수 교수학습환경은 기본적으로 일곱 가지 요소로 이루어지는데(Shank, Berman, & Macpherson, 1999), 이는 교수자, 학습자, 조교 등이 이와 같은 요소들에 따라 이른바 체제적 교수학습활동을 전개할 때 그 어떤 방식보다도 처음에 주어진 시나리오 임무를 효과적으로 그리고 효율적으로 완수할

〈표 17-2〉 시나리오 임무완수 교수학습환경의 7기본 요소에 따른 교수학습활동

7요소	교수학습활동
수행목적	• 스마트팜 홍보를 하기 위한 UCC 영상 제작기획서를 작성할 수 있다.
수행임무	• 스마트팜 창업 농업인으로서 스마트팜 시설 및 생산작물을 홍보하고자 UCC 영상을 제작하여 홍보하고자 한다. • 이를 위해 영상 제작기획서 초안을 작성한다.
배경 이야기	• 스마트팜 창업 영농인인 여러분은 자신의 스마트팜 농산물을 홍보하고자 UCC 영상을 제작하려고 합니다. 여러분은 스마트팜 창업 영농인 겸 유튜버가 되고자 스마트팜 홍보영상 기획서를 만들어 스마트팜 시설 및 원예작물 생산과정에 대한 홍보영상 제작을 준비합니다.
역할	• 연출가(PD), 시나리오작가, 촬영감독, 앵커, 조감독(AD), 편집자
시나리오 임무수행	• 스마트팜에 대한 문헌자료, 영상자료 등을 수집하여 스마트팜 기초지식을 습득하고 계획서 작성을 위한 자료를 수집한다. • UCC 영상 제작 방법 및 계획서 작성 방법을 알아본다. • 팀원들이 UCC 영상 제작팀이 되어 개인별 임무를 부여한다. – PD, 촬영감독, 편집, 출연, AD • 팀별로 영상기획서를 작성하여 제출한다.
학습자원	[기초 공통자료(LMS)] • 실습 안내 PPT • 스마트팜 시설과 장비에 관한 교육자료 – NCS 학습모듈: 시설원예 스마트팜 운영 실습 – 농업교육포털: 스마트팜 구축전문가(https://agriedu.net) – 전문대학교 스마트팜 시설 안내 영상자료 • UCC 영상 교육자료 – UCC 영상 제작 실습 특강 – UCC 영상 제작 교재: 유튜브 크리에이터 되기, 키네마스터 영상편집 [대인교류기제(SNS)] : 스마트팜 창업 농업인으로서 여러분은 여러분의 농장과 농산물 홍보를 하기 위해 UCC 영상 제작을 하여야 합니다. 그러기 위해서 동영상 제작 전문가 강의를 수강하고 영상기획서를 작성하고 되알림 받기를 바랍니다. 같이 보낸 관련 영상자료를 참고하여 기획서를 다음 주까지 완료하기 바랍니다.

(표 계속)

7요소	교수학습활동
되알림	• 팀별 기획서 작성 제출 확인 및 팀별 발표 후 내용 공유한다. • 교수자에게 기획서에 대한 되알림을 받는다. • 대인교류기제를 통한 되알림(예시) : 기획서의 내용을 보니 스마트팜 창업 농업인으로서의 역할이 반영되지 않았습니다. 여러분은 창업 농업인 겸 유튜버로서 자신의 스마트밤 농장과 농산물을 홍보하는 과정을 기획서의 주요 줄거리로 담아서 영상을 기획해야 합니다. 그래야 여러분의 농산물이 홍보되어 농산물 매출 신장이 가능합니다.

* 출처: 김일한(2022), p. 81의 내용을 교수학습환경 이론의 원래 취지를 감안하여 일부 용어나 내용을 수정함.

수 있다는 것이다.

이상에서 살펴본 구성주의 교수학습환경의 대표적 두 모형은 복합적이고 다원적인 지식의 본질에 반하여 지나친 단순화, 정형화에 치중하였던 기존 교수설계이론의 대안으로서 학교교육뿐만 아니라 기업, 군대 등 다양한 교육훈련 영역에서 폭넓게 강조되어 왔다. 국내만 살펴보더라도 그동안 다양한 연구(예, 김진호 외, 2022; 손미·하정문, 2008; 안슬기·이명근, 2024; 이명근·강수연, 2011)를 통해 기본적 효과변인인 학업성취도, 학습태도뿐만 아니라 실습기능 및 문제해결력과 같은 다양한 고차적 능력에 이르기까지 그 효과가 입증되기도 한다. 같은 맥락에서 싱가포르와 같은 나라는 '덜 가르치고 더 많이 배우게 한다(Teach less, Learn more)'는 교육정책으로까지 강조한 바 있다.

그러나 엄밀히 따져 보면 교수학습환경의 효과는 그 근거가 모호한 측면이 있다. 살펴본 바와 같이 대부분의 교수학습환경 모형은 구체적 절차가 없는 일종의 개념 모형이기 때문에 대체로 체계적이지 않고 피상적으로 전개되기 쉽다. 이는 기본적으로 비교수적(non-instructional) 특성을 지닌 구성주의 교수학습환경의 효과를 인정하더라도 교수학습원리들의 직접적 작용이라기보다 외래변인들에 의한 우연적 효과일 수 있다는 것을 의미한다. 더욱이 결정적인 문제는 교수학습환경은 정보처리 학습이론에서 규명한 이른바 제한적 작업기억을 주로 문제해결 과정에 할애해야 하므로 장기기억에의 저장이라는 학습결과는 오히려 소홀하기 쉽다는 것이다(Kirschner et al., 2006). 실례로, 기존 방식으로 교육받은 학생들과 비교하였을 때 성취도는 물론 다른 측면에서도 특별한 차이를 발견하지 못하였다는 연구(예, Albanese & Mitchell, 1993; Colliver, 2000)가 상당하다. 뿐만 아니라 구성주의 교수학습환경과 같은 소위 비교수적 최소주의(unguided minimalism) 교수학습의 효과성은 기존의 직접 교수전략보다 덜 효과적일 뿐만 아니라 오히려 학습자의 오개념이나 불완전한 지식구성을 초래하는 부정적 결과를 낳을 수 있다(Kirschner et al., 2006)는 것이다. 이러한 경향은 우리나라 연구들에서도 확인되는데, 특히 초등학생들을 대상으로 한 실제 문제기반 교수학습 과정에서 문제정의 활동이나 해결방안 계획 단계부터 대체로 어려움을 겪게 된다(김경희·조연순, 2008; 이종두, 2000).

교수학습환경의 효과와 관련한 이러한 문제점들을 극복하고 효과를 보장하기 위해 그동안 다각적인 노력들이 이루어져 왔다. 대표적으로, 실제 문제기반 교수학습환경과 관련하여 학습자의 지식 구성을 촉진하기 위해 문제해결 준비활동과 문제를 해결하고 지식이 통합되는 문제해결 활동의 두 단계로 이어지는 실제 문제기반 학습 순환 모형(Poikela & Poikela, 2006)이 제시된 바 있다. 이는 학습자의 실제 사고과정을 반영하여 문제해결 준비활동 이후에 학습자 스스로 정보를 찾고 지식을 터득하는 과정을 거치게 되며, 모든 학습 과정은 상시적인 평가의 대상이 되어 이를 통해 모든 과정이 발전적인 학습결과를 지속적으로 도모할 수 있게 된다.

이론적 평가

기존 교수설계이론의 대안으로 대두된 구성주의 교수학습환경 이론은 학습자의 수준, 교수자의 운영능력 등 다양한 요소를 체제적 관점에서 고려하되 특히 학습자의 학습 과정을 실질적으로 촉진하는 기제와 함께 활용할 때 그 효과가 보장되는 유용한 전략이 될 수 있음을 알 수 있다. 특히 구성주의 교수학습환경은 자체가 동기유발을 포함하는 비옥한 교수학습환경이므로 전문가 학습에 유용(viable)하다고 볼 수 있다. 달리 말하면, 정형 학습과제에 초점을 둘 수밖에 없는 기초 또는 중간 단계의 심화 교수학습 과정에서는 별도의 동기유발 교수설계를 추가해야 하는 일반 교수설계이론에 비해 비교우위가 확실한 전략이라고 할 수 있다. 이런 맥락에서 흔히 회자되는 예습기반 심화 교수학습환경(flipped learning)[5]도 구성주의 교수학습환경 모형의 하나라고 할 수 있다.

물론 그렇다고 해서 구성주의 교수학습환경 이론이 무조건 모든 교수학습 상황에 다 적용되어야 한다는 것을 의미하는 것은 아니다. 어떤 이론이나 모형이 모든 상황에 다 적용되는 이상적이고 완벽한 것은 없다는 상식적 원리를 넘어설 수는 없기 때문이다. 물리학 이론을 원용하여 생각해 보면, A. Einstein의 상대성 이론은 I. Newton의 이론보다 우주를 보다 더 완벽하게 설명하지만 당구장에서의 공의 흐름이나 느린 속도에서의 충격 등을 설명하는 데는 후자가 더 유용하다는 것이다.

5 흔히 '거꾸로 교육방법'이라고 언급되는데 원래 취지와 내용을 엄밀히 보면 거꾸로 된 것은 전혀 없고, '단순 지식 전달(수업) – 심화 문제해결(수업 후 과제)'을 '단순 지식 예습 – 심화 문제해결 수업'으로 모든 순서를 앞으로 당긴 것이다. 특히 본 수업은 심화 문제해결을 위해 교수자, 학습자, 조교 등에 의해 이루어지는 교수학습활동 체제이다.

다시 말해, 기초적 학습이나 초기 학습단계에서는 오히려 전달식 교수학습이 더 효과적일 수 있다. 여기서 지적하고자 하는 바는 구성주의 교수학습환경 이론이 적용되어야 하는 것은 기본적으로 고등 지식의 학습영역임에도 불구하고 그동안 단순 학습기능에도 무조건 적용해 온 교수학습 현장의 오류이다. 결국 가장 중요한 원칙은 학습과제의 본질과 학습 수준 등에 따라 적합한 교수설계이론이 적용되어야 한다는 것이다.

이러한 문제의식과 함께 최근에 들어서서는 다양한 교수학습환경 모형이 인공지능과 같은 혁신적인 4차 산업혁명 기술을 전폭적으로 도입하며 교수학습 문제를 더욱 효과적이고 효율적으로 해결하는 수준으로 진화하고 있다. 특히 그동안 자연지능으로만 해결하려 하였던 복잡한 교수학습 문제에 대해 행동주의, 인지주의 교수학습공학 방안 및 뇌과학, 진화심리학 접근까지 포괄하는 이른바 융복합 접근을 도모하고 있다.

18장 4차 산업혁명과 교수학습공학

이 책을 통해 논의한 모든 교수학습공학 방안도 기본적으로 인간의 교수학습 문제를 다루는 것이므로 인간 본성의 기저로부터의 한계를 무시할 수는 없다. 그러나 인간 교수학습공학의 근본적 한계를 규정하는 이론도 한편으론 기존 이론들의 특정 부분을 더욱 명확히 해 주는 역설적 기능도 한다. 21세기에 들어서 초지능, 초연결 기술로 시작한 4차 산업혁명 기술의 발전도 새로운 교수학습공학으로의 탐구방향을 가속화하고, 특히 이 기술들이 교육계에 전폭적으로 도입되며 다양한 맥락과 배경이론까지 융복합하는 교수학습공학으로 그 탐구 패러다임 자체가 변하고 있다. 이 '신(新)교수학습공학 탐구'는 전통적 연구방법론이 아닌 대안 연구방법론을 도모할 때 지속 및 진화가 가능하리라고 본다.

21세기 능력과 교수설계 패러다임

지금으로부터 4반세기 전, 20세기를 마무리하며 이른바 '21세기 오류(millenium bug)[1]를 우려하던 집단불안 속에서 2000년도, 즉 21세기를 맞이하며 전 세계인의 관심거리로 회자된 것 중의 하나가 과연 새로운 세기의 궁극적 교육목표는 무엇인가였다. 그 이후로 OECD 같은 세계 유수기관과 미국의 대기업 후원 민간기관들(예, P21)이 이른바 21세기를 살아가는 데 있어 인류가 습득해야 할 기능 또는 능력을 규명하는 노력을 시도하였다(OECD, 2005; P21, 2007). 여기서 규명된 능력들 가운데는 대체로 비판적 사고 및 문제해결, 창의성 및 혁신, 의사소통 및 협동과 같은 것이 포함된다. 비교적 최근에는 유럽을 대표하여 독일이 국가 차원에서 미래 사회를 위한 핵심 역량으로서 여덟 가지(디지털 문해력, 문제해결 능력, 창의성과 유연성, 팀워크 능력, 의사소통 능력, 학습법의 학습 능력, 기획·계획 능력, 스트레스 저항력)로 규명한 바 있다(최재정, 2018). 또한 같은 맥락이지만 특히 학교교육에서 함양해야 할 전통적인 기초 학업능력(읽기, 쓰기, 셈하기)을 독특한 방식으로 재규명한 경우도 있다(예, Sternberg & Subotnik, 2006; Wagner et al., 2006).

여기서 능력이란 용어는 사전이나 학자에 따라 다양하게 해석되고 논의되므로 명확히 할 필요가 있다. 영어에서도 능력의 개념을 갖는 용어는 'ability' 'capacity' 'capability' 'skill' 'competence' 등으로 매우 다양하다. 교수설계의 관점에서 능력(ability)이란 [그림 18-1]에서와 같이 지식을 조작(operation)함으로써 발달되는 기능(skill)들이 일반적인 것으로 변환되는 개념으로 정의한다(Landa, 1983).

능력(ability)의 개념과 관련하여 우리나라에서 '역량'으로 번역되기도 하는 competence 또는 competency는 특정 맥락에서 요구되는 구

1 2000년이 되는 순간 컴퓨터가 이를 제대로 인식하지 못해 오작동으로 인해 세계적으로 각종 혼란이 초래될 것이라고 우려했던 세기말 불안현상 중의 하나였다.

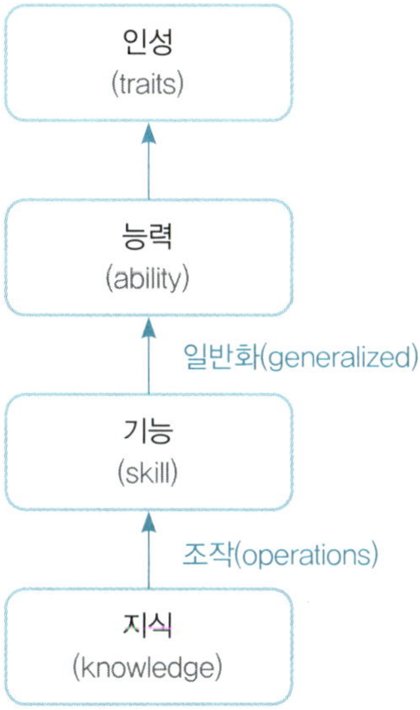

[그림 18-1] 능력과 지식, 기능, 인성의 관계

* 출처: Landa(1983), pp. 167, 171-172의 내용을 요약하여 그림으로 표시한 것임.

체적인 능력을 말한다. 이는 유전적으로 타고난 능력보다는 경험과 학습을 통해 형성되고 변화할 수 있는 특성에 초점을 두기도 한다(윤정일 외, 2007). 이런 맥락에서 기업교육 분야를 중심으로 역량중심 교육과정(competency-based curriculum), 조직 역량(organizational capability)이라는 용어를 사용하는 것을 볼 수 있다. 2015년부터는 국가차원에서 직무를 수행하는 데 필요한 지식, 기술 등을 국가 직무능력 표준(National Competency Standards: NCS)으로 표준화하여 공공기관 채용에 활용하고 있다. 뿐만 아니라 학교교육으로도 확산되고 있는데 실례로, 2015 개정 교육과정부터 기존의 학교에서 중심축을 담당하던 단순 지식 전달을 벗어나 학습자 활동 중심에 초점을 두는 역량을 강조하고 있다. 또한 정부의 대학 구조조정 정책으로 시행됐던 기본역량 진단에서 시작하여 이제 대학에서 개설하는 강좌에도 강의계획서에 그 강좌가 지향하는 역량(예, 교육문제 해결력, 융합혁신 능력, 리더십과 협동 능력)들을 표시하는 경우가 점차 늘고 있다.

그러나 학교교육 분야에서 사용되는 역량의 개념은 활용사례를 볼수록 그 실체가 모호할 뿐만 아니라 기업교육 분야에서 사용하고 있는 역량의 개념과 차별성도 명료하게 부각되지 않는다(박용호, 2018). 물론 기업교육이나 직업교육 분야에서 사용하고 있는 역량의 개념도 사용자에 따라 때로는 광의의 의미(예, 핵심역량 경영)로 때로는 협의의 의미(예, 역량기반 교육과정)로 사용되기 때문에 실체가 모호하기는 마찬가지이다. 따라서 역량이나 능력의 개념은 그것이 사용되는 맥락이나 사용하는 사람에 따라 전혀 다른 의미와 목적으로 활용되고 있다는 것을 알 수 있다.

원래 능력을 보유한다는 것은 지식이 곧 능력을 의미하기보다는 행동으로 지식을 나타내야 한다는 점에서 지식을 목적에 맞는 행동으로 나타내야 함을 강조하는 것으로 보아야 한다. 예를 들면, 능력이 있는 교사가 되기 위해서는 교수학습이론을 아는 것뿐만 아니라 이 이론을 특정한 상황에 적용할 수 있어야 한다는 것이다. 다시 말해, 능력의 개념은 단편적 지식의 습득이 아니라 지식의 수행이라는 관점에서 이해되어야 하며, 단일한 요소의 개념으로 보기보다는 구성 요소들의 종합적인 개념으로 해석되어야 한다. 즉, 능력은 하위 구성 요소들을 포괄하고 있으며 이들의 연합이나 결합에 의하여 이루어지는 하나의 잠재적 가능성의 상태를 의미하는 것(김판욱 외, 2010)으로 보아야 한다. 따라서 일반적으로 혼용되고 있는 능력과 역량의 개념은 능력과 관련된 모든 개념을 포괄하는 포괄능력과 이 포괄능력을 구성하는 구성능력들이란 개념으로 재정의할 필요가 있다. 즉, 구성능력들이란 포괄능력(ability)의 형성을 촉진하는 능력들(enabling abilities)이라고 할 수 있다.

다시 말하면, 구성능력들의 총화가 포괄능력이고, 일반적으로 이것을 역량으로 파악하는 것이라고 할 수 있다.

인공지능, 로봇교사 등으로 대표되는 오늘날 4차 산업혁명기의 교육은 더 이상 지식전달이 교육목표가 될 수 없고, 이제는 명확히 규명된 능력의 함양에 초점을 맞춰야 한다. 왜냐하면 교사보다 인공지능이나 로봇이 훨씬 더 정확하고 많은 지식을, 그것도 아주 효율적인 방식으로 제공할 수 있기 때문이다. 이런 점에서 최근의 혁신적인 4차 산업혁명 기술들은 오히려 우리 교육의 목표의식을 더욱 명확히 해 주어 고무적이다. 더욱이 이러한 기술들은 능력함양의 교육을 구현하는 과정에서 그 효과성을 극대화하는 데 다양한 측면에서 기능을 하며(Sabzalieva & Valentinai, 2023 참조) 새로운 교수설계 패러다임을 가능케 하고 있다.

지식 전달이 아닌 능력함양을 위한 시도는 그동안 대학교육, 기업교육, 초중등교육 등 다양한 맥락에서 시도된 바 있다. 대표적으로, 미국 Wheeling Jesuit 대학교에서는 능력기반평가 교육(competency-based assessment design for education)을 개발하여 수행하고(Hernández et al., 2003), 기업교육 분야에서는 특정 직무역량을 기준으로 교육 프로그램을 개발하는 역량기반 교육과정(competency-based curriculum)을 시도한 바 있다(나승일 외, 2008; 최욱, 2002). 또한 캐나다의 한 초등학교에서는 기존의 목표지향 접근방법을 대체하여 능력기반 접근(competency-based approach)으로 학생들의 참여와 동기를 향상시키는 시도(Moldoveanu, 2010)가 이루어진 바 있다. 그러나 이러한 접근들은 모호한 능력의 개념을 중심으로 교육과정 전체 또는 교육훈련 프로그램을 개발하는 차원으로 능력함양 교육의 구체적인 설계나 전략들을 제시하지는 못하였다. 다시 말해, 실질적으로 능력에 대한 명확한 개념 및 그에 따른 구체적인 교수학습 모형은 찾아보기 어렵다. 이러한 맥락에서 실제 능력 형성에 초점을 둔 교수학습공학 방안으로서 능력함양 교수학습환경(competency-based learning environments)이 요청된다.

능력함양 교수학습환경과 교수학습공학

지식의 단순 전달이나 형성이 아닌 능력함양을 위한 교수학습환경은 기본적으로 능력기반 교수학습의 원리를 토대로 한다. 이는 무엇보다도, 첫째, 학습자가 교수학습을 통해 형성해야 하는 능력(competencies)을 규명하고, 둘째, 이 능력의 형성을 확인하는 평가방안을 구안하고, 셋째, 이 규명된 능력과 평가 방안을 감안하여 교수자와 학습자의 교수학습활동을 설계하고 구현한다. 즉, 능력기반 교수학습의 원리는 학습내용과 교수목표를 설정하고, 이에 따라 교수학습 전개 및 평가를 하는 전통적 내용 중심의 교수학습 방식과는 정반대의 접근(backward design)을 하는 것이다(이명근, 2012).

능력 규명 및 평가

문제해결 능력, 의사소통 능력, 비판적 사고력같이 일반적으로 학습자가 교수학습을 통해 함양하기를 바라는 능력은 주차별 수업을 통해 다루기에는 포괄적이고 일종의 상위능력인 포괄능력(abilities)이다.[2] 따라서 실제 교수학습 과정에서는 이 능력들의 형성을 촉진하는 능력으

2 앞서 논의한 바와 같이 Landa는 이 '포괄능력'을 일반론 차원에서 '능력'으로, 그리고 '구성능력'은 '기능'으로 규명한 바 있다.

로서의 구성능력(competencies)을 규명하고 여기에 초점을 둘 필요가 있다. 구성능력들의 규명 및 평가와 관련하여서는 다시 구성능력들의 유형, 그리고 이를 어떻게 평가하느냐에 따라 상이해진다. 예를 들어, 사실, 개념, 절차, 원리의 단순 기억과 같은 기초적인 구성능력과 개념, 절차, 원리의 적용이나 발견과 같은 보다 높은 차원의 구성능력들로 구분할 수 있다. 여기서 사실, 개념, 절차, 원리의 단순 기억과 같은 이른바 저차원의 구성능력들은 교수자에 의한 교수학습에 의해서가 아니라 개별학습을 통해 학습자 스스로 형성할 수 있으므로 이에 대한 평가는 수업 초반에 간단한 퀴즈나 구두평가를 통해 할 수도 있고, 수업 전에 교수학습관리 시스템(Learning Management System: LMS)에서 학습자 스스로 점검할 수도 있다. 그리고 개념, 절차, 원리의 적용이나 발견과 같이 직접 교수학습을 통해 형성되는 핵심 구성능력들에 대해서는 공식적인 시험을 통해 평가할 필요가 있다. 특히 능력함양 교수학습환경에서는 이 구성능력들의 형성이 바로 궁극적인 포괄능력 함양으로 귀결되므로 이에 형성 여부를 평가하기 위한 명확한 방안 제시가 중요하다.

포괄능력에 대한 평가는 대체로 교수학습 후반에 종료되는 모둠학습에 의해 이루어지는 프로젝트에 대한 평가로 할 수 있다. 물론 포괄능력 자체가 구성능력들의 총화이므로 교수학습 말미에 자동적으로 형성되는 측면도 있지만, 포괄능력은 문자 그대로 종합적 능력이기 때문에 기말 모둠 프로젝트와 같은 별도의 기제를 통해 종합적으로 평가할 필요가 있다. 다시 말해 주차별 교수학습을 통해 형성된 구성능력들을 실제 상황에 적용하거나 시연할 수 있는 능력을 평가하는 일종의 종합평가와 같은 것이라고 할 수 있다. 이상과 같은 능력함양 교수학습환경에 의한 함양 능력들의 유형과 이에 따른 평가 방안을 요약하면 〈표 18-1〉과 같다.

〈표 18-1〉 능력함양 교수학습환경의 능력 및 평가 방안

능력			평가 방안
구성능력	기초	• 사실, 개념, 절차, 원리의 기억	• 수업 전·초 퀴즈 또는 구두 평가
	핵심	• 개념, 절차, 원리의 적용, 발견	• 중간고사, 기말고사
포괄능력		• 구성능력들의 실제 상황에의 적용 및 시연 능력	• 기말 모둠 프로젝트

교수학습활동 설계

능력함양 교수학습환경의 핵심요소인 구성능력들을 규명하고 평가 방안을 구안한 다음에는 본격적으로 이 능력들을 형성하기 위한 교수학습활동을 하게 된다. 이를 대학 강좌의 경우로 예시하면, 우선 우리나라 대학교육의 학사일정을 기준으로 할 때 15주차로 이루어지는 한 학기 교수학습활동 설계를 할 수 있다. 이 중 1주차는 강좌 전반에 대한 개관으로, 한 학기 모든 내용의 골자로 설계할 필요가 있다. 이는 첫 시간이라 일반적인 교수학습활동이 아닌 특별한 교수학습활동을 하는 것이다. 그리고 기말 프로젝트를 통한 실제 수업시연 능력 등이 중요한 교직과목의 경우 14주차와 15주차는 모둠 프로젝트 준비 및 발표를 위해 설계되므로, 결국 능력함양 교수학습환경 설계의 대상은 정확히 2~7주차와 9~13주차가 된다([그림 18-2] 참조).

우선 2~7주차와 9~13주차 교수학습활동을 위해서는 사실적 내용이나 개념, 절차, 원리 등의 단순 기억이나 이해와 같은 기초 구성능력들의 형성을 위한 교수학습활동이 설계된다. 그런데 수업 시수가 한정된 대학 교직과목의 경우 굳이 이를 수업 시간에 다룰 필요 없이 수업 전 개별학습으로도 충분히 가능하다. 그러므로 교수자는 오늘날 일반화

되고 있는 교수학습관리 시스템(LMS) 등을 통해 이러한 기초 구성능력들의 형성을 위한 관련 자료를 제공하고, QR코드(quick response code)와 같은 기제를 이용하여 수시로 점검하며 그 형성을 촉진할 수 있다. 이는 단순 지식의 형성은 수업 전에 학습자가 개별적으로 예습으로 하도록 하고, 흔히 수업에서 단순 지식 전달을 위한 강의에 치중하고 어려운 문제해결은 과제로 하게 하였던 것을 이제 학교에서 교수자와 같이 해결하는 심도 있는 참교육을 한다는 이른바 '예습기반 심화 교수학습환경(flippled learning)'[3]을 구현하는 것이기도 하다.

결국 2~7주차와 9~13주차 교수학습활동의 설계는 개념, 절차, 원리의 적용이나 발견과 같은 핵심 구성능력들의 형성에 초점이 맞춰진다. 주차별 수업을 통한 이러한 능력들의 형성은 주로 핵심 질문들을 통해 이루어진다. 실례로, '교육방법 및 교육공학'과 같은 교직과목의 경우 특정 교수법의 원리나 절차를 실제 교육현장에 적용할 경우 일어나는 다양한 상황을 제시하고 적용상의 장단점이나 문제점, 유의점 등을 도출해 보도록 하는 질문들을 제기한다. 학습자는 이 핵심 질문들에 대해 개별적으로 또는 간단한 모둠활동을 통해 생각하는 가운데 개념, 절차, 원리의 적용이나 발견 능력을 형성하게 된다.

물론 이 단계에서 교수자는 실제 교육현장의 상황을 다각적으로 접할 수 있도록 다양한 사례를 준비하고 학습자가 이 내용들에 언제든지 쉽게 접근할 수 있도록 인터넷 사이트나 관련 자료들을 가능한 한 많이 미리 확보해 두어야 한다. 특히 여기서 핵심 구성능력들을 형성하기 위한 효과적인 교수전략으로 사례기반 추론(case-based reasoning) 학습

3 흔히 '거꾸로 교육방법'이라고 회자되는데, 15장에서 언급한 바와 같이 그 취지와 내용을 볼 때 정확히는 구성주의 교수학습환경 모형의 하나라고 할 수 있다.

을 활용할 수 있다. 이는 학습자들의 단순한 사고나 성찰의 단계를 다양한 관점 또는 풍부한 성찰의 단계로 승화시켜 주는 데 효과적이므로(Choi & Lee, 2009) 특히 유용한 전략이다.

그러나 사례기반 추론 학습을 통한 교수학습활동이 해당 주차별 핵심 구성능력들의 형성을 보장한다고 할 수 없다. 무엇보다도 실제 사례와 연계하여 개별 또는 모둠학습 활동을 한다 하더라도 한두 시간 이내의 짧은 시간 동안의 교수학습활동의 질이 천차만별일 수 있기 때문이다. 따라서 교수자는 수업 도중의 개별 또는 모둠학습 활동뿐만 아니라 학습자로 하여금 수업이 종료된 후 반드시 개별적으로 성찰하는 기회를 제공하는 것이 중요하다(Boud, 2001; Bray & Harsch, 1996). 물론 이때 성찰은 수업 중의 내용을 단순히 복습하는 것이 아니라 같은 맥락이되 한 차원 높은 단계로 유도하는 인지디딤판(scaffolding) 차원으로 할 필요가 있다(van der Veer, 2007). 예컨대, '교육방법 및 교육공학' 과목의 경우 수업 중에 이루어진 특정 교수법의 원리나 절차의 적용상 장단점이나 유의점에 대한 대응 방안을 모색하고 그 결과를 단문 보고서로 제출하도록 할 수 있다. 여기서 특히 대응 방안에 대한 성찰은 실제 교육현장의 실제를 기반으로 한 통찰을 요하기 때문에 현장 교사와 같은 관련 전문가의 도움이 필요하다. 그렇지 않고서는 피상적 추론 결과를 형식적으로 제출하게 되고, 그렇게 됨으로써 구성능력의 형성이라는 원래 목적을 달성할 수 없기 때문이다. 따라서 교수자는 학습자들이 필요한 순간에 현장 교사들의 도움을 받을 수 있도록 다양한 교류기제(예, 오픈 채팅)를 마련해 줄 필요가 있다. 이를 통해 학습자들은 교직과목에서 학습한 특정 교수법의 원리나 절차를 실제로는 어떻게 적용할 수 있는지 현장 교사로부터 도움을 받을 수 있다.

능력함양 교수학습환경의 후반부는 포괄능력의 형성에 초점이 맞춰지고, 이는 주로 모둠 프로젝트를 통해 이루어지므로 이에 대한 설계가 필요하다. 실례로, 교육방법 및 교육공학과 같은 교직과목의 경우 "이 강좌에서 다룬 전체 내용들을 반영하여 3년 후 해당 전공분야의 교사(예, 음악교사)가 되었을 때를 가정하되 구체적인 교수학습 맥락(학년, 내용, 조건 등)을 설정하고 특정 차시의 교수학습을 설계하시오."와 같은 프로젝트를 예시로 들 수 있다. 이것은 2~7주차와 9~13주차의 주차별 교수학습활동을 통해 형성된 구성능력들을 통합하여 실제 교육현장에 적용하고 그 해결방안을 시연할 수 있는 포괄능력을 형성하도록 하기 위한 것이다. 이 포괄능력의 효과적 형성을 위해서는 지식과 경험의 공유 및 교류를 바탕으로 해야 하므로 모둠학습과 같은 협동학습 전략이 유용하다.

기말 프로젝트를 위한 교수학습활동은 구체적으로 3~5명으로 구성된 모둠을 통해 중간고사 이후 본격적으로 이루어지도록 설계할 필요가 있다. 즉, 기말 프로젝트를 효과적으로 기획하기 위해 중간고사에서 서술형 문제를 활용하여 학습자에게 기말 프로젝트의 개요를 사전에 탐색하도록 함으로써 학습 동기를 유발하고, 프로젝트 준비 과정을 촉진할 수 있다. 이는 특히 학습자가 자신의 학습 과정을 능동적으로 수행하도록 하는 동시에, 기말 프로젝트 설계의 질을 높이게 된다. 그리고 중간고사 이후 모둠별로 시작하여 학기 말에 발표하는 모둠 프로젝트를 준비하는 데 있어서는 다양한 교수학습 보조 도구(예, SNS와 Wiki를 병합한 최신 도구)를 활용한 학습공동체(communities of practice) 전략을 도입할 필요가 있다. 이는 실질적인 상호 도움이 상시적으로 제공될 때 구성원들은 개인의 경험과 지식을 비형식적(informal)인 방법과 창의적인 방법으로 공유할 수 있기 때문이다(Bentley, Browman, & Poole, 2010; Choi, 2006). 물론 모둠 프로젝트에 의해 형성되고 발현되는 포괄능력은 실제 교육현장 상황에 적용하고 그 해결방안을 시연하는 것으로 현장 교사들과의 교류가 실질적 도움이 되므로, 교수자는 다양한 대인교류기제(social network service)를 기획하여 제공할 필요가 있다.

이상에서와 같은 구성능력들의 형성을 위한 주차별 교수학습활동과 강좌 전체를 통해 지향하는 포괄능력의 형성을 위한 모둠 프로젝트 등으로 이루어지는 능력함양 교수학습환경을 모형으로 표현하면 다음과 같다.

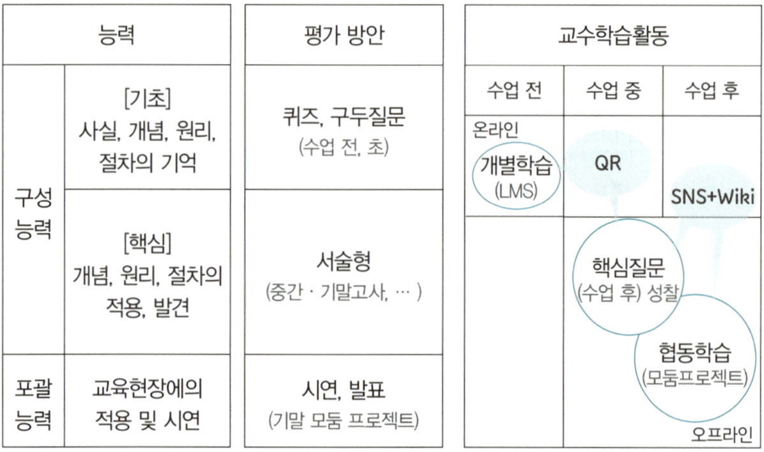

[그림 18-2] 능력함양 교수학습환경 기본 모형

* 출처: 이명근(2012) p. 166의 모형을 여기 논의에 맞게 수정 및 보완함.

지식의 단순 전달이 아닌 구체적 능력들의 실질적 함양을 위한 교수학습공학 방안으로서 능력함양 교수학습환경은 기본적으로 구성주의를 기반으로 출현한 2세대 교수설계 패러다임이다. 그런데 교수학습환경 자체의 유연성 또는 복합적 특성을 감안할 때 교수학습활동 전개과정에서 반드시 구성주의 이론에 국한될 필요는 없다. 예를 들어, 구성주의 기반 실제 문제기반 교수학습환경(problem-based learning)이나 시나리오 임무완수 교수학습환경(goal-based scenario) 내의 일부 교수학습활동 전개과정에서 학습과제나 맥락에 따라 얼마든지 행동주의 교수설계이론이나 인지주의 교수학습 설계이론을 포용할 수 있다. 뿐만 아니라 오늘날 4차 산업혁명의 혁신적 기술들을 수용할 수밖에 없는 능력함양 교수학습환경 자체가 학습이론 유형별 교수학습공학(예, 행동주의, 인지주의, 구성주의)을 초월한 융복합적 성격을 띨 수밖에 없다. 중요한 것은 단순 지식전달이 아닌 학습자의 실제적인 능력함양을 목표로 하는 교수설계 패러다임이라는 것이다. 이처럼 4차 산업혁명기의 '시대 교수설계 패러다임'이라고 할 수 있는 능력함양 교수학습환경에 대한 효용성 검증이 다양한 교과영역에서 시도되고 있다(예, 권미경 · 이현경 · 이명근, 2023; 김진호 외, 2022; 이은서 · 이명근, 2017). 물론 경험론적 귀납법 차원에서 더욱 다양한 맥락과 대상들을 통해 앞으로 그 효용성이 충분히 검증될 때 이론적 충분성을 확보하게 될 것이다.

교수학습공학: 한계와 동향

지금까지 이 책을 통해 인간 학습의 본질을 철학적으로 그리고 이어서 과학적으로 탐구한 내용들을 '돌아 봄'을 거쳐 '헤쳐 봄'을 시도하였다. 특히 그 과정에서 20세기 초중반의 조건화 학습이론, 20세기 중반 이후로 당시에는 혁신적이었던 컴퓨터와 연계한 정보처리 학습이론을 시작으로 인지과정에 대해 다각적이고 심층적으로 규명하기 위한 인지주의 관점을 헤쳐 보았다. 그리고 20세기 후반에 들어서서는 인간 학습의 또 다른 본질을 규명하기 위해 유럽의 관점을 도입해 탐구의 시각을 확장하였던 것에 대해서도 헤쳐 보았다. 물론 이 '헤쳐 봄'의 과정은 단지 주의 깊게 살피는 것이 아닌 교수학습공학의 관점에서였다. 즉, 이론의 본질을 명확히 재규명하고, 이를 토대로 교수학습원리들을 규명한 다음, 실제 교수학습 현장에 대한 교수학습공학 방안을 규명하는 것이었다. 이러한 이론별 교수학습공학 방안에 이어, 교수학습공학 탐구활동의 2단계로서 행동주의, 인지주의, 구성주의와 같은 유형별 학습이론들에 대해 전반적으로 '내려 봄'으로써 이들의 유기적 관계를 파악하고, 다양한 교수학습 문제에 대해 능력함양 교수학습환경과 같은 이른바 융합 교수학습공학 방안을 처방하는 것이었다.

그러나 이상에서 논의한 모든 교수학습공학 방안도 기본적으로 인간의 교수학습 문제를 다루는 것이므로 인간 본성의 기저로부터의 한계를 무시할 수는 없다. 예를 들어, 일종의 인간 자체의 근본적인 한계를 규명하는 뇌과학,[4] 진화심리학 이론의 관점들이 바로 그것이다. 우선 뇌과학 이론의 관점을 보면, 인간 학습의 본질은 세포군(cell assembly) 및 진행계열(phase sequence)의 구축을 통한 뇌세포 간 관계의 변화라는 것이다(Olson & Ramirez, 2020). 이는 최소한 각성(arousal) 수준을 유지하며 공고화(consolidation) 및 신경가소성(neuroplasticity)을 통해 기본적으로 장기적인 차원의 교수학습공학 방안을 강구할 필요가 있다는 것을 시사한다. 물론 그렇다고 해서 뇌과학 이론이 단중기적 차원에서의 교수학습공학은 불가능하다는 것을 주장하는 것은 아니다. 예를 들어, 강화중추(reinforcement center)의 차원에서 게임 같은 몰입형 교수학습 프로그램을 통해 어렵거나 포기하기 쉬운 학습과제에 도전하게 함으로써 학습효과를 볼 수도 있다. 중요한 것은 단지 행동의 변화 가

4 원래 neuroscience이므로 우리말로 '신경과학'이지만, 교수학습공학 차원에서는 뇌과학(brain science)이 더 유용하다고 판단되어 여기서는 '뇌과학'이라고 한다.

능성에만 근거한 일률적 교수학습은 아무리 투입하더라도 그 효과를 보기 어려우며, 더욱이 단중기간에 성과를 본다는 것은 특히 불가능하다는 것을 의미한다.

또한 진화심리학 이론의 관점에서 볼 때 인간의 학습은 본질적으로 '준비된 학습(prepared learning)'으로 간주한다. 그렇기 때문에 이 관점에서는 가장 고전적 교수학습이론의 하나인 고전 조건화 학습이론(I. Pavlov)에 대해서도 유기체는 어떠한 반응도 학습하지 않으며, 굳이 말한다면 자극기대(stimulus expectancy)만을 생성한다고 할 뿐이다. 다시 말해, 진화적으로 유의한 자극은 늘 우리의 주목을 받으며, 의식적인 정보처리 없이도 이들에 대해 학습할 수 있다는 것이다(Olson & Ramirez, 2020). 이는 물이나 먹이 같은 강화인이 학습효율성에 영향을 주는 정도는 해당 장소의 변경에 따라 달라지는 것과 같은 소위 편파반응(biased responses) 현상으로 입증된다. 따라서 특정 교수학습이론에 근거하여 아무리 잘 만든 프로그램도 소용없을 수 있으므로, 근인적(proximate) 설명에 불과한 지금까지 제안된 대부분의 이론을 생태학적 적합성(niche argument)과 같은 근본적(ultimate) 설명과 함께 동시적으로 고려해야 한다는 것이다. 이러한 관점은 그동안 A. Bandura와 L. Vygotsky 같은 학습이론가들이 인간 행위자(human agency), 인접 발달수준(zone of proximal development) 등의 개념으로 이른바 '순진하게' 인간발달을 목표로 하는 주장을 한 것에 대해 철저히 경고하는 것이다.

이와 같이 뇌과학과 진화심리학 이론은 인간 교수학습공학의 근본적 한계를 규정하지만 한편으론 그 과정에서 기존 이론들의 특정 부분을 더욱 명확히 해 주는 역설적 기능도 한다. 이는 오히려 새로운 교수학습공학의 탐구방향을 시사하는 것이라고 할 수 있는데, 대표적으로 뇌과학 이론의 세포군, 진행계열의 개념은 고전 조건화(I. Pavlov) 및 인접 조건화(E. Guthrie)의 방식을 장기적 차원에서 더욱 명확히 해 주고, 강화중추(reinforcement center)는 행동주의 교수학습공학 방안의 핵심이라고 할 수 있는 강화방안을 보강해 준다. 또한 공고화(consolidation) 과정은 단기기억과 장기기억의 관계 및 그 두 과정의 본질을 명확히 해 주어 착안하지 못하였던 인지주의 교수학습공학 방안의 한 측면을 보강해 주는 것에 틀림없다. 같은 맥락에서 진화심리학 이론의 관점도 오히려 혁신적인 교수학습공학으로의 지평을 열어 주는 것이라고 할 수 있다. 예를 들면, 인간의 본성에 초점을 맞춰 생태학적 적합성 문제를 감안하는 차원에서 집단적 무의식을 활용한다든가 관점변형생성 학습(예, Mezirow, 2000)을 촉진하는 등의 일종의 인간 본성 맞춤형과 같은 참신한 교수학습공학 방안을 강구할 수 있게 해 준다.

뇌과학과 진화심리학 이론의 역설적 기여와 더불어 최근 4차 산업혁명 기술의 폭발적 발전도 새로운 교수학습공학으로의 탐구방향을 가속화하고 있다. 우선, 인공지능과 같은 기술이 교육현장에 폭발적 영향력을 미치고 있는 가운데, 이와 관련하여 교수학습의 혁신을 위한 활용방안 차원에서 다양한 연구가 시도되고 있다. 예를 들어, 학습자의 학습 수준이나 정서, 감정 등에 대한 교수학습공학 방안이 모색되고 있는데, 이는 특히 교수학습공학 분야에서 오래전부터 꿈꿔 온 이른바 감응형(adaptive) 교수학습으로의 혁신이다. 구체적으로, 학습자들의 학습 수준을 실시간으로 파악하여 제대로 학습하도록 상시 되알리기를 한다든가(Arnold & Pistilli, 2012), 학습자들의 참여도, 정서, 감정 등을 실시간으로 파악하여 대응방안을 제시하는 혁신적 연구들(DeFalco et al., 2017; Kim & Kim, 2022; Molenaar, 2021; Vistorte et al., 2024)이 수행되고 있다. 물론 앞서 이 장에서 제안한 능력함양 교수학습환경 같은 교수학습공학 방안에서의 QR코드나 SNS와 Wiki의 합작활용이 자동화하고 지능화하는 수준으로 진화하면서 바로 이러한 인공지능 융합교육의 바탕 기술이 된 것이라고 할 수 있다.

둘째로, 최근 4차 산업혁명의 혁신적 기술들이 교육계에 전폭적으로 도입되며 다양한 맥락과 배경이론까지 융복합하는 교수학습공학으로 그 탐구 패러다임 자체가 변모하고 있다. 즉, 이 책을 통틀어 논의해 온 바와 같이 지금까지의 교수학습공학 탐구는 기존 학습이론 각각에 대한 '헤쳐 봄'을 통해 실제 교수학습 현장에의 체제적 적용방안을 모색하는 1단계 교수학습공학과 행동주의, 인지주의, 구성주의와 같이 유형별로 전반적으로 다시 '내려 봄'으로써 학습이론 유형별로 체제적 적용방안을 모색하는 2단계 교수학습공학으로 전개되어 왔다. 물론 이 과정에서 대부분의 논의는 주로 학교교육과 같은 다인수 상황에서의 교수학습을 전제로 한 것이었다고 볼 수 있다. 그러나 최근에는 원격교육, 이동교육, 온·오프라인 통합교육, 초개별화 교수학습 등의 모든 형태의 다양한 상황까지 포괄하고, 동시에 획기적으로 발전하는 4차 산업혁명 기술혁신들을 융합하는 상황으로 변모하고 있다. 대표적으로 학습자의 학습성과를 극대화할 수 있는 가장 중요하고 핵심적 역할을 하는 것은 교수학습 지원체제(LMS)인데, 그중에서도 특히 과거 1980년대 컴퓨터활용 교육 분야에서부터 꿈꿔 왔던 '지능형 교수학습 지원체제'가 오늘날의 4차 산업혁명 기술로 인해 그 이상형이 실현되고 있다고 할 수 있다. 실례로, 미국 C사의 MATHia라는 인공지능기반 초지능 수학교육 지원체제는 학습자의 개별 수준을 감응하여 교수방향을 결정하고 개별학습 경로를 정교하게 제공해 준다. 이는 교수학습이론을 필두로 한 인지과학과 무한 교수학습자료 분석(data mining)을 통해 다양한 예측모형을 제공하기 위해 학습분석(learning analytics)을 토대로 정교한 교수학습 설계를 지향함으로써 가능한 것이다. 그런데 이와 같은 교수학습 지원체제는 특정 교수학습공학 방안의 주의(예, 행동주의, 인지주의, 구성주의)를 초월하여 학습과제에 따라 학습성과를 극대화하는 실용적 교수학습환경이다. 다시 말해, 원래 2세대 교수설계이론으로서의 교수학습환경 이론(learning environments)이 태동하게 된 구성주의라는 특정 배경이론에 얽매이지 않고 정형(structured) 학습과제 및 비정형(ill-structured) 학습과제 등 맥락에 따라 앞서 15, 16장에서 논의한 기존 교수설계이론도 병행하거나 변용하여 교수학습공학 방안을 처방하는 일종의 가변형 융복합 교수학습환경이다.

4차 산업혁명의 혁신적 기술들에 발맞춰 진화하고 있는 새로운 교수학습공학 탐구 즉, '신(新)교수학습공학 탐구'는 대안 연구방법론을 도모함으로써 더욱 지속 및 진화가 가능하다고 할 수 있다. 물론 오늘날 대부분의 학문 분야에서 이른바 양적 연구방법론과 질적 연구방법론을 병행하는 것이 일반적이며, 그럼으로써 해당 학문 분야의 지속적 발전을 도모하게 된다. 그러나 4차 산업혁명이라는 그야말로 혁명적 기술들을 토대로 할 수밖에 없는 교수학습공학 분야로서는 이른바 기민한(agile) 대응과 방법론[5]을 토대로 하지 않으면 산만한 결과만 양산하며 진정한 지속가능이 어려워질 수밖에 없을 것이다. 이런 맥락에서 새로운 교수학습공학 탐구는 소위 개발연구(design and development research: 예, Bannan-Ritland, 2003; Richey & Klein, 2007; van den Akker, 1999)라는 연구방법론을 채택할 필요가 있다. 개발연구는 현장에서 기본적으로 치밀한 기획(design)을 통해 산출물 또는 이론적 모형을 개발(development)함으로써 결과적으로 이론이나 모형의 발전을 도모하기

5 agile의 개념은 21세기에 들어서며 소프트웨어 산업 분야에서 강조된 것으로, 유연하지만 산만하지 않게 기획을 유지하며 소프트웨어를 개발하는 방법론이다.

위한 것이다. 이는 특히 혁신적인 프로그램이나 모형의 효용성을 순발력 있게 확인하기 위한 연구들이 빈번한 4차 산업혁명기의 교수학습공학 탐구에 시의적절하고 유용한 연구방법론이라고 할 수 있다.

물론 개발연구가 문자 그대로 '개발(development)'에만 치중한 나머지 실증적인 연구를 소홀히 할 때 대부분 탁상공론으로 귀결되기 쉽다. 이런 점에서 개발연구의 틀을 유지하되 그 틀 안에서 철저히 실증적(evidence-based)인 연구를 견지할 필요가 있다. 여기서 실증적인 연구를 견지한다고 해서 그것이 전형적인 양적 연구만을 고집한다는 것은 결코 아니다. 일반적으로 특정 교육혁신에 대한 효과성 분석을 위해 t검증과 같은 비교적 간단한 양적 분석을 하더라도 실제로는 상당한 노력과 비용을 들여야 하고 대체로 실험 기간도 비교적 오래 소요된다. 특히 적정 표본 수를 전제로 모수추정을 하는 모수적 통계분석 방법을 취하는 것은 오늘날과 같이 모든 것이 급변하는 상황에서 기민한(agile) 대응과 전략 수립 차원에서 결코 비교우위를 확보하는 방법이 아니다.

이런 점에서 실용적인 통계분석 방안으로서 비모수적(non-parametric) 통계분석 방법을 적극적으로 활용할 필요가 있다. 이는 무엇보다도 모수 통계학이 필수적으로 강조하는 정상분포화 원리(central limit theorem)를 가정할 수 없을 정도로 작은 표본으로도 용이하게 그리고 비교적 짧은 기간에 유의미한 실험과 통계학적 분석을 할 수 있다는 이점이 있기 때문이다. 실례로, 교수학습공학 분야에서는 정상분포를 가정하지 않더라도 두 집단 간 효과 차이 규명을 위해 Mann-Whitney 검증과 같은 '기민한 비모수적 통계분석 방법'을 활용할 수 있다. 물론 탄탄한 이론적 배경과 선행연구 분석을 전제로 한다면, 이와 같은 단순한 비모수적 통계분석 방법도 혁신적 교수학습공학을 요하는 4차 산업혁명 시기에 순발력을 담보하는 시의적절하고 실용적인 분석방법이라고 할 수 있다. 더욱이 앞에서 제안한 개발연구에 효용성을 기민하게 확보하는 분석방법으로 포함한다면, 신(新)교수학습공학 탐구의 연구방법론으로 이것보다 더 실용적이고 실질적인 방법론은 지금으로서는 생각하기 어렵다. 이러한 주장에 대한 신랄한 비판을 불사하고라도 이상과 같은 교수학습공학 분야의 지속 가능 및 진화를 기대할 수밖에 없는 교육사적, 문화사적 대전환기이다.

참고문헌

강수연 (2010), 초등학교 수학 수업의 인지기제 활용 문제기반 학습 효과분석, 연세대학교 석사학위 청구논문.

권미경 · 이현경 · 이명근 (2023), 초등 보건교육의 능력기반 교수학습환경 효과분석, 미래교육학연구, 36(1), 87-104.

김경희·조연순 (2008), 문제중심학습(PBL)의 수업 단계별 학습활동의 특성과 교육적 의미 탐색: 초등 과학 수업을 중심으로, 초등교육연구, 21(1), 269-296.

김일하 (2022), 시나리오 임무완수 활용 스마트팜 실습프로그램 개발연구, 연세대학교 석사학위 청구논문.

김진호 · 이명근 · 박종화 · 김제경 · 손의성 (2022), 대학 소프트웨어 교육의 인지유연화 하이퍼텍스트활용 교수학습환경 효과분석, 멀티미디어학회논문지, 25(12), 1698-1713.

김판욱 · 이규욱 · 김희필 · 손주민 · 임완성 (2010), 능력중심 교육과정의 이해와 개발, 양서원.

나승일 · 정철영 · 김주섭 · 구자길 · 장현진 · 김강호 (2008), 기초직업능력표준 제도화 방안, 농업교육과 인적자원개발, 40(2), 161-188.

박용호 (2018). 역량에 대한 재탐구: 개념이해 및 활용에서의 혼동 뛰어넘기, 평생교육 · HRD연구, 14(3), 89-113.

박종현 (역주, 1997), 플라톤의 국가 · 정체, 서광사.

손미 · 하정문 (2008), 문제중심학습(PBL)의 학습효과에 대한 메타분석, 교육정보미디어 연구, 14(3), 225-251.

심경호 (2013), 논어1: 옛글을 읽으며 새로이 태어난다, 민음사.

안슬기·이명근 (2024). IT기업의 구성주의 교수학습환경 기반 실시간 온라인 실습교육 효과분석. **공학교육연구**, 27(2), 25-34.

윤정일·김민성·윤순경·박민정 (2007). **역량의 개념 및 연구 동향**. 서울대학교 BK21 역량기반 교육혁신 연구 사업단(핵심역량센터 연구보고서 2007-01).

이명근 (2002). 교수설계이론의 재개념화와 전망 (김영수·강명희·정재삼, **교육공학의 최근 동향**, 31-45). 교육과학사.

이명근 (옮김, 2005). **교육과 구성주의: 교육공학의 인식론적 기반**. 학지사.

이명근 (2012). 능력기반 교수학습환경의 원리와 효과성. **한국컴퓨터정보학회 동계학술대회 논문집**, 20(1), 163-167.

이명근 (2016). **컴퓨터 교육공학: 스타로고**. 학지사.

이명근 (2024). 교육공학: 교수학습에의 체제적 접근 (연세대학교 교육학과 교수진, **미래를 위한 교육학**, 제2판). 피와이메이트.

이명근·강수연 (2011). 인지 기제 활용 문제 기반 학습의 수학 교육 효과 분석. **한국컴퓨터정보학회논문지**, 16(1), 145-152.

이은서·이명근 (2017). 초등 과학교육의 저작도구 활용 능력기반 교수학습환경 효과분석. **교육공학연구**, 33(3), 599-623.

이종두 (2000). 초등학교 수학과 PBL(Problem-Based Learning) 수업 설계 및 적용 사례: 지식 구성자로서의 아동과 그 과정에 나타난 수학적인 생각의 유형에 관한 연구. 경희대학교 교육대학원 석사학위 청구논문.

정용욱 (2014). 법칙, 이론, 그리고 원리: 규범적 의미와 실제사용에서의 혼란. **한국과학교육학회지**, 34(5), 459-468.

최욱 (2002). 기업교육 체계수립 개발사례: DACUM과 CBC의 비교. **교육공학연구**, 18(2), 91-121.

최재정 (2018). 제4차 산업혁명의 시대에 필요한 '미래역량 교육'의 방향과 원리 탐색. **교육의 이론과 실천**, 23(2), 39-67.

李明根 (1993). **教育·訓鍊工學의 基礎**. 良書院.

Albanese, M., & Mitchell, S. (1993). Problem-based learning: A review of the literature on its outcomes and implementation issues. *Academic Medicine*, 68, 52-81.

Anderson, J. (2010). *ICT Transforming education: A regional guide.* UNESCO.

Anderson, L. M., & Krathwohl, D. R. (2001). *A taxonomy of for learning, teaching, and assessing: A revision of Bloom's taxonomy of educational objectives*. Longman.

Arends, R. I. (1988). *Learning to teach*. Random House.

Arnold, K. E., & Pistilli, M. D. (2012). Course signals at Purdue: Using learning analytics to increase student success. *Proceedings of the 2nd International Conference on Learning Analytics and Knowledge*, 267-270.

Aronson, D. A., & Briggs, L. J. (1983). Contributions of Gagnè and Briggs to prescriptive model of instruction. In C. M. Reigeluth (Ed.), *Instructional-design theories and models: An overview of their current status*. Lawrence Erlbaum.

Ausubel, D. P., Novak, J. D., & Hanesian, H. (1968). *Educational psychology: A cognitive view* (2nd ed.). Holt, Rinehart and Winston.

Baddeley, A. (2012). Working memory: Theories, models, and controversies. *Annual Review of Psychology*, 63(1), 1-29.

Bandura, A. (1965). Influence of a model's reinforcement contingencies on the acquisition of imitative responses. *Journal of Personality and Social Psychology*, 1(6), 589-595.

Bandura, A. (1977). *Social learning theory*. Prentice-Hall.

Bandura, A. (1986). *Social foundations of thought and action: A social cognitive theory*. Prentice-Hall.

Bandura, A. (2006). Toward a psychology of human agency. *Perspectives on Psychological Science*, 1(2), 164-180.

Bannan-Ritland, B. (2003). The role of design in research: The integrative learning design framework. *Educational Researcher*, 32(1), 21-24.

Bentley, C., Browman, G. P., & Poole, B. (2010). Conceptual and practical challenges for implementing the communities of practice model on a national scale-a Canadian cancer control initiative. *BMC Health Services Research*, 10(3), 1-8.

Black, J. B., & McClintock, R. B. (1996). An interpretation construction approach to constructivist design. In Brent G. Wilson (Ed.), *Constructivist learning environments: Case studies in instructional design*. Educational Technology.

Bloom, B. S. (Ed. with M D. Engelhart, W. H. Hill, E. J. Furst, & D. R. Krathwohl) (1956). *Taxonomy of educational objectives: The classification of educational goals. Handbook 1: Cognitive domain*. David McKay.

Bolles, R. C. (1979). *Learning theory* (2nd ed.). Holt, Rinehart & Winston.

Boud, D. (2001). Using journal writing to enhance reflective practice. *New Directions for Adult and Continuing Education*, 90, 9-18.

Bower, G. H., & Hilgard, E. R. (1981). *Theories of learning* (5th ed.). Prentice-Hall.

Bray, E., & Harsch, K. (1996). Using reflective/review journals in Japanese classroom. *The Language Teacher*, 20(12), 12-17.

Broadbent, D. D. (1957). A mechanical model for human attention and immediate memory. *Psychological Review*, 64, 205-215.

Broadbent, D. D. (1958). *Perception and communication*. Pergamon Press.

Brooks, G. P. (1976). The faculty psychology of Thomas Reid. *Journal of the History of the Behavioral Sciences*, 12, 65-77.

Bruner, J. S. (1966). *Toward a theory of instruction*. Belknap Press.

Choi, I., & Lee, K. (2009). Designing and implementing a case-based learning environment for enhancing ill-structured problem solving: Classroom management problems for prospective teachers. *Educational Technology Research & Development*, 57(1), 99-129.

Choi, M. (2006). Communities of practice: An alternative learning model for knowledge creation. *British Journal of Educational Technology*, 37(1), 143-146.

Chomsky, N. (1972). *Language and mind* (Enlarged ed.). Harcourt Brace Jovanovich.

Cole, M. (2009). The Perils of Translation: A First Step in Reconsidering Vygotsky's Theory of Development in Relation to Formal Education. *Mind, Culture, and Activity*, 16(4), 291-295.

Collins, A. (2006). Cognitive apprenticeship. In Sawyer R. K. (Ed.), *The Cambridge handbook of the learning sciences* (pp. 47-60). Cambridge University Press.

Collins, A., & Stevens, A. L. (1983). A cognitive theory of inquiry teaching. In C. M. Reigeluth (Ed.), *Instructional-design theories and models: An overview of their current status*. Lawrence Erlbaum.

Collins, A., Brown, J. S., & Newman, S. E. (1989). Cognitive apprenticeship: Teaching the crafts of reading, writing, and mathematics. In L. B. Resnick (Ed.), *Knowing, learning, and instruction: Essays in honor of Robert Glaser*. Lawrence Erlbaum Associates.

Colliver, J. A. (2000). Effectiveness of problem-based learning curricula: Research and theory. *Academic Medicine*, 75, 259-266.

Cronbach, L. J., & Snow, R. E. (1977). *Aptitudes and instructional methods: A handbook for research on interactions*. Irvington.

DeFalco, J. et al. (2017). Detecting and addressing frustration in a serious game for military training. *International Journal of Artificial Intelligence in Education*, 28(2), 152-193.

Dewsbury, D. A. (2000). Introduction: Snapshots of psychology circa 1900. *American Psychologist*, 55(2), 255-259.

Eggen, P. D., & Kauchack, D. P. (1996). *Strategies for teachers: Teaching content and thinking skills*. Allyn & Bacon.

Eggen, P. D., & Kauchack, D. P. (2006). *Strategies and models for teachers: Teaching content and thinking skills* (5th ed.). Pearson Education.

Eisner, E. W. (1994). *The educational imagination: On the design and evaluation of school programs* (3rd ed.). Macmillan Publishing Company.

Estes, W. K. (1972). Reinforcement in human behavior. *American Scientist*, 60(6), 723-729.

Eun, B. (2010). From learning to development: A sociocultural approach to instruction. *Cambridge Journal of Education*, 40(4), 401-418.

Floden, R. E. (2001). Research on effects of teaching: A continuing model for research on teaching. In V. Richardson (Ed.), *Handbook of Research on Teaching*(4th ed., pp. 3-16). American Educational Research Association.

Gage, N. L. (1978). *The scientific basis of the art of teaching*. Teachers College Press.

Gagnè, R. M. & Briggs, L. J. (1979). *Principles of instructional design* (2nd ed.). Holt, Rinehart & Winston.

Gagnè, R. M. (1965). *The conditions of learning*. Holt, Rinehart & Winston.

Gagnè, R. M. (1974). *Essentials of learning for instruction*. Dryden Press.

Gagnè, R. M. (1985). *The conditions of learning and theory of instruction* (4th ed.). CBS College.

Gagnè, R. M. et al. (1992). *Principles of instructional design* (4th ed.). Holt, Rinehart & Winston.

Gagnè, R. M., Briggs, L. J., & Wager, W. W. (1988). *Principles of instructional design* (3rd ed.). Holt, Rinehart & Winston.

Garcia, J., & Koelling, R. A. (1966). Relation of cue to consequence in avoidance learning. *Psychonomic Science*, 4, 123-124.

Gredler, M. E. (2009). *Learning and instruction: Theory into practice* (6th ed.). Pearson Education.

Green, J. O. (1984). Skinner's technology of teaching. *Classroom Computer Learning*, 4(7), 23-29.

Gropper, G. L. (1983a). A metatheory of instruction: A framework for analyzing and evaluating instructional theories and models. In C. M. Reigeluth (Ed.), *Instructional-design theories and models: An overview of their current status*. Lawrence Erlbaum.

Gropper, G. L. (1983b). A behavioral approach to instructional prescription. In C. M. Reigeluth (Ed.), *Instructional-design theories and models: An overview of their current status*. Lawrence Erlbaum.

Gropper, G. L. (1987). A lesson based on a behavioral approach to instructional design. In C. M. Reigeluth (Ed.), *Instructional theories in action: Lessons illustrating selected theories and models*. Lawrence Erlbaum.

Guthrie, E. (1952). *The psychology of learning* (revised ed.). Harper & Row.

Guthrie, E. R., & Horton, G. P. (1946). *Cats in a puzzle box*. Rinehart.

Harper, D. (1989). *LOGO: Theory & practice*. Brooks/Cole.

Hergenhahn, B. R. (2009). *An introduction to the history of psychology* (6th ed.). Wadsworth.

Hernández, V. M., McGee, S., Kirby, J., & Reese, D. D. (2003). *Competency assessment in distance education (CADE): Evaluation*

Report 2001–2003 (Technical document). Center for Educational Technologies, Wheeling Jesuit University.

Highet, G. (1950). *The art of teaching*. Vintage.

James, W. (2017). *The principles of psychology* (Vols. 1–2). Pantianos Classics. (First published in 1890).

Jonassen, D. H. (1997). Instructional design models for well-structured and ill-structured problem-solving learning outcomes. *Educational Technology Research & Development*, 45(1), 65–94.

Jonassen, D., & Land, S. (2012). *Theoretical foundations of learning environments* (2nd ed.). Routledge.

Joyce, B. R., & Weil, M. (1972). *Models of teaching*. Prentice-Hall.

Kamin, L. J. (1969). Predictability, surprise, attention, and conditioning. In B. A. Campbell, & R. M. Church (Eds.), *Punishment and aversive behavior* (pp. 279–296). Appleton-Century-Crofts.

Keller, J. M. (1983). Motivational design of instruction. In C. M. Reigeluth (Ed.), *Instructional-design theories and models: An overview of their current status*. Lawrence Erlbaum.

Keller, J. M., & Kopp, T. W. (1987). An application of the ARCS model of motivational design. In C. M. Reigeluth (Ed.), *Instructional theories in action: Lessons illustrating selected theories and models*. Lawrence Erlbaum.

Kilpatrick, W. H. (1926). *Foundations of method: Informal tasks on teaching*. Macmillan.

Kim, N. J., & Kim, M. K. (2022). Teacher's perceptions of using an artificial intelligence-based educational tool for scientific writing. *Frontiers in Education*, 7, 1–13.

Kirschner, P. A., Sweller, J., & Clark, R. E. (2006). Why minimal guidance during instruction does not work: An analysis of the failure of constructivist, discovery, problem-based, experiential, and inquiry-based teaching. *Educational Psychologist*, 4(2), 75-86.

Koffka, K. (1963). *Principles of Gestalt psychology*. Harcourt, Brace, and World.

Köhler, W. (1925). *The mentality of apes*. Routledge & Kegan Paul.

Lampert, M. (1990) . When the problem is not the question and the solution is not the answer: Mathematical knowing and teaching. *American Educational Research Journal*, 27(1), 29-63.

Landa, L. N. (1974). *Algorithmization of learning and instruction*. Educational Technology Publications.

Landa, L. N. (1983). The algo-heuristic theory of instruction. In C. M. Reigeluth (Ed.), *Instructional-design theories and models: An overview of their current status*. Lawrence Erlbaum.

Landa, L. N. (1987). A frame of a lesson based on the algo-heuristic theory of instruction. In C. M. Reigeluth (Ed.), *Instructional theories in action: Lessons illustrating selected theories and models*. Lawrence Erlbaum.

Lave, J., & Wenger, E. (1991). *Situated learning: Legitimate peripheral participation*. Cambridge University.

Lewin, K. (1939). Field theory and experiment in social psychology. *American Journal of Sociology*, 44(6), 868-896.

Lindsay, P., & Norman, D. (1977). *Human information processing: An introduction to psychology* (2nd ed.). Academic Press.

Lumsdaine, A. A., & Glaser, R. (Eds.) (1960). *Teaching machines and programmed learning: A source book*. National Education Association.

Merrill, M. D. & ID2 Research Group. (1996). Instructional transaction theory: Instructional design based on knowledge objects. *Educational Technology*, 36(3), 30-37.

Merrill, M. D. (1983). Component display theory. In C. M. Reigeluth (Ed.), *Instructional-design theories and models: An overview of their current status*. Lawrence Erlbaum.

Merrill, M. D. (1987). A lesson based on the component display theory. In C. M. Reigeluth (Ed.), *Instructional theories in action: Lessons illustrating selected theories and models*. Lawrence Erlbaum.

Merrill, M. D., & Twitchell, D. G. (Ed.) (1994). *Instructional design theory*. Educational Technology.

Mezirow, J., & Associates. (2000). *Learning as transformation: Critical perspectives on a theory in progress*. Jossey-Bass.

Miller, G. A. (1956). The magical number seven, plus or minus two: Some limits on our capacity for processing information. *Psychological Review*, 63, 81-97.

Miller, N. E., & Dollard, J. C. (1941). *Social learning and imitation*. Yale University.

Moldoveanu, M. (2010). The competency-based approach in elementary education: Teacher's perspectives. Symposium of the Chaire UNCESCO de development curriculaire, Universite du Quebec a Montreal, April 15-16, 2010.

Molenaar, I. (2021). Personalisation of learning: Towards hybrid human-AI learning technologies. *In OECD Digital Education Outlook 2021: Pushing the Frontiers with Artificial Intelligence, Blockchain, and Robots*. OECD Publishing.

Montgomery, K. J., Isenberg, N., & Haxby, J. V. (2007). Communicative hand gestures and object-directed hand movements activated the mirror neuron system. *Social Cognitive and Affective Neuroscience*, 2(2), 114-122.

Murphy, G. (1949). *Historical introduction to modern psychology*.

Harcourt, Brace, and World.

Newell, A., Shaw, J. C., & Simon, H. A. (1958). Elements of a theory of human problem solving. *Psychological Review*, 65, 151-166.

Norman, D. A. (1980). Twelve issues for cognitive science. *Cognitive Science*, 4(1), 1-32.

Norman, D. A. (1982). *Learning and memory*. W. H. Freeman.

OECD (2005). The definition and selection of key competencies: Executive summary. https://www.oecd.org/pisa/35070367.pdf

Olson, M. H., & Hergenhahn, B. R. (2013). *An introduction to theories of learning* (9th ed.). Pearson.

Olson, M. H., & Ramirez, J. J. (2020). *An introduction to theories of learning* (10th ed.). Routledge.

Oser, F. K., & Baeriswyl, F. J. (2001). Choreographies of teaching: Bridging instruction to learning. In V. Richardson (Ed.), *Handbook of research on teaching* (pp. 1031-1047), American Educational Research Association.

O'Shea, T., & Self, J. (1983). *Learning and teaching with computers*. Prentice-Hall.

P21 (2007). The Intellectual and Policy Foundations of the 21st Century Skills Framework. *Partnership for 21st Century Skills*. http://route21.p21.org/images/stories/epapers/skills_foundations_final.pdf

Palinscar, A. S., & Brown, A. L. (1984). Reciprocal teaching of comprehension-fostering and comprehension-monitoring activities. *Cognition and Instruction*, 1(2), 117-175.

Pavlov, I. P. (1927). *Conditioned reflexes: An investigation of the physiological activity of the cerebral cortex*. Oxford University.

Piaget, J. (1955). *The child's construction of reality*. Routledge & Kegan Paul.

Piaget, J. (1980). *Adaptation and intelligence: Organic selection and phenocopy*. University of Chicago Press.

Poikela, E., & Poikela, S. (2006). Problem-based curricula: Theory, development and design. In Poikela, E., & Nummenmaa, A. R. (Ed.), *Understanding problem-based learning*. University of Tampere.

Premack, D. (1959). Toward empirical behavior laws: I. Positive reinforcement. *Psychological Review*, 66(4), 219-233.

Rachlin, H., & Green, L. (1972). Commitment, choice and self-control. *Journal of the Experimental Analysis of Behavior*, 17(1), 15-22.

Reder, L. M., Park, H., & Kieffaber, P. D. (2009). Memory systems do not divide on consciousness: Reinterpreting memory in terms of activation and binding. *Psychological Bulletin*, 135(1), 23-49.

Reigeluth, C. M. & Stein, F. S. (1983). The elaboration theory of instruction. In C. M. Reigeluth (Ed.), *Instructional-design theories and models: An overview of their current status*. Lawrence Erlbaum.

Reigeluth, C. M. (Ed.). (1983). *Instructional-design theories and models: An overview of their current status*. Lawrence Erlbaum.

Reigeluth, C. M. (Ed.). (1987a). *Instructional theories in action: Lessons illustrating selected theories and models*. Lawrence Erlbaum.

Reigeluth, C. M. (1987b). Lesson blueprints based on the elaboration theory of instruction. In C. M. Reigeluth (ed.), *Instructional theories in action: Lessons illustrating selected theories and models*. Erlbaum Associates.

Rescorla, R. A. (1988). Pavlovian conditioning: It's not what you think. *American Psychologist*, 43, 151-160.

Richey, R. (1986). *The theoretical and conceptual bases of instructional design*. Kogan Page.

Richey, R. C., & Klein, J. D. (2007). *Design and development research:*

Methods, strategies, and issues. Routledge.

Riesback, C. K. (1996). Case-based teaching and constructivism: Carpenters and tools. In Brent G. Wilson (Ed.), *Constructivist learning environments: Case studies in instructional design*. Educational Technology.

Robinson, D. H. (1998). Graphic organizers as aids to text learning. *Reading Research and Instruction*, 37, 85-106.

Rumelhart, D. E., & Norman, D. A. (1981). Analogical process in learning. In J. H. Anderson (Ed.), *Cognitive Skills and Their Acquisition*(pp. 335-358). Psychology Press.

Sabzalieva, E., & Valentini, A. (2023). ChatGPT and artificial intelligence in higher education: Quick start guide. UNESCO. Available online: https://unesdoc.unesco.org/ark:/48223/pf0000385146.

Savery, J. R., & Duffy, T. M. (1996). Problem-based learning: An instructional model and its constructivist framework. In Brent G. Wilson (Ed.), *Constructivist learning environments: Case studies in instructional design*. Educational Technology.

Scandura, J. M. (1983). Instructional strategies based on the structural learning theory. In C. M. Reigeluth (Ed.), *Instructional-design theories and models: An overview of their current status*. Lawrence Erlbaum.

Schank, R., Fano, A., Bell, B., & Jona, M. (1993). The design of goal-based scenarios. *The Institute for the Learning Sciences*. Northwestern University.

Schank, R., & Korcuska, M. (1996). Eight goal-based scenario tools. *The Institute for the Learning Sciences*. Northwestern University.

Schunk, D. H. (2020). *Learning theories: An educational perspective* (8th ed.). Pearson.

Shank, R. C., Berman, T. R., & Macpherson, K. A. (1999). Learning by doing. In C. M. Reigeluth (Ed.), *Instructional-design theories and models: A new paradigm of instructional theory*(pp. 161-181). Lawrence Erlbaum Associates.

Sheskin, D. (2022). *Handbook of parametric and nonparametric statistical procedures*(5th ed.). CRC Press.

Shiffrin, R. M. (1976). Capacity limitations in information processing, attention, and memory. In W. K. Estes (Ed.), *Handbook of learning and cognitive processes: Attention and memory* (Vol. 4, pp. 177-236). Erbaum.

Skinner, B. F. (1968). *The technology of teaching*. Appleton-Century-Crofts.

Skinner, B. F. (1971). *Beyond freedom and dignity*. Knopf.

Smith, P. L., & Ragan, T. J. (2005). *Instructional design* (3rd ed.). John Wiley & Sons.

Spence, K. W. (1942). The basis of solution by chimpanzees of the intermediate size problem. *Journal of Experimental Psychology*, 31, 257-271.

Spiro, R. J. Coulson, R. L., Feltovich, P. J., & Anderson, D. K. (1988). Cognitive flexibility theory: Advanced knowledge acquisition in ill-structured domains. *In Proceedings of the Tenth Annual Conference of the Cognitive Science Society*. Lawrence Erlbaum Associates.

Spiro, R. J., & Jehng, J. C. (1990). Cognitive flexibility and hypertext: Theory and technology for the nonlinear and multidimensional traversal of complex subject matter. In D. Nix, & R. J. Spiro (Eds.), *Cognition, education, and multimedia: Exploring ideas in high technology*. Lawrence Erlbaum Associates.

Sternberg, R. J. (1986). Cognition and instruction: Why the marriage sometimes ends in divorce. In R. F. Dillon & R. J. Sternberg (Eds.),

Cognition and Instruction(pp. 375-382). Academic Press.

Sternberg, R. J., & Subotnik, R. F. (Eds.) (2006). *Optimizing Student Success in School with the Other Three Rs: Reasoning, Resilience, and Responsibility*. Information Age Publishing.

Terrace, H. S. (1963). Errorless transfer of a discrimination across two continua. *Journal of Experimental Analysis of Behavior*, 6, 223-232.

Thomas, E. L., & Robinson, H. A. (1972). *Improving reading in every class: A sourcebook for teachers*. Allyn & Bacon.

Thorndike, E. L. (1921). *Educational psychology (Vol. II): The psychology of learning*. Teachers College.

Thorndike, E. L. (1931). *Human learning*. Century.

Thorndike, E. L. (1932). *The fundamentals of learning*. Teachers College.

Tolman, E. C. (1932). *Purposive behavior in animals and men*. Naiburg.

Tolman, E. C. (1959). Principles of purposive behavior. In S. Koch (Ed.), *Psychology: A study of a science*(Vol. 2). McGraw-Hill.

Tolman, E. C., & Honzik, C. H. (1930). Introduction and removal of reward, and maze performance in rats. *University of California Publications in Psychology*, 4, 257-275.

Tolman, E. C., Ritchie, B. F., & Kalish, D. (1946). Studies in spatial learning. I. Orientation and the short-cut. *Journal of Experimental Psychology*, 36(3), 221-229.

Tomlinson, C. (1999). *The differentiated classroom: Responding to the needs of all learners. Association for Supervision and Curriculum Development*. Retrieved from the ERIC database (ED429944).

Usher, E. L., & Schunk, D. H. (2018). Social cognitive theoretical perspective of self-regulation. In D. H. Schunk & J. A. Greene (Eds.), *Handbook of self-regulation of learning and performance*(2nd ed., pp. 19-35). Routledge.

van den Akker, J. (1999). Principles and methods of development research. In J. van den Akker, R. M. Branch, K. Gustafson, N. Nieveen, & T. Plomp (Eds.), *Design approaches and tools in education and training*(pp. 1-14). Kluwer Academic Publishers.

van der Veer, R. (2007). Vygotsky in context: 1900-1935. In H. Daniels, M. Cole, & J. V. Wertsch (Eds.), *The Cambridge companion to Vygotsky*(pp. 21-49). Cambridge University Press.

Vistorte, A. O. R., Deroncele-Acosta, A., Ayala, J. L. M., Barrasa, A., López-Granero, C., & Martí-González, M. (2024). Integrating artificial intelligence to assess emotions in learning environments: A systematic literature review. *Frontiers in Psychology*, 15, 1-13. https://doi.org/10.3389/fpsyg.2024.1387089.

von Bertalanffy, L. (1968). *General system theory: Foundations, development, applications*. George Braziller.

Vygosky, L. S. (1978). *Mind in society: The development of higher psychological processes*. Harvard University Press.

Wagner, T. et al. (2006). *Change leadership: A practical guide to transforming our schools*. Jossey-Bass.

Watson, J. B. (1913). Psychology as the behaviorist views it. *Psychological Review*, 20, 158-177.

Watson, J. B. (1924). *Behaviorism*. Norton.

Watson, J. B., & Rayner, R. (2000). Conditioned emotional reactions. *Journal of Experimental Psychology*, *American Psychologist*, 55(3), 313-317. (original work published 1920)

Wertheimer, M. (1912). Experimentelle Studien űber das Sehen von Bewegung (Experimental studies on the perception of motion). *Zeischrift fűr Psychologie*, 61, 161-265.

Wertheimer, M. (1959). *Productive thinking*. Harper.

Wilson, B. G. (1996). *Constructivist learning environments: Case studies in instructional design*. Educational Technology Publications.

Wood, D., Bruner, J. S., & Ross, G. (1976). The role of tutoring in problem solving. *Journal of Child Psychology and Psychiatry*, 17, 89-100.

Woolfolk, A. (2019). *Educational psychology*(14th ed.). Allyn & Bacon.

찾아보기

인명

T

V

W

내용

A

B

C

K

L

M

N

O

P

Q

R

S

T

U

ㅇ

ㅈ

저자 소개

이명근(Lee, MyungGeun)

연세대학교 교육학과를 졸업하고 동 대학원에서 석사학위를 취득한 후 미국 Pennsylvania State University에서 교육공학·기업교육 전공으로 박사학위를 취득하였다. 1994년부터 연세대학교 교육학부 교수로 재직하며 교육공학 및 기업교육공학 분야를 담당하고 있다. 한국기업교육학회 회장, LG사이언스랜드 자문위원장, 대한민국 외교통상부 교육훈련정책과 공군 교육정책 자문위원을 역임하였다. 현재는 국가평생교육진흥원 이사로 대국민 교육을 위한 봉사를 하고 있다.

이메일: mglwin@yonsei.ac.kr

교수학습공학

이론적 기초와 동향

Technology of Instruction-Learning

2025년 2월 10일 1판 1쇄 인쇄
2025년 2월 19일 1판 1쇄 발행

지은이 • 이명근
펴낸이 • 김진환
펴낸곳 • (주) 학지사
04031 서울특별시 마포구 양화로 15길 20 마인드월드빌딩
대표전화 • 02)330-5114 팩스 • 02)324-2345
등록번호 • 제313-2006-000265호

홈페이지 • http://www.hakjisa.co.kr
인스타그램 • https://www.instagram.com/hakjisabook

ISBN 978-89-997-3429-8 93370

정가 17,000원